prometeo
libros

prometeo
libros

EL ESTADO EN CUESTIÓN
Ideas y política en la Administración Pública argentina
(1958-2015)

Horacio Cao
Arturo Claudio Laguado Duca
Maximiliano Rey

EL ESTADO EN CUESTIÓN
Ideas y política en la Administración Pública argentina
(1958-2015)

Índice

Introducción

> "Para casi cada principio de la administración, uno puede encontrar un principio contradictorio igualmente plausible y aceptable. Aunque los dos principios del par llevarían a recomendaciones organizacionales exactamente opuestas, no hay nada en la teoría que nos indique cuál es apropiado aplicar".
>
> *Herbert Simon, Administrative Behavior*

En este trabajo repasamos las ideas y las políticas que, sobre el ámbito político-institucional-organizacional del Estado argentino, se desarrollaron en el periodo 1958-2015.

Se trata de un lapso excepcionalmente rico desde lo conceptual, que instaló y dejó atrás potentes discursos hegemónicos en su transcurso. Cual si fueran supernovas, durante ese tiempo estallaron cuatro modelos de análisis y propuestas normativas que desplegaron complejos artefactos y sofisticados razonamientos. Cada uno de ellos prometió instalarse de una vez y por largo plazo, tal vez, emulando la prolongada vigencia del paradigma burocrático weberiano.

Pero aunque no se les haya hecho el reclamo correspondiente, el fulgor prometido duró bastante menos de lo que esperaban sus respectivos cultores o sus atemorizados y vencidos críticos: en los últimos cincuenta años lo normal ha sido la mudanza del centro de gravedad de las ideas sobre la administración pública.

Al momento de iniciarse el periodo en estudio, el Estado argentino terminaba la experiencia peronista y se aprontaba a ingresar en una etapa de modernización impulsada por el desarrollismo.

Con el golpe de Estado del año 1976, los postulados desarrollistas serían puestos en cuestión por la ola neoliberal que entonces comenzaba. Ésta, a su vez, sería criticada y de alguna manera desplazada por las posiciones socio-céntricas desde mediados de los 90. Este tibio ideario −el resplandor más breve de los cuatro analizados− a su turno, fue desalojado por la ola de gobiernos latinoamericanos de nuevo cuño hacia principios del siglo XXI.

En suma, en cincuenta años se desplegaron ideas y estrategias de una variedad notable, algunas incluso contradictorias... y si bien esto es parte de fenómenos de escala global, el nivel de las contramarchas que ocurrieron en la Argentina fue de una profundidad difícil de comparar con las que recorrieron otros países.

Sin embargo ésta ha sido una historia poco transitada y menos aún sistematizada. Hay un palimpsesto de documentación oficial, noticias de diarios, anecdotarios, trabajos históricos, análisis parciales, pero pocas reflexiones sistemáticas sobre el recorrido en estos años y menos aún sobre los desafíos abiertos en la última etapa.

Para empezar a desandar este camino de equívocos y faltantes y entender qué cosas están en discusión, es que realizamos este trabajo. Y de paso comentamos una primera conclusión: como el cambio fue la constante durante los años que cubre la investigación, se nota en muchas áreas del Estado –sometidas a continuos procesos de transformación– una suerte de fatiga, una aversión a las incesantes sacudidas que, muchas veces, terminaron por generar condiciones peores que las de partida.

Dados los contenidos de nuestro trabajo, la perspectiva no podía ser otra que la histórica: en el análisis del devenir creemos que es posible pasar del caos al cosmos; de la Administración Pública como una maraña ininteligible de oficinas, programas y normativas, a una serie relativamente articulada y comprensible de perspectivas políticas con sus ideas, intereses y actores.

Con este abordaje pretendemos avanzar en la explicación de la multiplicidad de herramientas hoy vigentes en el Estado –las reiteradamente citadas capas geológicas que han sobrevivido a cada una de las etapas que mencionamos– tanto como entender el sector público argentino como la arena de negociación y conflicto que muchas veces es el elemento central que se oculta detrás de las diferentes coartadas tecno-organizacionales.

Concretamente, en el desarrollo del presente estudio nos preguntamos: ¿Qué lugar se le asignaba al Estado en cada periodo histórico? ¿Cuáles fueron las principales ideas y qué autores tuvieron más influencia en los procesos de organización y reforma del Estado? ¿Cómo se desarrollaron los sucesos político-estatales determinantes de cada momento? ¿Cuáles fueron los modelos y las herramientas de gestión pública que se postularon como más adecuadas?

Como es sabido, es imposible separar inmaculadamente los conceptos de los hechos y de las necesidades políticas del momento: los acontecimientos impactan sobre nuestra idea de lo que consideramos real y, asimismo, las necesidades coyunturales van moldeando e induciendo a los actores a desplegar estrategias discursivas que modifican sus perspectivas programáticas. Y viceversa en ambos casos: las ideas impactan sobre los hechos y los discursos inciden en la definición de lo que se considera necesario en un momento dado.

Más allá de la innegable influencia de las ideas en las políticas desplegadas, las acciones concretas no son el resultado de una deducción mecánica del desenvolvimiento de los proyectos que, a su turno, fueron hegemónicos. También en este aspecto, adelantaremos una recapitulación de los instrumentos más utilizados o que mayor influencia tuvieron sobre la cuestión estatal.

Estos elementos se conjugan en las siguientes páginas para llegar a una presentación, en primer lugar, de los autores y las ideas de mayor nivel de abstracción sobre el Estado y la sociedad que influyeron en cada momento histórico. Posteriormente, en un esfuerzo de síntesis de los conceptos que circulaban por los diferentes escenarios y niveles decisorios políticos y estatales, lo que nos permitirá aproximarnos a eso que Marx llamó lo concreto pensado.

Como ocurre en todos los casos de construcción de una nueva hegemonía, en cada una de las mutaciones las ideas nacientes no se impusieron de la noche a la mañana ni de modo homogéneo. Menos aún puede suponerse que fue un modelo monolítico aplicado por igual en todos los ámbitos estatales; de allí la necesidad de una síntesis.

La aproximación que describimos se propone hacer inteligibles los cambios en el Estado y su aparato administrativo, en tanto hijos de la política y la sociedad de su tiempo y de las ideas y las decisiones políticas que, sobre la organización estatal, se fueron desplegando en cada caso.

Hay una hipótesis subyacente: existe una tendencia que aproxima el espíritu de época a las ideas y las políticas que rigen la organización estatal en el continente (con la siempre notable excepción de Cuba). Esta hipótesis no niega la existencia de discontinuidades –la más flagrante en nuestro caso, el retraso de la nueva gerencia pública con respecto al despliegue del ajuste estructural– dadas por las historias nacionales y la coyuntura pero, en esta suerte de extremo occidente que es América Latina, en el largo plazo, éstas tienden a disolverse.

Juzgar si esta estrategia de abordaje es fecunda para reconstruir las múltiples determinaciones de lo estatal, es tarea que corresponde a la comunidad académica y a cada lector en particular.

Otro concepto difícil de asir es el que refiere al Estado. Más allá de que él mismo está sujeto a definiciones borrosas y/o contradictorias, una visión amplia de su carácter no dejaría de lado ningún elemento del proceso social. En este caso, decidimos centrar el análisis en el campo político/institucional y, dentro de él, destacar las principales políticas dirigidas a transformar su alcance, sentido de intervención y configuración operacional.

El periodo histórico que se explora comienza en el Capítulo 1, con el análisis de la *perspectiva desarrollista*. Ellas fueron parte de los cambios puestos en marcha hacia el fin de la Segunda Guerra Mundial que impactaron en la reconfiguración de las periferias de Asia, África y América Latina.

Como una nueva fase del proceso industrializador iniciado por el derrocado peronismo, el sector público reformuló sus funciones como planificador, generador de demanda agregada y, en menor medida, como inversionista allí donde el capital privado –nacional o trasnacional– no quería asumir riesgos o demandaba condiciones infraestructurales que le brindaran seguridad a su inversión. Todo ello dentro de un contexto que tendía a promover una fuerte intervención directa del Estado.

El Capítulo 2 analiza las *ideas neoliberales* que comenzaron a instalarse en América Latina hacia mediados de los años 70 y por décadas mantuvieron su influjo más allá de los cambios de gobiernos y regímenes. La perspectiva neoliberal sostuvo el carácter intrínsecamente perverso de la intervención estatal y la necesidad de restringir las funciones de la administración pública. En su despliegue encontró en los principios desarrollistas su antagonista ideológico *par excellence*. Todo el discurso neoliberal se construyó en América Latina en oposición sistemática a las teorías del desarrollo que lo antecedieron.

En nuestro país la vigencia de las políticas de ajuste estructural comienza a mostrar signos de agotamiento hacia mediados de los 90. Ante esa situación, algunos de los principales actores políticos e ideológicos que habían impulsado ese ajuste (v.g. el Banco Mundial), iniciaron entonces una serie de operaciones conceptuales para mitigar varios de los preceptos que previamente habían sostenido casi como una religión, dando paso así a las *perspectivas sociocéntricas*, analizadas en el Capítulo 3.

Estas perspectivas no desafiaron la centralidad del mercado pero, desde lo teórico, impugnaron la vigencia del instrumental neoclásico como herramienta universal de análisis a la vez que sostuvieron que las organizaciones de la sociedad civil estaban llamadas a ocupar un lugar virtuoso y crecientemente importante, tanto para controlar al Estado como para proporcionar un contrapeso al mercado. En épocas de aplastante hegemonía del pensamiento neoliberal, el sociocentrismo fue abrazado por algunas corrientes de izquierda, buscando en las organizaciones comunitarias y ONG un refugio que se reveló insuficiente ante el poder del mercado.

La crisis estrepitosa del modelo neoliberal en nuestro país, al que la perspectiva sociocéntrica había planteado algunos cambios, pero sin llegar a constituirse como un modelo alternativo, hizo emerger una nueva concepción estatal, que a falta de un nombre universalmente aceptado llamaremos Nacional-Popular (Capítulo 4). Esta nueva matriz de políticas públicas tiene como base las respuestas concretas a las crisis generadas por las políticas neoliberales, más que desarrollos teóricos autónomos, aunque reconoce como sus antecedentes a las políticas del primer gobierno peronista (1946/55) y al desarrollismo.

Las políticas nacional-populares constituyen un fenómeno latinoamericano con aristas originales que tiene poco contacto con la propuesta normativa que para el Estado se desarrolla en el resto del mundo. Más aún, se despliegan en tensión –a veces, incluso, en franca contradicción– con las propuestas que emergen de los principales centros de poder. Como en todo proceso abierto donde el *búho de minerva aún no ha levantado vuelo,* el análisis que se hace de la última oleada es parcial y sujeto a cambios.

Para finalizar el libro se presentan las conclusiones alcanzadas, como forma de mostrar las dificultades que se abren hacia el futuro y los caminos que podrían seguirse para su superación.

En este relato confluyen los documentos, los análisis realizados por otros investigadores y también la experiencia propia de los autores. De esta forma, además de las fuentes descritas, el texto está impregnado de inquietudes surgidas en seminarios realizados y discusiones con académicos, tanto como por hechos que vivimos de forma directa y por procesos relatados por sus protagonistas.

Esto hace que resulte obvio que a través de él hablen muchos investigadores, dirigentes, profesores, empleados públicos, docentes universitarios abocados al tema, funcionarios estatales o simples ciudadanos con los que trabamos cotidiana relación. En este sentido, ha sido muy importante la función de instituciones que sirvieron de punto de encuentro para el debate y la discusión: INAP, CIAP (FCE/ UBA), GESTAR (FPV/PJ), FCS (UBA), COSEyLA, por citar las que más hemos recorrido.

Como ya se mencionó, no hay antecedentes en el proyecto de presentar las mutaciones en las ideas sobre el Estado ocurridas durante los últimos cuarenta años. Esta carencia de la cual partimos, dimensionó el papel de la interacción con pares que, apenas exagerando, fue decisiva para construir una perspectiva propia de análisis, toda vez que los fenómenos estudiados tienen una inevitable característica dialógica.

Si bien es imposible nombrar a cada una de las personas que aportaron con sus opiniones y discusiones, quisiéramos reconocer explícitamente a quienes más influyeron en este escrito.

Los doctores Carlos Vilas, Oscar Oszlak, Carlos Acuña, Aldo Ferrer (†), Arturo Fernández, Daniel García Delgado y Eduardo Bustelo (†)

son referentes teóricos ineludibles de los tópicos bajo estudio; tenemos la suerte de contarlos entre nuestros amigos y de aprender de ellos cada vez que nos cruzamos a conversar sobre los temas del trabajo.

Además de ellos, somos parte de un grupo de investigadores que, de forma más o menos paralela, está investigando sobre las ideas de reforma estatal en la Argentina. Muchas de las ideas han sido tomadas de los trabajos y de las conversaciones con Pablo Fontdevila, Claudia Bernazza, Gustavo Badía, Isidoro Felcman, Gustavo Blutman, Eduardo Longo, Guillermo Schweinheim, Hugo Cormick, Fabián Repetto, Mercedes Rivolta, Dora Orlansky, Paula Amaya, Alejandro Estévez, Aníbal Jorge Sotelo y Sergio Mordacci. Un agradecimiento particular a la Lic. Claudia Delgado que corrigió este texto con una competencia que excedió sus aspectos puramente formales.

Así como reconocemos que buena parte de los eventuales aciertos de esta investigación se la debemos a los nombrados, todos ellos quedan, por supuesto, liberados de las faltas, errores y omisiones que se hayan cometido.

Buenos Aires, septiembre de 2015.

Prólogo a la segunda edición

Nos produce una enorme alegría –y algo de sorpresa– el éxito alcanzado por nuestro texto y el requerimiento de nuestro editor para publicarlo nuevamente habiendo transcurrido tan poco tiempo desde su aparición.

Aprovechamos la ocasión para revisar los originales una vez más y corregir algunos errores que se nos habían deslizado en la primera edición. Asimismo, *tocamos* algunos párrafos que, consideramos, no tenían una factura apropiada. Sea también el momento de agradecer a Gastón Luna, un atento lector de la primera tirada, quien nos marcó algunos errores gramaticales y le mandó un mail a la editorial advirtiéndole de ellos.

En estos pocos meses ha habido cambios en el escenario político que afectaron profundamente el modo de acumulación, el discurso sobre el Estado y el modelo de funcionario público. Un poco a tientas por la falta de la necesaria perspectiva que ofrece el tiempo, tratamos de evaluarlos en un corto *Postcriptum* donde introducimos el concepto de *Homo Corporativo*. Incipiente, como dijimos, creemos que esta idea resume los nuevos vientos que recorren al país y, aparentemente, a buena parte de nuestro continente.

Las señales siguen estando ahí y el trabajo del investigador es necesario. Tratamos que ellas cobraran vida en el texto que se presenta y, sobre todo, que abran camino para nuevas pesquisas que ayuden a pensar un Estado que, inmerso en sus desequilibrios internos y externos, aún no ha desplegado todas las potencialidades que nos ayuden a realizarnos como Nación.

Buenos Aires y Ushuaia, Julio de 2016.

Primera Parte.
El desarrollo y la centralidad del estado

"A los gobiernos (...) les corresponde un papel central en el desarrollo nacional (...). El mecanismo de precios libres no tiende a generar un conjunto internamente consistente de opciones orientadas hacia los objetivos del desarrollo".

Saúl Katz, Guía para modernizar la Administración para el Desarrollo, OEA

1. El mundo en la era del desarrollo

1.1. El tercer mundo y el fin de la Segunda Guerra Mundial

Con el fin de la Segunda Guerra Mundial la idea de desarrollo ocupó un lugar central en la arena política del llamado Tercer Mundo. Tal idea –que trasciende al movimiento político que llevó su nombre– descansaba en una cosmovisión que hasta cierto punto era una de las posibles formas de cristalización del relato moderno.

Enmarcado en la tradición evolucionista de la ilustración, este discurso veía en el desarrollo un punto de llegada para la humanidad toda. Ese desarrollo era, fundamentalmente, sinónimo de industrialización en tanto régimen de acumulación, pero, así mismo era mejora en los indicadores sociales –salud, educación, vivienda–, y cambio de los patrones culturales de la población hacia una mayor racionalización de la vida cotidiana.

De tal forma, incluso los procesos de liberación nacional –fortalecidos por la desintegración del sistema de potencias coloniales– se imbricaron con iniciativas modernizadoras. La lucha política sumó, a sus demandas de liberación y autonomía, la del desarrollo (Myrdal, 1961).

Tanto quienes aspiraban al poder en el marco de propuestas procapitalistas, como sus críticos de izquierda y de derecha, se vieron obligados a referirse a él como objetivo central de la acción de gobierno. Fue así que la problemática del desarrollo se articuló con la tensión del mundo bipolar EEUU/URSS de la Guerra Fría pasando a ser parte de la competencia de las dos superpotencias por incrementar su influencia mundial.

En América Latina el periodo se caracterizó por la decadencia de la hegemonía de los sectores exportadores y la constitución de un nuevo bloque de poder que impulsó la industrialización por sustitución de importaciones. En este marco se produjo una modernización y complejización en la división social del trabajo que repercutió sobre el escenario político.

Las definiciones desarrollistas fueran acogidas con entusiasmo por la mayoría de los gobiernos latinoamericanos, pero las elites económicas locales vinculadas estrechamente con los sectores exportadores, tuvieron una reacción más cautelosa,[1] posiblemente desconfiando de los aires reformistas que se asociaban a algunas versiones del discurso.

En el curso de las décadas del 40 y 50, gobiernos nacional-populares se hicieron fuertes en diferentes países de América Latina. En ese lapso también se produjeron la independencia de la India y la revolución china, al tiempo que emergía el nacionalismo árabe y se aceleraban los procesos de liberación nacional en el África Subsahariana y en el Sudeste Asiático… Todos ellos fenómenos producidos por –y produciendo a su vez– el nuevo orden mundial.

En el año 1949 el presidente Harry Truman en el discurso sobre el Estado de la Unión, estableció una agenda de desarrollo que marcó la centralidad del tema también para la primera potencia capitalista (Escobar, 1996; Rist, 2002). En el Punto Cuatro de su alocución Truman propuso poner a disposición de las naciones "insuficientemente desarrolladas" los avances de la ciencia y así redimir a "más de la mitad de la población mundial" que vivía mal alimentada, enferma y con su vida económica estancada. La razón para tal estrategia fue que la pobreza de esos países "es un lastre y una amenaza tanto para ellos

---

[1] En la Argentina, Federico Pinedo, desde las páginas de *La Nación* (Ver *La Nación*, 3-9-61 y 1-9-59), ridiculizará la noción de desarrollo en varias ocasiones.

como para las regiones más prósperas". Las naciones ricas deberían poner a disposición de las pobres sus "inconmensurables recursos en materia de conocimientos técnicos [que] se encuentran en constante crecimiento y son inagotables" (citado in extenso en Rist, 2002).

Pocos meses después de la mencionada alocución de Truman, el Banco Mundial enviaba a Colombia una misión de expertos dirigida por el economista Lauchlin Currie. Era la primera vez que se mandaba una misión de esta naturaleza a un Estado del Tercer Mundo.

En 1958 se creó el Fondo Especial de Naciones Unidas para el Desarrollo Económico que se fusionará con el Programa Ampliado de Asistencia Técnica para dar lugar al Programa de las Naciones Unidas para el Desarrollo, PNUD. Paralelamente el Banco Mundial dedicará progresivamente la totalidad de sus recursos a los países del Tercer Mundo. Poco después, una resolución de la Naciones Unidas declararía que la de los 60 sería la "Década del desarrollo" (Rist, 2002).

En una declaración producida en febrero de 1959 el presidente de los EEUU Milton Eisenhower afirmó que "América Latina es y debe ser tratada como un área subdesarrollada". Esta declaración, todavía tímida, respondía a la iniciativa de la OEA de establecer una comisión especial de cooperación económica: el Comité Económico y Social. Este Comité, compuesto por los veintiún ministros de relaciones exteriores de América Latina, se reunió en septiembre de 1958. Pidió entonces una política más activa por parte de los Estados Unidos para combatir la pobreza en un continente que, afirmaba, era vulnerable al comunismo. Ese mismo año, el Comité de los Veintiuno –como también se lo llamó– aprobó la constitución del Banco Interamericano de Desarrollo y la iniciativa de Kubitschek conocida como "Operación Panamericana".

La radicalización de la Revolución Cubana aceleró el proceso. Como respuesta al desafío de la organización socialista, el presidente Kennedy sentó las bases de la Alianza para el Progreso, sancionada en una recordada conferencia en Punta del Este en donde Ernesto Che Guevara tendría una mítica participación.

En este escenario hay que incluir al otro polo de la guerra fría: la Unión Soviética, la cual, desde su propia fundación y a través de la organización de la Tercera Internacional, se había interesado en la situación de los países de la periferia mundial. Luego de la Segunda Guerra Mundial desde la ortodoxia soviética se había generado una perspectiva programática propia para enfrentar los problemas de los países en desarrollo: se trataba de un replanteamiento de la economía sobre la base de la planificación centralizada, aunada –en ocasiones– a la protección militar ofrecida por el Pacto de Varsovia. Esta perspectiva se consideró atractiva para países del Tercer Mundo hasta bien entrados los años 80.

Igualmente relevantes a los fines de nuestro trabajo, fueron las Conferencias que por esos años se produjeron en Colombo y Bandung (años 1954 y 55, respectivamente). Esta última, convocada por los grandes líderes independentistas, reunió a veintinueve jefes de Estado de Asia y África (entre otros, Nasser, Presidente de Egipto y Nehru, de la India), con el objetivo de favorecer la cooperación económica y cultural afroasiática en oposición al colonialismo y el neocolonialismo de las antiguas metrópolis y de los Estados Unidos, así como plantear la posibilidad de ser parte del área de influencia de la Unión Soviética.

La Conferencia de Bandung dio un tinte antiimperialista al discurso del desarrollo debido a su voluntad de establecer una cooperación autónoma entre los países del Tercer Mundo y al impulso que indirectamente dio a la creación de la OPEP. Más importante aún, en Bandung se esbozarán las principales instituciones de las Naciones Unidas que –junto con las de la OEA– difundirán los principios del desarrollo en la región.

Previo a esta conferencia, en la región latinoamericana ya había comenzado a cristalizar una propuesta económico social, cuyo momento fundante suele situarse en la ponencia presentada por Raúl Prebisch en la Conferencia de La Habana de 1949.

1.2. Las teorías del desarrollo

Cuando se analizan los antecedentes de las teorías del desarrollo en un sentido amplio, se suele hablar de dos tipos de precursores. Por un lado, en el marco de la corriente principal de la economía, los autores llamados clásicos asignaron un lugar privilegiado al crecimiento y transformación de la producción. Adam Smith, por ejemplo, la vincula a la división del trabajo y al tamaño del mercado, mientras que David Ricardo encontró su clave en la distribución del excedente económico entre las diversas clases sociales. El análisis de Carlos Marx sobre relaciones y fuerzas de producción y el rol de la superestructura jurídico política fue particularmente fecundo para analizar rupturas, desequilibrios, cambios y modernización de las sociedades (Blomström y Hettne, 1984).

Por otro lado, en las naciones que no eran hegemónicas a nivel mundial, surgieron teorías que de forma recurrente plantearon diferentes estrategias para cerrar lo que hoy llamaríamos la brecha de desarrollo. Ejemplos de ello se encuentran en Alexander Hamilton con su idea de proteger las industrias nacientes;[2] Friedrich List, dando base nacional

---

[2] Ver *Informe sobre las manufacturas*, del año 1790.

22

a los análisis económicos por oposición al estudio de la economía desde cada individuo;[3] y autores nacionalistas de la hoy República Popular China y de la República de la India, entre otros. A principios del siglo XX las reflexiones de A. Bunge y de sus discípulos de la *Revista de Economía Argentina* se inscriben es esa misma corriente.

Este conjunto heterogéneo de antecedentes se combinó con aportes desde las propias áreas más desarrolladas que criticaban la centralidad del estudio microeconómico de los mercados, perspectiva que, de la mano de las escuelas neoclásicas, había colonizado el análisis económico y social. De esta forma, las ideas del *New Deal* norteamericano y las experiencias de la planificación soviética, la regimentación de la producción del Japón y Alemania y, ya durante la Segunda Guerra Mundial, de los sistemas de racionamiento y organización no mercantil de la producción de casi todos los países beligerantes, fueron parte de las ideas con las que se construyó un nuevo paradigma de investigación e intervención.

En el ámbito académico la influencia de las proposiciones keynesianas entre los economistas y la propuesta de Talcott Parsons desde la sociología de la modernización, sentaron las bases para que naciera un pensamiento dispuesto a reconocer los beneficios de la intervención del Estado en el crecimiento económico, impulsando a políticos y académicos a abocarse al análisis de las razones del mismo.

A estas perspectivas se le sumó una amplia gama de aportes teóricos comprometidos con las teorías del desarrollo o dedicados al análisis de la transición hacia la sociedad moderna conformando un poderoso pensamiento de época. Un diagnóstico compartido los unía: el subdesarrollo como principal mal de gran parte del mundo. También compartían una metodología que enfatizaba la intervención planificada sobre la sociedad por medio de la racionalización de la administración, la intervención estatal y el cambio social dirigido.[4] Así, la segunda posguerra vio nacer la centralidad de la idea de desarrollo.

Junto con la agenda de desarrollo apareció la idea de subdesarrollo. Este último quedó diagnosticado como una acumulación de carencias —de capitales, de democracia, de planificación, de conocimientos técnicos y científicos— que impedía la producción suficiente de alimentos y, por tanto, "la libertad y la felicidad personales" (Rist, 2002). La solución se desprende del planteamiento del problema: impulsar el crecimiento industrial, el incremento de la producción,

---

[3] Ver *The National System of Political Economy*, del año 1841.

[4] Sin duda, algunos de esos puntos —como la intervención estatal— fueron objeto de fuertes controversias nacionales.

la racionalización de la administración pública y la difusión de la ciencia y tecnología modernas.

La acumulación de conocimientos técnicos era la clave para superar los obstáculos del subdesarrollo. En ese marco, el Estado en tanto impulsor de la modernización mediante la planificación –concebida como técnica en acción– jugaba el papel primordial de supremo racionalizador. De allí el estilo del discurso del desarrollo, marcado por la enunciación desde la ciencia.

La posguerra trajo también un mundo dividido en dos polos antagónicos, dando origen a la Guerra Fría. El mundo bipolar dio paso a dos estrategias diferenciadas de desarrollo, a saber:

- Desde el mundo soviético se pensaba en que la recuperación del excedente apropiado por el imperialismo podría destrabar el desarrollo.

- Desde las potencias occidentales se sostenía que las inversiones externas y la superación de comportamientos premodernos generarían las condiciones para el desarrollo.

Con la consolidación del Tercer Mundo como opción política, la competencia entre las dos perspectivas arriba mencionadas abrió un importante campo de construcciones teóricas y con ellas, de escuelas de pensamiento. En América Latina la CEPAL fue la más destacada.

1.2.1. El desarrollo en clave capitalista

A principios de los años 40, Paul Rosenstein-Rodan "fundaba" la economía del desarrollo alrededor del concepto de *Big Push*,[5] a saber, la idea de una gran inyección de recursos simultánea en los diferentes sectores de la economía para lograr su crecimiento armónico. Diez años después Nurkse (1955) desarrollará los postulados de Rosenstein-Rodan, dándoles una formulación matemática. Para Nurkse el problema central de los países "insuficientemente desarrollados" –con su uso comienza a popularizarse el concepto– era la escasez crónica de capital, esto es, de ahorro y crédito. No tenemos espacio para desarrollar *in extenso* los silogismos de Nurkse, pero nos interesa destacar su idea de que en un país con empresarios

---

[5] Ver "The Problems of Industrialization of Eastern and South-Eastern Europe", en *The Economic Journal*, Vol.53 del año 1943.

con limitada capacidad de acumulación, los gobiernos tienen que intervenir para impulsar el ahorro nacional y la formación de capital que empuje el desarrollo.

Otra línea importante de análisis recogía los trabajos pioneros de Julius Boeke (1910) en los que el autor había planteado como problema la existencia histórica de economías duales, escindidas en dos polos –uno moderno y otro rezagado– carentes de ámbitos de intersección. Después de la Segunda Guerra Mundial, el concepto fue desarrollado por el premio nobel de economía Lewis (1954 y 1956), quien modelizó sistemas económicos en donde la existencia de barreras (burocráticas o naturales) impedía la acción de los mercados y mantenía aislados y subutilizados a los sectores y regiones de menor desarrollo relativo.

Esta visión se insertaba en un modelo polar en donde –a través de diferentes etapas– la sociedad *moderna* iba reemplazando a la sociedad *tradicional*. Tanto el proceso de reemplazo de una sociedad por otra como las características de lo *moderno* tendían a ser asimiladas a lo observado en el mundo desarrollado.

A principios de los 50 Walt Whitman Rostow dio a conocer el texto *Las etapas del crecimiento económico,* un trabajo que no casualmente llevaba el subtítulo *Un manifiesto no comunista*, que rápidamente se convirtió en una referencia obligatoria para la economía del desarrollo. Según el autor, el crecimiento económico pasaba por cinco etapas que iban desde la organización tradicional hasta las sociedades de consumo a gran escala (Rostow, 1963).

En esta ordenada teleología, para América Latina tenían crucial importancia dos etapas: *la de transición* que fijaba las condiciones previas para "el despegue económico", y el *despegue* propiamente dicho (*take off*) que, a grandes rasgos, consistía en un crecimiento industrial acompañado de un desplazamiento de la actividad agraria tradicional hacia las ramas modernas de la producción.

Si en la economía el tema del desarrollo adquiría centralidad, en la sociología ganaban terreno las teorías de la modernización. Talcott Parsons con su *Estructura de la Acción Social*, publicada en 1937, había construido unas bases sólidas para la sociología académica. Pero fue con su obra de 1951, el *Sistema Social*, que este autor se convirtió en una figura destacada de la intelectualidad estadounidense influenciando el pensamiento de políticos y altos burócratas con competencia para la toma de decisiones estratégicas.

No es posible discutir acá la obra de Parsons –demasiado oscura y polémica– pero importa resaltar su concepción del mundo social como el resultado de subsistemas que tienden al equilibrio siendo determinante, a su juicio, el subsistema cultural encargado de orientar las decisiones de los individuos. En este esquema, Parsons identifica aquellas pautas que corresponden a las sociedades modernas[6] (Parsons, 1974 y 1984).

La obra de Parsons permeó las teorías de la modernización en las Ciencias Sociales y la naciente disciplina de la Administración Pública. Tributario de ella fue Gino Germani quien, en un libro que tuvo amplia difusión en los medios ilustrados latinoamericanos, presentaba su propia versión de la transición hacia la modernización, centrando la atención en los procesos sociopolíticos o, en su lenguaje, en el proceso hacia la participación total (Germani, 1962).

Rosenstein-Rodam, Nurkse, Lewis y Rostow trataron de imprimirle una perspectiva dinámica a la teoría keynesiana destacando los vínculos entre inversión y crecimiento. Para estos autores el crecimiento sostenido –es decir, el crecimiento a ritmo similar de los diferentes sectores de la economía– era el motor del desarrollo equilibrado. Una gran inversión era el secreto para el despegue hacia el desarrollo. Con distintos matices todos coincidían en que éste debía ser un proceso armónico, equilibrado y lineal: es decir, y que, en general, se regía por fases más o menos similares en todos los países.

En la *Declaración Económica de Buenos Aires* de 1957, emanada de la Conferencia Económica de la Organización de Estados Americanos y leída por el Ministro de Hacienda argentino, Adalbert Krieger Vasena, se puede encontrar un bosquejo de la perspectiva que desde los EEUU se planteaba para el desarrollo latinoamericano. En ella se promovía un modo de regulación híbrido, retomando, de manera limitada, mecanismos ensayados en los países centrales como la ampliación de la provisión de algunos servicios sociales, la organización de corporaciones empresariales y de trabajadores, y la implementación de algunas medidas redistributivas; al tiempo que se mantenían las relaciones tradicionales de dominación. Estas medidas generaron la resistencia de los sectores dedicados a la exportación, que históricamente habían sido el núcleo alrededor del cual se conformaron los diferentes mercados nacionales. Pero no fueron solamente ellos: las diferentes burguesías periféricas que habían configurado nichos propios, se resistieron al acrecentado rol de "príncipe" que ahora se atribuía el Estado nacional.[7]

---

[6] Estas son: afectividad-neutralidad; difusión-especificidad; particularismo-universalismo; adscripción- adquisición; colectividad-individuo. La segunda de cada par caracterizaría a las sociedades modernas (Parsons, 1984).

[7] Cfr. supra. Sobre todo en países federales, en donde los esquemas productivos regionales y los Estados subnacionales se veían amenazados por la modernización desarrollista. Para el caso argentino ver Agulla (1967).

Estas tensiones no eran asumidas por los teóricos funcionalistas del desarrollo, quienes subestimaban el papel de los actores que detentaban poder real. En caso de ser tenidos en cuenta, las pugnas eran asumidas como transitorias y patológicas –a veces, considerados como "enfermedades de crecimiento"–. En la práctica, esto implicó que las recomendaciones a las elites de gobierno tendieran hacia la negación del conflicto más que a buscar resolverlo. Se suponía que las disputas podrían ser estabilizadas mientras el desarrollo los iba suprimiendo en su dinámica –idea acorde con la perspectiva sistémica que privilegiaba la sociología norteamericana–. De esta negación nacerá la fuerte tensión en América Latina entre gobiernos desarrollistas y movimientos nacional populares.

La exitosa propagación del discurso desarrollista no fue ajena a la iniciativa estadounidense de promover un gran programa de desarrollo para América Latina: la *Alianza para el Progreso* firmada en Punta del Este en 1961. La Alianza prometió a las elites de gobierno recursos económicos y, sobre todo, el capital simbólico de los Estados Unidos de América, para contener los disensos internos que surgían por derecha e izquierda en los debates políticos nacionales.

El consenso desarrollista sólo llegó a su madurez a finales de la década del 50 cuando las teorías del desarrollo entraron en diálogo con la CEPAL, dando origen a lo que se conoció como el estructuralismo latinoamericano. Consenso poderoso que, sin bien fue atacado por derecha (ortodoxia económica) y por izquierda (teoría de la dependencia), fue indiscutiblemente hegemónico durante la década del 60.

1.2.2. *La izquierda del desarrollo: la teoría de la dependencia*

Hacia principios del siglo XX los textos de Rudolf Hilferding, Rosa Luxemburgo y, principalmente, Lenin,[8] reformularon la visión marxista que había asignado al Tercer Mundo un rol pasivo de "espera" del trasplante de la revolución que, según la teoría, iba a ocurrir en los países más avanzados del globo.

En estos análisis se consideraba que el excedente capturado en la periferia a partir de formas imperiales de dominación económica, era lo que había mantenido el dinamismo capitalista, generando las posibilidades materiales para la emergencia de una "aristocracia" obrera que a cambio de mejoras en sus condiciones de vida, había resignado su postura revolucionaria. Siguiendo esta conceptualización, el cambio vendría de la

---

[8] El texto de mayor influencia en este sentido fue, sin duda, *El imperialismo, etapa superior del capitalismo*.

periferia explotada, que al recuperar el excedente en el mismo momento de su liberación, reinstalaría la lucha de clases en las sociedades avanzadas.

Los éxitos industrializadores y científicos de la Unión Soviética,[9] el empoderamiento del Tercer Mundo como actor político de la escena internacional y el propio consenso pro Estado de las principales corrientes de pensamiento económico, fueron fenómenos que alentaron el discurso de un ala radical en el universo desarrollista. En nuestra región este lugar fue ocupado por un grupo de sociólogos y economistas latinoamericanos –algunos de ellos formados en la CEPAL– que cuestionaron la perspectiva capitalista del consenso desarrollista. Para estos académicos la reflexión económica era insuficiente si no tenía en cuenta los aspectos sociológicos y, especialmente, lo relacionado con las clases sociales y el poder. Produjeron así un movimiento teórico continental[10] que aunque con diferentes enfoques –la referencia a la obra de Marx era su principal punto de contacto– fue conocido como Teoría de la Dependencia.

El punto de partida de estos pensadores, además de las citadas obras de Lenin y de Rosa Luxemburgo, son las nociones de Prebisch de 'centro industrial' y de 'periferia agrícola', y los intercambios desiguales que se establecen entre ambos. La incorporación de las categorías de clase y poder producirá una interpretación diferente del subdesarrollo y, por tanto, de las precondiciones del desarrollo.

Las nuevas categorías teóricas obligaron a un análisis diferente. Una de las corrientes más populares –y con más influencia en el debate político, aunque menos sólida académicamente– fue la que lideró el sociólogo chileno-canadiense André Gunder Frank (1969), que centraba su atención en la "cadena de explotación". En su análisis, el atraso de las economías periféricas era resultado de la explotación secular por parte de las potencias centrales. De la misma manera en que los países dominantes expoliaban a los dependientes, los grupos de poder de estos países se apropiaban del excedente de sus propias zonas periféricas. En otras palabras –y en una versión muy simplificada– para Frank las burguesías trasnacionales explotaban a las nacionales que, a su vez, seguían un camino similar con las regionales y los sectores populares.

De lo anterior se deducía que para entender el subdesarrollo nacional era indispensable comprender el funcionamiento del sistema del

---

[9] La Segunda Guerra Mundial mostró el potencial económico que se había desplegado en la URSS, tanto como para ser el principal actor de la derrota militar alemana. A la salida de la guerra, al rápido crecimiento económico de la URSS se le sumó una sucesión de éxitos científicos, entre los que se destacaron los avances en tecnología nuclear y espacial.

[10] Para nombrar sólo algunos de los más conocidos, citemos en Brasil, Fernando Cardoso y Theotonio Dos Santos, en México, Pablo Gonzáles Casanova; en Colombia, Antonio García; en Perú, Aníbal Quijano; en Chile: Enzo Faletto.

mundo capitalista y la manera en que las economías dependientes se insertaban en él. Siendo esta una forma connatural a la universalización del capitalismo, desarrollo y dependencia se presentaban como términos antagónicos.

La única solución, lógicamente deducida, era romper el vínculo de la dependencia, lo que implicaba desalojar del poder a las burguesías locales, agentes históricos de las de los países centrales. Aunque no muy sólida teórica ni empíricamente, la teoría de Frank tenía, en el contexto de la época, el atractivo de una explicación transparente para motivar la acción política.

En lo que Cardoso y Faletto (1969) llamaron un *análisis integrado del desarrollo*, se estudiaba este fenómeno definiendo las variables intervinientes. Ya no se trataba de construir una teoría general y abstracta del subdesarrollo, sino de aportar elementos teórico-metodológicos para su análisis, retomando postulados de Marx y de Weber.

Diferenciando subdesarrollo/dependencia y periferia, distinguirán las variables económicas (periferia) de las políticas (dependencia). En cambio, el desarrollo o el subdesarrollo será el resultado de una relación social producto de las fuerzas políticas nacionales, o más exactamente, de las relaciones de poder entre las clases.

Para estos teóricos de la Teoría de la Dependencia, el desarrollismo capitalista[11] encuentra un cuello de botella en el imposible acoplamiento de las variables políticas y económicas.

Para que el Estado desarrollista pueda garantizar la industrialización necesita el apoyo de actores sociales poderosos y en esa demanda debe decidir entre apoyarse en los sectores agroexportadores (lo que implica sacrificar la reforma agraria y el fomento del mercado interno); o en las clases trabajadoras (lo que significa la oposición de los industriales); o en la burguesía nacional que comparte intereses con las burguesías de los países centrales.

De esta serie de disyuntivas concluyen que, si bien el aliado estratégico por excelencia debería ser la burguesía nacional, el gran problema para el desarrollismo es la falta de decisión de esta clase para impulsar un proceso de desarrollo autónomo, porque un movimiento de ese tipo le implicaría romper lazos de dependencia con el capital trasnacional con el que se encuentra estrechamente vinculada.

Esta situación no hace imposible el desarrollo –de hecho, para los autores hay varios casos de desarrollo dependiente, por ejemplo

---

[11] En rigor estos autores llaman Estados desarrollistas a aquellos que evitaron el populismo. En cambio, para lo que nosotros, y en general las Ciencias Sociales contemporáneas, llaman desarrollismo, usan la expresión "internacionalización del mercado interno" (Cardoso y Faletto, 1969: 123 y ss).

Canadá–, pero traslada la discusión al campo de la *política* y a la viabilidad de alianzas entre sectores nacionalistas y burguesías nacionales. Esta temática marcó todo el debate de la izquierda durante los años 60 y, no casualmente, volvió a ser retomada por los neodesarrollistas en la primera década del siglo XXI (Bresser Perira, 2007; Laguado Duca, 2013 y 2013a)

La mencionada discusión repercutió entre algunos economistas de la CEPAL que, conscientes del agotamiento del proceso sustitutivo a finales de la década del 60, propusieron: a) profundizar la planificación estatal a los efectos de ahondar en el proceso de industrialización re-dirigiéndola hacia aquellos insumos estratégicos para el desarrollo; y b) impulsar las exportaciones no tradicionales para superar la crónica escasez de divisas producida por los desequilibrios estructurales del sector externo. Con estas propuestas se trataba de superar la etapa de la llamada *sustitución fácil* de importaciones (bienes de consumo) impulsando las industrias de base (acero, petroquímica, etc.) y creando instituciones que fomentaran el crédito a largo plazo, para incentivar al sector privado hacia inversiones que en otras condiciones no estaba en capacidad de afrontar (Furtado, 1966 y 1983). Una década antes Frigerio y Frondizi habían hecho un diagnóstico similar, y con ello habían fundado –igual que Kutbischek en Brasil– el desarrollismo como doctrina política.

1.2.3. El pensamiento de la CEPAL

Como se dijo más arriba, en la Comisión Económica para América Latina (CEPAL) se generó una perspectiva que sirvió de referencia para el pensamiento de época. En 1950 el economista argentino Raúl Prebisch fue nombrado su Secretario Ejecutivo y reconocido luego como uno de sus principales pensadores y promotores: el fundador de lo que después se conoció como *estructuralismo latinoamericano*.

En esa década del 50 la CEPAL mantuvo una activa producción teórica y dio a conocer varios estudios sobre la situación económica de la región, desde una perspectiva no ortodoxa, con notoria influencia del pensamiento keynesiano y de las escuelas historicistas e institucionalistas centroeuropeas.[12]

Lo original del pensamiento cepalino estaba en su énfasis en la asimetría de la formación de precios entre el centro y la periferia. Mientras en los países periféricos los precios de exportación agrícola

---

[12] En una entrevista con David Pollock, Raúl Prebisch afirmaba que la formación de su pensamiento fue independiente de la de Keynes aunque, al igual que el teórico inglés, cuestiona la teoría de las ventajas comparativas (Prebisch, 2001).

se sustentaban en los bajos costos derivados del exceso de oferta de mano de obra; los centrales garantizaban una alta retribución a las empresas y a los trabajadores gracias a los sobreprecios monopólicos que aplicaban a sus propias exportaciones industriales. Por ese motivo, los aumentos de la productividad industrial no se traducían en un acceso más barato a las importaciones que recibía la región.

En términos generales, su perspectiva se enfocaba en la Industrialización por Sustitución de Importaciones (ISI), impulsando un desarrollo productivo dirigido por el Estado como forma de fortalecer a las economías latinoamericanas frente a las vicisitudes del comercio internacional, particularmente en relación a los términos de intercambio. Asimismo, planteó la necesidad de una reforma agraria en la zona, idea que sería fuente de inspiración para diversos gobiernos, como los de Eduardo Frei Montalva y Salvador Allende en Chile.

La industrialización sustitutiva no sólo implicaba el desarrollo económico. También se asociaba a ella la superación de la pobreza estructural a largo plazo. Con resonancias keynesianas, se consideraba que el pleno empleo no sólo determinaba la tasa de salario, sino también la de acumulación del sector moderno de la producción y la tecnología que éste podría incorporar; tanta importancia se le asignaba a este factor, que la teoría suponía que también tendría incidencia en la dinámica demográfica. La sustitución de importaciones era, por tanto, mucho más que un plan económico; era un programa de modernización de toda la sociedad.

Para muchos Prebisch fue el precursor de la Teoría de la Dependencia antes de que las lecturas marxistas radicalizaran sus postulados. Baste recordar para ello las nociones de "centro industrial" y de "periferia agrícola", y los intercambios desiguales que se establecen entre ambos. Sin embargo, del estructuralismo cepalino nos interesa resaltar su particular relación con el discurso de Truman y de Eisenhower y, después, con el de la Alianza para el Progreso.

Prebisch coincidía con el discurso del desarrollo –aunque su diagnóstico partía del intercambio desigual entre países centrales y periféricos, debido a la tendencia a la pérdida de valor de los productos agrícolas– en la necesidad de completar el proceso de sustitución de importaciones iniciado durante la Segunda Guerra Mundial. Difería, en cambio, en la irrestricta apertura al capital extranjero y transnacional y proponía priorizar la complementariedad regional –i.e. bloque latinoamericano–. Lo novedoso de la propuesta cepalina para la región fue su énfasis en la intervención del Estado y la disolución de la dicotomía entre los modelos agroexportador e industrial (Prebisch, 1962).

La CEPAL trató de comprender la lógica del proceso mediante el cual América Latina desplegó su economía de sustitución de importaciones para responder al desplome externo generado por la Gran Depresión (1930) y la Segunda Guerra Mundial (1939-1945). De sus investigaciones concluía que sólo la industrialización sustitutiva profundizada podía superar la restricción al crecimiento que significaba el deterioro de los términos de intercambio ocasionado por la disminución de los precios de los productos del sector primario, las barreras arancelarias a las manufacturas y el consecuente encarecimiento relativo de los productos importados (Prebisch, 1962).

Una política colateral a la de industrialización y de suma importancia para los teóricos cepalinos pero con mala recepción en las elites locales, era la integración sudamericana. Para Prebisch ésta era imprescindible para superar las limitaciones de escala de producción que imponía el tamaño de los mercados de los países del subcontinente y, sobre todo, para presionar al sector primario a mejorar su eficiencia (Prebisch, 1962; Dalbosco, 2002).

Independientemente de que la CEPAL irritara a la derecha por su crítica al libre comercio, su defensa de la intervención estatal y la subordinación del agro a las necesidades del desarrollo industrial; y a la izquierda por lo que consideraba un maquillaje que ocultaba la explotación capitalista; las teorías cepalinas se insertaron cómodamente en el discurso desarrollista (Escobar, 1996).

Uno de los puntos de disenso entre los teóricos norteamericanos y europeos del desarrollo y la CEPAL, fueron los supuestos del "desarrollo equilibrado" que, inspirados en la historia europea, defendían los primeros. Albert Hirschman, autor con diálogo fluido con la CEPAL, se remitió a la experiencia latinoamericana para deducir que en países con escasez de capital, no sólo era irreal enfrentar todos los problemas del desarrollo al tiempo, sino que el desequilibrio –o mejor, una serie de desequilibrios secuenciales– eran inevitables (sin ser catastróficos) para romper el balance alcanzado por las sociedades tradicionales. Las crisis inflacionarias o los desequilibrios temporales en las cuentas nacionales, más que problemas, podían ser abordados como síntomas superables del y por el desarrollo.

No se trataba tanto de buscar recursos, sino de maximizar los existentes por medio de la intervención pública. Lo novedoso de la propuesta de Hirschman radicaba en su concepción dinámica del proceso de desarrollo, distanciándose de las teorías del equilibrio e, implícitamente, del tipo ideal de burocracia pública aislada de la sociedad. Para que el Estado pueda realizar inversiones que motoricen el desarrollo industrial y alentar otras por parte del capital privado, es necesaria una relación fluida entre lo público y lo privado.

La concepción del desarrollo, tal como fue concebida por los economistas pioneros, reformulada por la CEPAL y transformada en concepción política además de económica, tiene algunos puntos en común en todos sus exponentes. De ellos queremos destacar:

a) El desarrollo era concebido como un destino universal, y su camino de similar trazado en todos los países. Esa concepción lineal del desarrollo sin embargo, contemplaba la posibilidad de que los países de desarrollo tardío (*late comers*) aprovecharan los descubrimientos tecnológicos ocurridos en los de industrialización madura para acortar la distancia o, incluso, alcanzarlos, como afirma Gerschenkron (1968), haciendo referencia a las *ventajas del atraso*.

b) El papel principal concedido al Estado *qua* motor del desarrollo económico. En mayor o menor medida, todos los teóricos del desarrollo recurrieron al Estado como promotor / dinamizador / garante del proceso económico y social que se buscaba promover.

2. El papel del Estado

2.1 La defensa de la intervención

Más allá de la amplia aceptación que el intervencionismo estatal tuvo en las diferentes perspectivas que analizaban el desarrollo, fueron los estructuralistas latinoamericanos de las décadas de los 50 y 60 quienes más insistieron en la necesidad de la participación estatal para su concreción.

La distinción entre centro/periferia en la economía mundial –que luego desarrollarían los teóricos dependentistas– ocupó un lugar central en la discusión sociológica y económica de la época, y popularizó el concepto de deterioro de los términos de intercambio entre países centrales y periféricos.

La conclusión es inevitable: sólo el desarrollo de la industria básica –la industria productora de industrias, como decía una propaganda de la época– podría romper la mencionada asimetría. Y, en la medida que esa estructura económica periférica era el resultado de la evolución histórica del capitalismo, el Estado debía intervenir como demiurgo de la historia realizando inversiones en sectores claves de la economía. Esta intervención significaba unos ajustes concomitantes:

- Una amplia actividad reguladora del Estado tendiente a garantizar la inversión pública en gran escala,

- una adecuada planificación de la economía que optimizara el aprovechamiento de recursos escasos, y

- un impulso decidido e inédito por parte del Estado a las actividades científicas y tecnológicas.

En suma, sólo el Estado podía disparar una industrialización que rompiera el círculo vicioso de estancamiento generado por el modelo primario exportador. En un contexto de escasez de divisas, el ahorro privado era incapaz de incrementar la ecuación capital/hombre indispensable para el aumento de la productividad. El protagonismo del Estado se debía a que se consideraba imposible repetir la estrategia de crecimiento que habían seguido los países centrales.

Con obvias diferencias entre los distintos países, se reivindicó la intervención estatal al menos en cuatro niveles (Castellani, 2006):

1) En su función clásica de garante de la regulación de las relaciones capitalistas, i.e. construcción de marcos normativos de regulación de las relaciones contractuales;

2) En su capacidad de promover sistemas de incentivos para orientar las tendencias principales de la macroeconomía;

3) En su potestad de poner en marcha políticas sociales, culturales, sectoriales y/o empresariales, de promoción; y

4) En su facultad de producir bienes y servicios, ya sea exclusivamente o en sociedad con el capital privado.

No debe olvidarse que la idea de intervención estatal no se circunscribía a lo económico; su objeto eran todas las variables que hacían a la modernización. De esta forma, bajo su órbita, además de la política económica, se incluyeron otros aspectos como las relaciones de la comunidad política con el Estado –educación para la democracia, organización de la comunidad y de sus organizaciones intermedias–, creación de una burocracia moderna y un importante impulso a la política social (Calderón y Dos Santos, 1995).

A diferencia del modelo benefactor europeo, estas intervenciones no estaban destinadas a garantizar derechos ciudadanos, sino como requisito para el desarrollo, en sus diferentes dimensiones: promover la integración nacional, legitimar el sistema de dominación, incorporar consumidores al mercado interno y modificar los patrones culturales de la población.

Los Estados se enfrentaban a grandes desafíos con una cantidad limitada de recursos. Con el fin de lograr la mayor racionalización posible de presupuestos y esfuerzos, se consideró indispensable impulsar la planificación. De allí que la cooptación y formación de recursos humanos capaces de concebir y ejecutar planes de desarrollo que dieran cuenta de las ambiciones planificadoras, fue una urgencia inaplazable para los impulsores del desarrollo en América Latina.

Si bien los gobiernos nacional-populares ya habían ensayado acciones de planeamiento –i.e. los planes quinquenales de Perón– este nuevo impulso a la planeación recurrirá en toda la región latinoamericana a un novedoso instrumental técnico que criticará los ejercicios anteriores por rudimentarios y politizados (Leiva Lavalle, 2010).

El plan era pensado como una gigantesca matriz insumo/producto, en donde una serie de recursos eran procesados a partir de diferentes variables productivas que generaban un determinado número de infraestructura, bienes y servicios. El ejercicio, que no era ajeno a los éxitos de la planificación soviética, daba a la política el rol de neutralizar la influencia del enrarecido clima político de la época, las diferencias culturales y los múltiples elementos que hacen al despliegue de la vida social y que podían entorpecer el despliegue del plan.

La disrupción que estos factores produjeron en el planeamiento tuvieron un efecto paradojal: para disciplinar un contexto –y actores sociales que jugaban en él– que no se adecuaban a las necesidades del plan, se planteó la posibilidad de que fueran necesarios gobiernos autoritarios que cancelaran la política y disciplinaran la mano de obra (Apter, 1972). Esto tuvo su correlato en la Administración Pública, en donde la influencia francesa, de corte weberiano, hizo simbiosis con la tradición borbónica, acentuando los componentes *de despotismo ilustrado* –una tecnocracia que desde el aparato estatal actúa sobre la sociedad– en el sector público de la mayor parte de América Latina.

En el plan de desarrollo se le asignaban al Estado importantes funciones productivas, ya que se consideraba que uno de los elementos del estancamiento latinoamericano era la falta de empresarios que asumieran grandes riesgos de inversión. En la visión de Hirschman, uno de los teóricos más influyentes de la época, sólo el Estado estaba en capacidad de generar una serie de desequilibrios secuenciales con inversiones en sectores de riesgo que garantizaran la tasa de ganancia al capital. Estas inversiones y políticas estatales deberían activar a sectores del capital privado que enlazarían su producción vertical y horizontalmente (Hirschman, 1961; Ocampo, 2008).

Otro campo de intervención estatal estaba vinculado con la necesidad de una sostenida inversión en ciencia que permitiera a la producción nacional participar en las disputas por las cuasi rentas tecnológicas. En este aspecto, se daba al sector público un rol crucial en el impulso de investigación y desarrollo (I+D) y en lo referente a capacitación de mano de obra y dotación de infraestructura *ad hoc*.

2.2. Estado y consenso desarrollista de los 60

Hacia principios de los 60 diferentes trabajos hicieron notar las debilidades del proceso industrializador latinoamericano. La preocupación estuvo relacionada con una constatación ineludible: la sustitución de importaciones surgida de la crisis del '30 no había logrado avanzar hacia un crecimiento de la industria pesada que permitiera producir aquellos bienes de capital que demandaban un uso intensivo de tecnología y grandes inversiones.

Para responder al problema –y a pesar de sus críticas al modelo de Rostow–, la CEPAL incorporó la idea de etapas, en particular con relación a la necesidad de diferenciar dos momentos –y por tanto, distintas estrategias– en el modelo industrializador:

1) Una etapa inicial de sustitución de bienes de consumo masivo no duraderos, para lo cual era indispensable la protección aduanera, el crédito para la inversión y la incorporación de la tecnología disponible; y

2) una etapa avanzada que implicaba la sustitución de bienes durables y de capital y un mayor énfasis en la exportación.

En los países más grandes de la región la primera de esas etapas se había ido produciendo desde los años 30 implicando un incremento sustancial en las capacidades, funciones y gasto del sector público. En procura de alcanzar la segunda etapa se consideraba fundamental la intervención racionalizadora del Estado, lo que involucraba también un salto de calidad en su capacidad de intervención.

Como continuidad del incremento sustancial en las funciones y gasto del sector público que se había producido desde los años '30, se postulaba ahora un cambio cualitativo, vinculado a la capacidad técnica y calidad de gestión estatal.

Este análisis dio pie a un nuevo consenso acerca del rol del Estado, el que, como se verá, revalorizó aun más su papel. Es que así como se consideraba central el despliegue industrial, igualmente se evaluaba que en esa etapa histórica el único agente que podía impulsarla era el Estado.

A grandes rasgos, puede decirse que había dos estrategias industrializadoras: la que se basaba en la inversión estatal directa o la que tenía como motor el capital extranjero, en donde el Estado fungía como garante para su concreción en el país. La combinación entre ambas estrategias fue un punto de tensión constante en el período.

En ambos casos, las tareas que se asignaban al Estado en el consenso de los 60 eran:

- Crear las condiciones de infraestructura para el desarrollo en pos de la integración física del territorio: vías, puertos, y redes de energía eléctrica.

- Impulsar y defender el mercado interno y la demanda agregada, especialmente a través de la reserva de mercado para el sector industrial nacional.

- Establecer las condiciones sociales y culturales para el desarrollo: educación y pautas de consumo y de comportamiento modernas.

- Gestionar emprendimientos básicos. Cada país reservaba para la gestión estatal emprendimientos considerados estratégicos: las industrias básicas (en la época se traducía en cementeras, siderurgia, industria química, celulosa, etc.), e instituciones de financiamiento (Bancos de Desarrollo).

- Poner en marcha políticas para incrementar la capacidad de ahorro interna y así poder cubrir el esfuerzo de inversión pública.

- Impulsar políticas de modernización estatal: reforma de estructuras y burocracias públicas, incorporación de tecnologías de gestión, sistematización y homogenización de las cuentas nacionales.[13]

También se consideraba necesaria la intervención estatal en relación al sector privado con miras a:[14]

- Canalizar la inversión mediante una política fiscal de incentivos y desincentivos.

- Establecer un marco regulatorio que protegiera la inversión considerada estratégica.

- Generar polos de desarrollo regional y sectorial (Castellani, 2009; Castellani y Llanpart, 2012), en donde se promovieran empresas industriales privadas.

Había otros elementos en este consenso pero la oposición de las elites locales los hizo caer pronto en el olvido. Uno de ellos era la reforma agraria, para la época la panacea para mejorar la productividad del sector rural a través del uso intensivo de la tierra. Con ella se esperaba incrementar la producción exportable con la consecuente disponibilidad de divisas; y mejorar el abastecimiento de un mercado interno en expansión que demandaba alimentos baratos. Se afirmaba que al encarecer los bienes primarios, la alta concentración latifundista operaba como un freno al proceso de industrialización.

Otra propuesta que tampoco tuvo amplia acogida –a pesar de que produjo algunas instituciones internacionales como la ALALC– fue la intención de ampliar los lazos comerciales entre las naciones lati-

---

[13] Trataremos algunos de estos puntos con detalle en las secciones 4 y 5 del presente capítulo.

[14] Hirschman, quien promovía el desarrollo desequilibrado, afirmará que el Estado tiene la obligación de impulsar encadenamientos productivos –hacia atrás y hacia adelante– por medio de inversiones estratégicas y políticas públicas de protección o subsidios industriales. Es interesante destacar que estas inversiones no sólo deberían crear infraestructura e industria, sino también capitalistas. De la mano de las teorías de desarrollo desequilibrado, nacerá el concepto de polo de desarrollo que tanta difusión tendrá en América Latina (Hirschman, 1961).

noamericanas hasta lograr una integración económica regional que permitiera coordinar la sustitución de importaciones (Prebisch, 1962).

Lo que sí fue adoptado fue la planificación, abarcando –al menos en la teoría– no sólo el campo económico sino todas las actividades en que participaba el Estado, con la sola excepción de la política... siempre renuente a enmarcarse en los parámetros de racionalidad formal que demandaban los nuevos tiempos.

La planificación *normativa* -i.e. sostenida por normas y procedimientos para lograr ciertas metas de acuerdo a la secuencia diagnóstico=>diseño=>ejecución=>evaluación, se impuso en la región. La OEA, traduciendo e impulsando el estudio de numerosos textos producidos en Europa –principalmente en Francia– y en los EEUU, fue un activo difusor de estas ideas entre los funcionarios públicos de América Latina. Esta herramienta presuponía que la sociedad es un sistema abierto cuyas distintas partes son interdependientes entre sí, como ya había explicado Parsons, y que como tal respondía a la intervención racional de los técnicos –quienes de alguna manera estarían por encima de la realidad social–. Esta concepción de la sociedad implicaba cierto "imperialismo" de los planificadores.

El énfasis en el papel de los técnicos dejaba a los funcionarios por fuera de las decisiones estratégicas de la planeación: su intervención se daría en el momento de la ejecución de las metas planteadas. Esta concepción fue ampliamente aceptada desde la planificación económica hasta el *desarrollo de la comunidad* (Méndez y Picardo, 2015).

Conforme al espíritu del desarrollismo y los imperativos de la planificación, aquellos técnicos planeadores ya no eran únicamente ejecutores de la ley, sino que debían tener formación científica y conocimientos técnicos para enfrentar el reto de la modernización. No es de extrañar, entonces, que se crearan numerosos institutos de Administración Pública en varios países del continente para formarlos. Más tardíamente, se creará el Centro Latinoamericano de Administración para el Desarrollo –CLAD– que tendrá como uno de sus objetivos promover la formación de los funcionarios/técnicos que necesitaba el desarrollo.

Otro ámbito crucial de la actuación estatal se dirigía a la promoción de los sectores de Investigación y Desarrollo (I+D), en particular capacitando mano de obra de alta especialización. En los 60 se hicieron desarrollos sofisticados al respecto, siendo uno de los de más amplia repercusión el llamado "triángulo de Sábato" (Sábato y Botana, 1968). Este es un modelo de política científico-tecnológica que postula como necesaria la presencia de tres agentes para que realmente exista una estructura científico/tecnología productiva:

1. El Estado como diseñador y ejecutor de la política;
2. la infraestructura científico/tecnológica, como sector productor y oferente de la tecnología; y
3. el sector productivo como demandante de tecnología.

No obstante la mera existencia de estos actores no es suficiente para el éxito; se requiere que ellos estén estrecha y permanentemente relacionados; con el Estado como líder de la relación; incluyendo obviamente, la formación de cuadros *ad hoc* en las tareas de construcción de infraestructura y generación de tecnología.

Es importante recordar que este consenso se realizó en los años 60 coincidiendo con el movimiento descolonizador en Asia y África y, en América Latina, con la Revolución Cubana y la generalización de la insurgencia armada. La Teología de la Liberación, el Movimiento de Países No Alineados, la Revolución China, la inquietud estudiantil en Europa y el movimiento por los derechos civiles en EE.UU., entre otros fenómenos, configuraban un contexto de *giro planetario a la izquierda*. Unos años después las tropas vomitadas desde los cuarteles y la incesante actividad del Departamento de Estado de los EE.UU., terminarían con esas veleidades. Pero, en ese momento, otra era la sensación y otras las urgencias.

3. El desarrollismo en la política argentina

Con la crisis de 1930, el libre mercado comenzó a ser cuestionado en toda la América Latina. En la Argentina, notoriamente a partir de la Revolución de 1943, se inició una serie de importantes mutaciones que, con el gobierno de Juan Domingo Perón, cristalizarán en un nuevo bloque de poder.

La "protección de hecho" que significó la Segunda Guerra Mundial facilitó un importante acopio de divisas con las que afrontar la tarea, aparentemente contradictoria, de sentar las bases para una "acumulación industrial originaria" junto con la ampliación del consumo popular (Vilas, 1998). Depuesto Perón, la vocación industrialista se mantuvo entre las élites de gobierno.

La "protección de hecho" no fue un fenómeno únicamente argentino. Todos los países con incipiente desarrollo industrial de América Latina siguieron un camino similar. El desarrollismo más que una teoría económica, pasó a ser una ideología totalizadora del proceso social.

El discurso desarrollista, como ya se ha repetido, afirmaba que si las naciones periféricas no lograban una acelerada industrialización, no podrían salir del "subdesarrollo"...y la problemática así planteada, impregnó todos los elementos de la vida social, constituyéndose en un verdadero pensamiento de época.

Durante el período propiamente desarrollista (1958/1976) gobernaron en la Argentina diez presidentes. Si bien todos ellos se inscribieron en el discurso del desarrollo, hubo notorias diferencias entre ellos. Mientras Frondizi consideró fundamental emprender grandes obras de infraestructura, Illia, sin tantas ambiciones, se propuso –con éxito– retomar el camino del crecimiento económico y de las mejoras salariales. Mientras que Onganía dará importante espacio a la llegada de capitales trasnacionales, el ciclo peronista, sobre todo en sus primero tiempos, tendrá un discurso notablemente influido por la teoría de la dependencia.

En marzo de 1976 asumió el gobierno el, en ese entonces, Teniente General Jorge Rafael Videla,[15] militar de tendencia liberal que pasará a la historia por conducir la primera parte de la dictadura más sangrienta de la historia argentina. Con su gobierno se produjo un giro histórico que marcó el fin del periodo desarrollista.

---

[15] En los juicios por las gravísimas violaciones a los derechos humanos ocurridas bajo su responsabilidad, además de dictarle prisión perpetua, se le quitó el grado militar.

3.1. Desde la Constituyente hasta el gobierno de Frondizi

Como ya vimos, las ideas de desarrollo circulaban por América Latina y el mundo desde fines de la Segunda Guerra Mundial, pero fue en ocasión de la declinación de la dictadura de la "Revolución Libertadora" cuando, como pocas veces en la historia argentina, la retórica académica y la política compartieron tan cercanamente una narrativa (Laguado Duca; 2011). Una fecha aproximada para el comienzo de este debate en el país podría ser 1957, cuando comienza la campaña para la Convención Constituyente que debería reemplazar a la Constitución sancionada durante el derrocado gobierno justicialista.

Aunque citada sólo para subsanar el vacío jurídico dejado por la derogación de dicha Constitución peronista, la Convención Constituyente elegida el 28 de julio se planteó un amplio programa reformador, que se plasmó en el artículo 14 bis –único cambio introducido a la Carta Magna anterior al gobierno peronista– que dio vigencia constitucional a diferentes derechos sociales y sindicales. Si la promulgación del artículo 14 bis puede dar la impresión de un sólido consenso socialdemócrata, no hay que exagerar su extensión. Poco después de aprobado el polémico artículo, los sectores liberales reaccionaron desde las páginas de *La Nación* y *La Prensa*.[16]

La idea que estaba en boga era seducir al electorado que había apoyado al líder proscripto... y esta situación fue tempranamente percibida por Arturo Frondizi, quien construyó sobre ella su oposición a la Revolución Libertadora. En su plataforma electoral, que bien podría haber satisfecho a la izquierda peronista –y a la izquierda en general–, el frondicismo define los derechos sociales –referencia ineludible después de Perón– asociándolos al desarrollo y a la integración. La CEPAL, por su parte, con su diagnóstico de la economía argentina, y las posiciones de la Operación Panamericana en las relaciones internacionales, jugaron un papel destacado en la definición del problema del desarrollo, ampliamente recogida por los medios de comunicación más influyentes.

Para los sectores liberales que se expresaban en el diario *La Nación*, los problemas económicos –por deterioro de los términos de intercambio o por mala administración nacional– aunados a la "difusión de ideas extremas", están en la base de los problemas sociales. Las reformas agraria, impositiva y financiera sugeridas por

---

[16] Cfr. García Victoria, Benjamín. *La Nación*, 9/6/1958. "Los derechos individuales y el artículo nuevo de la Constitución".

el ideario desarrollista quedaron reducidas al "empleo más racional de recursos financieros, impuestos justos y adecuados para los que tengan grandes riesgos [...]".[17]

Ya en el gobierno, el presidente Frondizi fue el encargado de trasmutar el discurso económico en movimiento político y en ideología de gobierno. En este punto, los postulados del desarrollismo frondicista se apartaban ligeramente de la CEPAL, aunque las necesidades del conflicto político llevaran a sobredimensionar las diferencias. Disentían respecto de la importancia atribuida a la expansión del consumo y a la integración latinoamericana; también sobre el papel de la reforma agraria.[18] Según el pensamiento de Rogelio Frigerio, el principal ideólogo del desarrollismo argentino, sólo el desenvolvimiento de la industria pesada y el abastecimiento energético sentarían las bases para el desarrollo. El Estado debería ocuparse de los sectores estratégicos, dejando los menos importantes en manos de privados.

Otra diferencia importante era respecto de la concepción geopolítica. Si, como se mencionó, la CEPAL consideraba fundamental la integración latinoamericana para aumentar el mercado potencial de los países industriales de la región y la eficiencia del sector primario por la introducción de alguna forma de competencia; para Frigerio era fundamental abandonar la estructura agroexportadora en cualquiera de sus formas. En su lugar él proponía el énfasis en la integración nacional (Vercesi, 1999; Dalbosco, 2002).

El desarrollo debía acompañarse de integración. Si el primero era un concepto de pura raíz económica, el de integración tenía connotaciones políticas y, en ocasiones, sociales. El desarrollo implicaba inversión en infraestructura, industria pesada, y recursos energéticos (en la época, prioritariamente, petróleo). Para ello se debía recurrir tanto al capital nacional como al extranjero, pues según la hábil expresión que había acuñado Frigerio, lo que importaba era el nacionalismo de fines. La participación del capital extranjero, en esta perspectiva, era sólo un medio para superar el deterioro de los términos de intercambio, derivado de la tradicional estructura agraria del país. El Estado sería el encargado de planificar esa inversión; el objetivo, desarrollar el mercado nacional y reducir –lo más rápidamente posible– la diferencia con los países centrales (Nosiglia, 1983).

---

[17] *La Nación*, 5/8/1961. "La reunión de Punta del Este".

[18] Dalbosco (2002) destaca estas diferencias: a saber, para la CEPAL era fundamental el papel de la reforma agraria para abaratar la producción de alimentos y mantener un dinámico comercio regional que siguiera alimentando las exportaciones. Estos dos puntos no fueron tenidos en cuenta en el gobierno de Frondizi; pero sí en muchos de sus discursos originales. Por otra parte, hacia 1957 Prebisch ya había abandonado la idea de reforma agraria (Laguado Duca, 2011).

Desarrollo e integración eran los caminos propuestos por Frondizi y Frigerio para impulsar el proyecto nacional. El adjetivo nacional —más en un gobierno que quería desplazar al derrocado justicialismo— era central en el discurso de Frondizi. Por eso el nacionalismo de fines —que, por ejemplo, no consideraba contradictorio otorgar en concesión los pozos petroleros a las multinacionales— era, en la opinión de Frigerio, una forma de nacionalismo popular que se distinguía del nacionalismo reaccionario, tanto como de los extremismos "históricamente ajenos a nuestra realidad" (Frigerio, 1963:13).

Sabedores de la importancia de la legitimación política para encarar grandes transformaciones sociales, los desarrollistas en el gobierno confiaban en la construcción de un frente político que coaligara a las distintas clases en procura de los intereses de los sectores mayoritarios de la sociedad. Estos intereses se realizarían en la superación de la economía colonial. El desarrollo de la industria pesada que, a su vez, pasaba por la producción de acero y energía, se constituía en el horizonte de la propuesta.

La retórica desarrollista interpelaba a aquellos sectores comprometidos con la modernización del país. En la búsqueda del horizonte del desarrollo, el Presidente estaba dispuesto a ceder a las demandas de los "factores de poder". Concesiones secundarias que, a su juicio, le permitían cumplir con los compromisos adquiridos en su campaña y mantener sin alteraciones su objetivo principal: el desarrollo industrial (Romero, 1994).

Considerando que había sido elegido por su programa económico, el proyecto de Frondizi se apoyó en los "equipos técnicos", mientras que el Frente Político —que debía sumar a una supuesta burguesía nacional con trabajadores peronistas y no peronistas en un círculo virtuoso— sólo fue interpelado en aras de los objetivos económicos. La fórmula que resumía esa aspiración fue, como siempre, encontrada por Frigerio: "petróleo + carne = acero + industria química". Lo que significaba que a la prioridad en el abastecimiento petrolero, se le sumaba la necesidad de modernizar el sector agrario e impulsar una poderosa industria del acero.

El Plan de Estabilización acordado con el Fondo Monetario Internacional a finales de 1958 para combatir la inflación, generó una fuerte recesión que se profundizó en junio, cuando el liberal Alsogaray se hizo cargo del ministerio de economía. La devaluación y el congelamiento de la mayoría de los sueldos significaron una caída del salario real de los trabajadores. La CGT pasó a la ofensiva generando un número record de horas perdidas (Gerchunoff y Llach, 2003).

El desarrollo, según creía la UCRI, terminaría por abolir la conflictividad social. Pero para que esto sucediera, en un primer momento éste debía ser complementado con la integración. El término tenía múltiples sentidos; interesa destacar su connotación política, la asimilación de la masa peronista en una gran alianza de clases. Si el desarrollo era una ley histórica –según la postulación de Frigerio en *Las condiciones de la victoria*–; la integración era el camino para constituir ese gran bloque que se opondría a los intereses que medraban con el subdesarrollo industrial. En resumen: era la respuesta que planteaba el desarrollismo al desafío de gobernar sin Perón.

La crisis económica y la negativa de las Fuerzas Armadas y la burguesía nacional a sumarse a ese frente, desembocaron en disposiciones que lesionaron el poder adquisitivo de los trabajadores. El resultado fue la proliferación de huelgas y su dura represión apelando al Plan CONINTES (Conmoción Interna del Estado). El antiguo "rojo" se convertiría al anticomunismo –aunque mantendría la independencia de las posiciones estadounidenses en política internacional– y el imperativo de la integración desaparecería, al menos en su formulación inicial, para dejar todo el campo al discurso del desarrollo.

El discurso desarrollista –afirmaban sus partidarios– no hacía sino recoger las inobjetables leyes de la historia económica. De esta forma las cuestiones de economía y su arsenal cuantitativo, colonizaron el espacio que había dejado libre la fracasada alianza de clases. Fue, en muchos sentidos, un gobierno de técnicos: desde el papel que jugaron los equipos encabezados por Frigerio, las referencias a indicadores e, hasta llegar al reemplazo de los criterios políticos tendientes a asegurar la legitimidad y el consenso, por argumentos técnicos (Smulovitz,1998; Romero, 1994, Altamirano, 1998).

Esta estrategia pudo granjearle simpatía en los organismos multilaterales, pero sin duda, implicó que su discurso careciera de aceptación en el convulsionado ámbito nacional.

El 17 de agosto de 1961 se firmó la *Carta de Punta del Este* que daba acta de nacimiento a la Alianza para el Progreso. En muchos sentidos, el discurso de la Alianza intersecaba con el de Frondizi y el ya debilitado Presidente buscó reemplazar el fallido Frente Político con una alianza con los EEUU. Pero la mano que le tendían desde el norte llegaba demasiado tarde.

El gobierno ya se había enemistado con la mayoría de los sectores de la sociedad. Los militares aprovecharon esa debilidad para ejercer una continua presión –seis intentos de golpe de Estado y un número mayor de "pronunciamientos"– que llegó a su límite cuando, en 1962, Frondizi permitió que los peronistas participaran en elecciones provinciales. El peronismo ganó diez gobernaciones de catorce en juego. Eso era demasiado para las Fuerzas Armadas que exigieron la anulación de las elecciones. En marzo el Presidente fue depuesto y encarcelado en la isla Martín García. Para mantener alguna apariencia de legalidad, el presidente del Senado, José María Guido continuó en el mando hasta las nuevas elecciones.

3.2. *El desarrollismo después de Frondizi*

El interregno que transcurrió entre los gobiernos de Guido e Illia –1962/1966–, coincidió con el auge y decadencia de la Alianza para el Progreso (AlPro). Este enorme programa continental, constituido en un poderoso mecanismo legitimador durante el gobierno de Guido, presionó por la incorporación de la planificación pública no solo en el escenario económico, sino también en los proyectos sociales. La planificación reclamada por la CEPAL para la coordinación de los mercados fue retomada en clave social por el discurso de la Alianza. Y, con ella, la legitimación de la intervención estatal.

La propuesta de planificación de la AlPro representó un desplazamiento mínimo respecto de la de Frondizi, pero Illia la articulará con la intervención estatal y la redistribución del ingreso en su proyecto de democracia social, precisando el carácter tercermundista –de raíz cepalina– de esa planificación para el desarrollo en una narrativa institucionalista muy similar a la de la socialdemocracia europea, que lideraba una tendencia a ampliar la desmercantilización de lo social. La "planificación para la libertad", como la llamara en una conferencia de prensa[19] era, a su juicio, la superación tanto del liberalismo como del colectivismo.

Bajo el gobierno de Illia el discurso del desarrollo incorporará elementos nacionalistas que se traducirán en un mayor control a la inversión extranjera (como sucedió con el caso petrolero) lo que en ocasiones supondrá situaciones de tensión con los países ricos y con el orden internacional.

La *Carta de Alta Gracia* –producto de una reunión preparatoria a la Primera Conferencia de Naciones Unidas sobre Comercio y Desarrollo realizada en marzo de 1964– es un ejemplo de esas tensiones. En esta Carta, diecinueve países de América Latina denunciaron el carácter discriminatorio de la estructura del comercio internacional y su influencia negativa en el desarrollo regional. Allí el canciller argentino Zavala Ortiz, afirmó que "Los esquemas de Bretton Woods, concebidos para lograr la estabilidad económica, así como las Naciones

---

[19] *La Nación*, 06/08/1963 "Su plan general de gobierno delineó el Dr. Arturo Illia".

Unidas, concebidas como instrumento para asegurar la paz y seguridad internacionales, han fracasado".[20]

Las relaciones entre el gobierno argentino y la Alianza para el Progreso no fueron totalmente armoniosas debido principalmente a las recomendaciones unilaterales del CIAP (Comité Interamericano para la Alianza para el Progreso). Una de ellas se oponía a que el gobierno de Illia anulara los contratos petroleros (firmados por Frondizi) con compañías multinacionales; otra que la reforma agraria debía hacerse por ser el único mecanismo para mejorar la producción de alimentos. La primera recomendación fue desoída por el gobierno; y la segunda rechazada por la certeza de que una transformación agraria de tal calibre ocasionaría una feroz resistencia de las elites locales.

Durante el gobierno de Illia desapareció el tímido consenso favorable a la AlPro que los grupos de poder habían manifestado durante el período de Guido. La oposición a la AlPro fue un ataque por elevación a la intervención estatal por parte de aquellos que se oponían al consenso desarrollista. Incluso respecto de un sector tradicionalmente de preponderancia estatal y asociado simbólicamente a la nacionalidad como era la educación (Laguado Duca, 2004), aquella oposición llegó a pedir que el gobierno canalizara las inversiones de la Alianza a través del sector privado,[21] arguyendo la lentitud del sector público.

En 1964 dos temas relacionados con la planificación del desarrollo ocuparon la agenda pública: el relanzamiento del Consejo Económico y Social y el anunciado Plan de Desarrollo. El Consejo Económico y Social (en tanto organismo asesor del Poder Ejecutivo pensado como enlace con los empresarios) fue un intento del gobierno de Illia de lograr algo de legitimidad entre las corporaciones: aunque no provocó rechazo, tampoco grandes adhesiones.

El Plan de Desarrollo fue fundamentalmente un programa de desarrollo económico de corte cepalino. Lo más novedoso –además de la idea misma de plan– residía en la intención, no cumplida del todo, de poner énfasis en las cuestiones sociales. El plan fue rechazado por los grupos liberales. Retomando la articulación entre libertad de comercio y libertad individual, su crítica hacía notar que los experimentos de Keynes no solo habían sido un fracaso, sino que copiarlos era faltar el respeto a las condiciones de cada país y a la capacidad nativa de innovar sin repetir lo venido de Europa o Estados Unidos.

---

[20] *Primera Plana*, 10/03/1964, N° 70, p. 12-3. "La diplomacia del exabrupto".

[21] *La Nación*, 05/01/1964, p. 6 suplemento "La escuela argentina y la Alianza para el progreso", León Halpern.

Pero a excepción de los sectores mencionados, el Plan no fue rechazado e incluso fue defendido por publicaciones como *Primera Plana* atribuyéndole todo el mérito a la Alianza para el Progreso que lo había impulsado. Para esta revista el Plan permitía que el desarrollo del país se constituyera en un propósito nacional que surgiendo de los técnicos, quedaba al margen de la política.[22]

3.3. El desarrollismo militar y después

Cuando Onganía dio el golpe de Estado en junio de 1966, su popularidad era inmensa. Liberales, nacionalistas y católicos de distinto cuño apoyaron sin ambages a la Revolución Argentina. También los sindicatos y la mayoría de los partidos políticos, incluyendo algunos grupos de izquierda, saludaron la llegada del nuevo gobierno.[23] Sectores socialistas, comunistas y los depuestos Radicales del Pueblo, constituyeron la honrosa excepción en un ambiente político que no se destacaba por el respeto a las reglas del juego democrático (De Riz, 2000; Potash, 1994).

Las preocupaciones geopolíticas de EE.UU. fueron claves en la construcción de un desarrollismo militar. En 1961 el Departamento de Estado de este país presentaba un memorándum titulado *Un nuevo concepto para la defensa y el desarrollo hemisférico*. En él se postulaba, con base en la experiencia cubana, que las amenazas para la región ya no provenían únicamente de enemigos extra hemisféricos, sino de la región misma (Cisneros y Escudé, 2000a; Potash, 1994). Fue el nacimiento de los conceptos de enemigo interno y de fronteras ideológicas que hacen parte de lo que se conoció como *doctrina de seguridad nacional*, ampliamente difundida entre los ejércitos latinoamericanos.

En agosto de 1964 culminó en West Point la Quinta Conferencia de Ejércitos Americanos. Allí Onganía pronunció su célebre discurso[24] donde relativizaba el deber de la obediencia a la soberanía popular cuando de ella emanara un gobierno exponente de "ideologías exóticas".

La doctrina de seguridad nacional se instaló en todos los países de la región pero, obviamente, con interpretaciones y énfasis distintos según el país. El gobierno de Onganía se opuso a los esquemas de integración supranacionales impulsados por el Pentágono debido

---

[22] Julio Gottheil. *Primera Plana*, 07/07/1964, N° 87, p. 53. "El plan de desarrollo" y 13-10-64, N° 101 p. 50. "El plan de desarrollo".

[23] Además de un importante número de oficiales de las Fuerzas Armadas, en su jura como presidente participaron representantes de ACIEL, de la Sociedad Rural, de la CGE y de la Cámara Argentina de Comercio. Todos ofrecieron su apoyo. También estuvieron el secretario de la CGT, el de la UOM y el de Luz y Fuerza, entre otros (Rouquié, 1982).

[24] *La Nación*, 7/8/1964, "El Gobierno, las Fuerzas Armadas y la comunidad nacional".

a que disentía del lugar que le asignaba el Departamento de Estado a la Argentina en la división internacional del trabajo: productor de materias primas, mientras que Brasil debería desarrollarse como país industrial. El desarrollo industrial hacía parte del horizonte de Onganía, así como la unión de las Fuerzas Armadas y el pueblo en una concepción organicista que ya tenía tradición en el país.

Los golpistas que derribaron a Illia concebían la administración del Estado como un problema puramente administrativo y, en lugar de una Constitución, pusieron como hoja de ruta un acta: el Acta de la Revolución. En ella consignaron los "grandes objetivos nacionales" discriminados en generales y particulares; este tipo de presentación expresa el estilo "administrativista" con que Onganía concebía el gobierno y el lugar destacado que le daba a la planificación.

El ministro Krieger Vasena privilegió el ajuste global de la economía, para lo cual impulsó una estricta política fiscal combinada con una fuerte intervención del Estado. También pactó acuerdos con el FMI y restableció aquellos contratos con las compañías petroleras anulados por el gobierno anterior (De Riz, 2000). Préstamos a largo plazo e inversiones externas fueron el motor económico que, junto con las obras públicas emprendidas por el Estado, impulsaron la reactivación. Estas medidas redundaron en un proceso de desnacionalización de la economía.

En la concepción de los ideólogos de la Revolución Argentina, los objetivos del gobierno deberían cumplirse en rigurosas etapas o "tiempos". El tiempo económico implicaba la modernización y acumulación, para lo cual la Revolución se abocaría a su principal objetivo: los cambios estructurales que permitirían posteriormente distribuir los beneficios del desarrollo. Llegaría entonces el tiempo social, que sería el momento de la distribución y de la generalización de la solidaridad.

Solo entonces llegaría el momento del tiempo político. La participación comunitaria, hasta ese momento, se restringiría a la función de asesoría técnica que brindarían los grupos intermedios a las estructuras estatales. No hay muchas precisiones en el discurso de la Revolución Argentina sobre el "tiempo político", pero en general debería hacerse siguiendo el modelo de sociedad organizada, basada en la integración orgánica de las asociaciones comunitarias en Consejos y comisiones creados a tal fin.

Estos Consejos se integrarían –según la ley 16.964 de septiembre de 1966– en tres sistemas que se entrecruzaban y complementaban: el de desarrollo, el de seguridad y el de planeamiento. Este último sería el eje sobre el que girarían los otros dos. La misma ley creó el Consejo Nacional de Seguridad –CONASE– que, en adelante, debería coordinar con los otros dos sistemas. El sistema quedó conformado por el

CONASE y el CONADE que, a partir de la ley, estaría presidido por el Presidente de la Nación[25] e integrado por los ministros y comandantes en jefe de las Fuerzas Armadas. Posteriormente al Sistema se integraría el Consejo Nacional de Ciencia y Técnica –CONACYT– (Bernazza, 2006; Rouquié, 1982).

El intento de Onganía de reeditar el modelo desarrollista, enfatizando en la integración vertical del sector industrial y en el impulso a la infraestructura, pero liberándose de los constreñimientos que imponía la actividad política (Cavarozzi, 2002), carecía ya de respaldos cuando se dio a conocer el *Plan Nacional de Desarrollo 1970-1974*.

El asesinato de Aramburu –que confirmó el fracaso en el manejo del orden público y la paz social, ya anunciado por el Cordobazo– y la reunión del CONASE donde Onganía planteó su proyecto corporativo y su intento de aferrarse al poder por un tiempo indeterminado, acabaron con la paciencia del Ejército que, por otra parte, se sentía cada vez más marginado del proceso político. Un desconocido general fue llamado desde Estados Unidos para que reordenara a la Revolución Argentina.

La Revolución Argentina retomó elementos ya presentes en otros intentos desarrollistas para articularlos de manera particular. Ni la preocupación por la modernización –más valorada que la democracia–, ni la separación de lo económico y lo social, o la apelación al "destino de grandeza dilapidada", fueron inventos del gobierno de Onganía. Tampoco la preocupación por la planificación o la vinculación de la seguridad nacional con el desarrollo.

Sí fue original en cambio, la manera en que concibió el manejo del Estado como un ejército o como una empresa eficiente: a la confrontación opuso la unidad de objetivos; a la política, la planificación. La fractura de la sociedad quedaba abolida por un acto de voluntad; la sociedad debería aprender a trabajar por los mismos intereses (como-unidad), "sin faccionalismos" (sin partidos). Solo los criterios técnicos –supuestamente apolíticos– tendrían cabida en este modelo donde la 'comunidad' se integraría por medio de:

> [...] organizaciones funcionalmente especializadas y jerárquicamente articuladas [...] con una autoridad superior cuya misión es formular creativamente el interés de un cuerpo social que sólo

---

[25] Hasta entonces el CONADE era presidido por el Ministro de Economía. El Sistema Nacional de Planeamiento no tuvo una actuación destacada en la discusión pública hasta la difusión, casi postrera, del *Plan Nacional de Desarrollo 1970-1974*. Sin embargo, se promulgaron varios decretos reglamentarios para regular su funcionamiento interno y ocupó varias reuniones de gabinete. Por otro lado, el paso al ámbito directo del poder ejecutivo del CONADE, es un indicador de la importancia que tuvieron la planificación y el desarrollo para la Revolución Argentina.

puede ser detectado 'por encima' de cualquiera de aquellas partes (O'Donnell, 1982:89).

El último coletazo desarrollista de la Revolución Argentina fue el brevísimo gobierno de Roberto Marcelo Levingston, repatriado desde Estados Unidos para impulsar la transición a la democracia. Su figuración debía ser secundaria y, cuando llegó al país, se encontró con que la Junta Militar ya había designado a los principales miembros del gabinete. El desconocido presidente, sin embargo, decidió iniciar un nuevo ciclo de la Revolución manteniendo el modelo de "democracia jerarquizada y ordenada" que había propuesto su antecesor.

En octubre de 1970 decidió reemplazar el gabinete que le fuera impuesto por uno de su propia elección. Su nombramiento más sonado fue el de Aldo Ferrer[26] en el Ministerio de Economía. El presidente definía así el nuevo rumbo de la Revolución Argentina en contraposición a las políticas de Krieger Vasena. Desarrollo e industria nacional volvían a articularse. La estabilización monetaria pasó a ser reemplazada por una estrategia de expansión del gasto y de "argentinización de la economía".

A una política tendiente a incrementar el ingreso popular y fortalecer el mercado interno, se sumó la creación del Banco Nacional de Desarrollo, la protección arancelaria de la industria argentina y la Ley de "Compre Nacional" que obligaba a las dependencias estatales a obtener bienes y servicios producto de firmas nacionales. Con base en estas políticas se impulsó un nuevo *Plan de Desarrollo y Seguridad* para el quinquenio 1971-1975 (Gerchunoff y Llach, 2003). Con él, la administración Levingston-Ferrer mostrará su poca comprensión del contexto político en el que podían operar.

Los sectores liberales del Ejército que habían traído al país a Levingston —encabezados por el general Lanusse— y las corporaciones de propietarios, se opusieron al plan económico.[27] Entre tanto el presidente se negaba a reunirse con los partidos políticos agrupados en "La Hora del Pueblo", y los ex Presidentes Illia y Onganía se negaban, a su vez,

---

[26] Aprovechamos aquí para hacer un reconocimiento a este economista de cuño cepalino, defensor de la intervención estatal y la industria nacional, figura clave del mundo académico y político por cinco décadas, recientemente desaparecido.

[27] El Instituto de la Economía Social de Mercado, dirigido por Álvaro Alsogaray, publicó en los matutinos de fines de octubre de 1970 una solicitada advirtiendo contra las medidas "inflacionarias" que promovía la cartera económica y quejándose de "los ideólogos desarrollistas [que han creado esta] ola nacionalista de extracción estatista y socializante". El 29 de octubre de 1970 la Unión Industrial Argentina, la Bolsa de Comercio y la Cámara de Exportadores, harán declaraciones contra el intervencionismo estatal propugnado por el Ministro Aldo Ferrer (citado en Cisneros y Escudé, 2000a).

a reunirse con él. La violencia política continuaba, la actividad de los grupos guerrilleros se hacía cada vez más potente, y la agitación social se hizo muy visible con el "viborazo", una pueblada que otra vez tenía epicentro en la provincia de Córdoba.

El 22 de marzo de 1971, sólo nueve meses después de su posesión, terminará el experimento nacionalista de Levingston y, con él, los ímpetus desarrollistas de la Revolución Argentina. Lanusse, tercer y último presidente de este ciclo, asumirá el comando de la dictadura con la misión expresa de devolver el poder a los civiles.

En las elecciones presidenciales de marzo de 1973 se impuso Héctor Cámpora, quien fuera el candidato por el Justicialismo. Después de dos meses de gobierno, en un proceso confuso que decantó cuando Juan Perón expresó su voluntad de volver a ejercer la primera magistratura del país, Cámpora y el vicepresidente Solano Lima renunciaron a sus cargos llamando a nuevas elecciones. En los nuevos comicios el líder del peronismo ganó con el 62% de los sufragios, convirtiéndose por tercera vez en presidente de la Nación en octubre de 1973, con su esposa María Estela Martínez de Perón como vicepresidente.

El tercer gobierno de Perón estuvo signado por permanentes conflictos entre sus seguidores de izquierda y de derecha. Perón falleció el 1 de julio de 1974 y fue sucedido por la vicepresidente. En medio de la violencia política imperante y en el marco de un acelerado proceso de descomposición económica y social, María Estela Martínez fue derrocada el 24 de marzo de 1976 y sustituida por una junta militar.

En los dos años y medio de la experiencia justicialista fueron pocas las políticas que lograron estabilizarse, ya que todo el proceso estuvo marcado por la violencia y la volatilidad. Lo más estratégico del periodo se relaciona con las ideas de pacto social, planificación, industrialización, y apertura hacia América Latina y los países del Pacto de Varsovia. Ellas tuvieron su mayor continuidad y desarrollo en el ámbito de la gestión de José Gelbard en el Ministerio de Economía de la Nación (25 de mayo de 1973 - 21 de octubre de 1974). Eran ideas de la más pura raigambre desarrollista que se combinaron con una apelación al pueblo y la voluntad popular, en la tradición más ortodoxa del discurso peronista.

4. La Administración Pública

4.1. Después de la crisis del 30

Se suelen citar los trabajos de Wilson y de Weber (fines del siglo XIX y principios del XX) como los antecedentes más relevantes para la estructuración del campo de la Administración Pública. En la versión norteamericana (Woodrow Wilson) estaba la pretensión de reconciliar la democracia con la administración: la política debía controlar la administración, pero teniendo en cuenta que los políticos son sensibles a la corrupción, era preferible que el administrador público lo fuera de modo profesional (Wilson, 1980, ed. original 1887). Max Weber, de origen alemán, será el encargado de abstraer de la práctica concreta del orden establecido por el Estado un conjunto ordenado de ideas que todavía hoy son referencia para el análisis de la Administración Pública (Weber, 1964, ed. original 1922).

La primera crisis del sistema conceptual que se fue instalando alrededor de estos y otros autores ocurrió en ocasión de reorganizar un Estado que había crecido de manera exponencial tanto para enfrentar la crisis del 30 como para sostener el esfuerzo bélico de la Segunda Guerra Mundial.

Un aporte crucial en esta tarea fue dado por la primera Comisión Hoover por parte del Presidente Harry Truman, creada en 1947 y que se mantendrá en funciones hasta 1949. En sus recomendaciones la Comisión promovía la creación de un cuerpo de élite de altos funcionarios (el *Senior Executive Service*-SES) y el robustecimiento de la Oficina Ejecutiva del Presidente, un cuerpo de expertos que dependen directamente del titular del ejecutivo (Shafritz y Hayde, 1999).

En sus conclusiones la Comisión enfatizaba la necesidad de incrementar la capacidad directiva de la administración pública, garantizar la existencia de claras líneas de mando y, sobre todo, fortalecer las oficinas de personal.

Para poder contar con eficiencia, responsabilidad y economía de las operaciones de la rama ejecutiva, la Comisión recomendó:[28]

- Agrupar ordenadamente las funciones del gobierno en grandes departamentos y agencias bajo el mando del Presidente.

- Establecer una línea de control clara desde el Presidente hasta los jefes de los departamentos y agencias, y desde ellos hasta sus

---

[28] Citado en Shafritz y Hayde (1999: 244).

subordinados, con sus correspondientes canales de devolución en responsabilidad desde los subordinados hasta el Presidente.

- Proporcionar personal eficiente al Presidente y a cada jefe de departamento y garantizar que éstos lo organicen a su discreción.

- Formar y capacitar administradores en el servicio público de modo que puedan asumir distintas responsabilidades.

- Aplicar pautas de control de modo que los estatutos y normas que gobiernan las prácticas administrativas no obstaculicen la iniciativa individual.

- Permitir que los departamentos y agencias manejen de manera autónoma la mayor parte de los servicios administrativos de rutina, bajo estricta supervisión y de conformidad con normas estrictas.

El nuevo bagaje conceptual consolidó la utilización de herramientas de la teoría de la organización, y acompañó la inauguración de las muchas y nueva Oficinas de Organización y Métodos, unidades especializadas en aplicar las novedades en todo el Estado. Presentado de forma esquemática, este modelo de organizaciones públicas promovió la formación de estructuras organizacionales centralizadas, formalizadas y con un diseño vertical/piramidal.

El carácter centralizado supone que la conducción mantenga bajo control la situación general de la organización y alcance grados razonables de congruencia institucional en aparatos estatales que habían crecido de forma desmesurada y un tanto anárquica. El esquema concentraba en las posiciones de conducción la responsabilidad de dictar disposiciones, ejercer el control y conducir los canales de comunicación.

El modelo vertical/piramidal implicaba la creación de subunidades en abanico a partir de:

1. Un eje vertical que dividía las responsabilidades en unidades de diferente nivel jerárquico: (Ministerios, Secretarías, Direcciones); a mayor nivel jerárquico, una visión más global de la tarea asignada; a menor jerarquía, mayor especialización.

2. Un eje horizontal, que segmentaba las obligaciones funcionales de la tarea a realizar. Dentro de la división horizontal había dos tipos de subunidades: por un lado las encargadas de algún aspecto de las tareas sustantivas del Ministerio (v.g. Dirección de Vialidad en el Ministerio de Obras Públicas); por otro, unidades de tareas de apoyo a las anteriores (v.g. Direcciones de asuntos jurídicos, contables, planeamiento, etc.).

Dentro de la estrategia de incorporar tecnologías de gestión y con el objetivo de ganar congruencia institucional en todo el Estado, se crearon oficinas de organización y métodos encargadas de formalizar diferentes ámbitos de la actividad estatal. Estas oficinas generadoras de normas de gestión eran clave para traducir el poder centralizado de la conducción en acciones concretas mediante las siguientes funciones:

- Precisar los criterios para diseñar las estructuras organizacionales en las cuales se definen en cascada las misiones y funciones de cada una de las unidades de la pirámide;

- reglamentar las competencias, funciones y responsabilidades de los diferentes estamentos de empleados públicos;

- diseñar flujos y trámites, cuya implementación se normalizó a través de manuales ad hoc que incluían la novedad de flujogramas y cursogramas.

4.2. Los ecos en América Latina

Durante la década de los años 50, América Latina seguiría políticas similares a las sugeridas por la Comisión Hoover. Y, al igual que en Estados Unidos aunque con otros ritmos, la administración pública se constituiría al mismo tiempo como campo académico y como preocupación gubernamental.

A partir de entonces se multiplicaron instituciones de formación y publicaciones especializadas dedicadas al tema. La *Revista del Instituto Superior de Administración Pública* –ISAP– de Argentina, es un ejemplo paradigmático del discurso que relacionó desarrollo y administración. En su primer número afirmaba:

> Las Naciones Unidas, y otros organismos internacionales que contribuyen a estos esfuerzos de superación, aspiran precisamente a que la Administración de los países atrasados, o que todavía muestran muchos baches en sus caminos interiores, se adapte a ciertos requisitos mínimos de estabilidad y trabajo para no ser obstáculo, ni lastre, sino multiplicador eficiente de las energías de la población. Sin una administración sana y progresista es poco, en efecto, lo que puede realizarse. No en balde en todo el mundo la 'Mala Administración' es el factor común del subdesarrollo y la miseria (ISAP, 1961: 18).

Un primer resultado de esta dinámica fue la revalorización del aparato estatal. Aunque ésta se alimentó de distintas fuentes –las corrientes teóricas europeas y anglosajonas, los logros de los Estados de bienestar y fascistas, la planificación soviética, las propuestas de los gobiernos nacional-populares, entre otras– todas coincidían en propiciar un fortalecimiento de la organización administrativa y de gestión del Estado, en aras de edificar una estructura racional que reemplazara a los gobiernos de *notables* sostenidos por relaciones personales e informales.

De esta forma, se difundieron manuales de procedimientos, se propuso la estructuración de poderosas oficinas de organización y métodos, que diseñaban cargos y estructuras, se racionalizaron flujos y se instituyeron carreras administrativas basadas en la capacitación y la antigüedad, entre otras. Estas recomendaciones, emanadas de consultores de organismos internacionales y dirigidas hacia el Estado como organización, se complementaban con otras tendientes a consolidar su unidad de acción y el compromiso de las elites políticas con la elaboración y cumplimiento de planes de desarrollo.

La relación de la administración pública con el sistema político era un problema a resolver: la política debía generar los umbrales de legitimidad que toda acción social necesita resistiendo el canto de sirena de las masas, dulce en las épocas de vigencia constitucional. En esa tensión tomaba sentido el muy nombrado "compromiso" político de los líderes respecto del plan de desarrollo que sacaría a las sociedades del atraso.

En esos tardíos años 50 y durante la siguiente década, poco a poco el plan de desarrollo se fue constituyendo en el ejemplo por excelencia de la modernización y de la racionalización –dos conceptos que, sin ser sinónimos, fueron usados de manera indistinta dependiendo el origen disciplinar del escritor–.

Los estudiosos del período resaltan la conflictiva relación entre burocracia, planificación y política. La *Guía para modernizar la Administración*, preparada por el Dr. Saul Katz, Director de la Escuela de Graduados de Asuntos Públicos e Internacionales de la Universidad de Pittsburgh y presentada para un seminario organizado en 1965 por la Organización de los Estados Americanos (OEA), plantea la necesidad de una estricta subordinación de aquélla a las dos primeras. El texto de Katz es paradigmático de la época. No solo por su procedencia –OEA–, ni por su objetivo manifiesto –formar funcionarios latinoamericanos–, sino también porque en él se compendian los grandes temas que atravesaron la época desde la perspectiva de los organismos internacionales: el rol del Estado, la capacitación de recursos humanos y la planificación.

La Guía comienza destacando el papel central del Estado en el desarrollo pues este último demanda una serie de recursos que sólo el sector público es capaz de movilizar: insumos, capacidad de acción y de influencia sobre mercados deficientes, y posibilidad de contrarrestar el desafío de "determinadas ideologías", en una no muy velada referencia a la Revolución Cubana (Katz, 1965: 4).

Katz introduce desde el principio el tema de la planificación para el desarrollo, con el Estado como principal agente de cambio y, junto a ella, el factor del cual dependerá su éxito: la capacidad administrativa. Acumulación de poder/autonomía estatal, planificación y capacidad administrativa, son para este autor los elementos de la modernización. Y para lograr la modernización el Estado debe fortalecer:

> "[...] la mano de obra calificada; financiación, logística de abasteci-
> mientos y de la información; participación individual y de grupos; y
> poder para hacer cumplir las decisiones" (Katz, 1965:9).

Brevemente: si la planificación es el motor de desarrollo, la modernización administrativa –i.e. fundamentalmente la formación profesional de recursos humanos– es la base de una planificación exitosa. De allí que la Guía transcurriera por dos carriles paralelos: la planificación y las recomendaciones para formar al personal de gobierno. El desarrollo nacional terminó siendo, de esta manera, dependiente de la acumulación de mano de obra calificada, de recursos económicos y de poder estatal.

La planificación es mucho más que un ejercicio técnico en esta concepción del desarrollo: es otro modo de vida en sociedad. Ella implica el apoyo de la ciudadanía y la participación generalizada, que sólo son posibles si líderes y movimientos políticos se comprometen con ella. Así, en este esquema, los políticos deben garantizar la legitimidad –y la legalidad, vía sufragio– para que las decisiones inherentes al desarrollo sean respetadas, inclusive por parte del sector privado.

En lo inmediato –afirma Katz– se debe crear un organismo central de planificación con competencia en el ámbito nacional y dependiente del Poder Ejecutivo, y por otra parte, también es necesario que toda dependencia pública cuente con una unidad de planificación encargada de la formulación y evaluación de proyectos. En su propuesta se escuchan ecos de la Comisión Hoover y se reafirma la tajante separación entre técnica y política que caracterizó al *mainstream* de la Ciencia Política estadounidense de la época.

Obviamente toda esta estrategia demanda una unidad de personal que brinde capacitación para la modernización administrativa. Katz recomienda el diseño de un sistema para formar y reclutar técnicos y administradores con sensibilidad al desarrollo y altamente calificados, que se pongan al servicio del Estado. Su reclutamiento y ascenso en la administración debería depender, estrictamente, del mérito. Estas unidades:

> [...] a veces llamadas de dirección administrativa u oficinas de
> organización y métodos deben establecerse en todos los niveles im-

> portantes del gobierno para que proporcionen el estímulo y el apoyo técnico requeridos para analizar los problemas administrativos, modernizar la estructura institucional y los procedimientos. Ellas deben orientar la capacitación... y las becas para la educación externa y causar que las operaciones del gobierno sean más efectivas y eficaces (Katz, 1965:42).

Esas oficinas deberían adelantar profundas modificaciones en todos los procedimientos administrativos –selección de personal, abastecimiento, control y preparación de informes– a fin de "satisfacer las demandas más exigentes impuestas por las metas del desarrollo" (Katz, 1965:45). Pero, además, esas oficinas tendrían que desplegar normas que permitieran evaluar el desempeño de su propia labor –con especial énfasis en su alineación correcta con el plan de desarrollo–, con criterios basados en análisis científicos. Para que todo el engranaje funcione debidamente es fundamental la estructura piramidal que dirige hacia la cúspide la información sobre el estado de los flujos de recursos, insumos, etc., y a su vez trasmite desde ella las orientaciones estratégicas "desde los centros de decisión a los de acción".

La *Guía para modernizar la Administración* es un ejemplo de la lógica del desarrollo que primó durante la década del 60 respecto de la administración pública. La argumentación del documento distribuido por la OEA –que acá presentamos muy sintéticamente– representa diáfanamente el espíritu de la época: era necesario un Estado fuerte –en todos los sentidos, incluyendo el político– para garantizar que tanto el sector público como el privado cumplieran con las metas del desarrollo. Estas metas deberían estar expresadas racionalmente en el plan de desarrollo, pero el éxito de su implementación dependía de la modernización administrativa y ésta se lograba mediante la formación y cooptación de recursos humanos y, en última instancia, por el compromiso de elites y líderes políticos.

Quedó de esta forma definido un modelo organizacional que intersecó positivamente con el desarrollismo, influido a su vez, por las teorías de la modernización. De la misma manera en que el desarrollo desplazaría al orden precapitalista –afirmaban–, debían superarse las "administraciones ineficientes, corruptas, derrochadoras, rígidas y antidemocráticas, sobre todo comparadas con las burocracias 'normales' [i.e. las de los países desarrollados] que sirven de modelo implícito" (Márquez y Godau, 1984:393).

La relación entre modernización y racionalidad instrumental atravesará varios contextos y será particularmente notable en la oposición entre técnicos y políticos, donde los primeros se asocian con la noción de modernidad y los segundos con formas pre-modernas de gobierno.

5. Desarrollo y administración pública en la Argentina

HITOS DE LA ADMINISTRACIÓN PÚBLICA EN LA ARGENTINA DESARROLLISTA

1951	Creación de la Dirección Nacional de Racionalización.
1952	Discurso del Presidente Perón, publicado como "El trabajador en la Función Pública".
1954	Primer Congreso Nacional de Administración Pública en la Argentina.
1957	Creación del Servicio de Asesoramiento y Estudios Técnicos en Administración Pública (SAETAP).
1958	Creación del Instituto Superior de Administración Pública (ISAP) (Abril, Gobierno de Facto del General Aramburu).
1958	Lanzamiento del Plan de Racionalización y Austeridad y su Comité Ejecutivo (CEPRA).
1961	Primera edición de la Revista de Administración Pública editada por el ISAP e inicio del Plan de Racionalización Administrativa.
1961	Lanzamiento de la Alianza para el Progreso.
1964	Discurso de Onganía en West Point, antecedente directo de la Doctrina de la Seguridad Nacional en la Argentina.
1965	Lanzamiento del primer Plan Nacional de Desarrollo.
1970	Supresión del ISAP por la dictadura de Onganía.

Las principales ideas fuerza que compartieron los gobiernos desarrollistas fueron la del Estado como motor del desarrollo; y la planificación –racionalidad– sumada a un aparato administrativo sofisticado –moderno– con personal altamente calificado como herramientas para garantizar la eficiencia de la actividad estatal.

El burócrata ganará durante el desarrollismo prestigio y responsabilidades. Los funcionarios 'sensibles al desarrollo' –como dijera un consultor internacional (Katz, 1965)– eran un activo que había que reclutar, formar en valores y capacitar. En muchos aspectos se recreó el tipo ideal weberiano de administración pública –racional, sometido a expediente, seleccionado meritocráticamente, comprendido en una carrera, etc.– pero, al mismo tiempo, con la apelación a la sensibilidad para el desarrollo, se pretendía superar el aislamiento burocrático y las conductas estamentales que ya había advertido el sociólogo alemán.

La gran contradicción que debieron enfrentar los gobiernos desarrollistas –incluso aquellos nacidos de golpes de fuerza y que sin embargo anhelaban legitimidad– es que esta deseada sensibilidad para el perfil de los funcionarios, sólo podría nacer del compromiso político. Y, como ya se mencionó, habiendo sido la política subsumida al mandato de la técnica, habían construido una aporía insuperable.

La creación de la Dirección de Racionalización en 1951, con el objetivo de mejorar la eficiencia de la Administración Pública, había implicado un temprano interés por la profesionalización de la burocracia. Tres años después la celebración del Primer Congreso de Administración Pública en Buenos Aires, ratificaba esa orientación.

Fue con la organización del Instituto Superior de Administración Pública (ISAP) en 1958, que se consolidó la tendencia a la profesionalización del funcionario público. Aunque fundado en el ocaso del gobierno de Aramburu, el Instituto fue un importante instrumento para la modernización del Estado que pretendía el desarrollismo. Sin embargo, las presiones del contexto condicionaron las decisiones sobre la organización administrativa. Muchas de ellas fueron a contramano de los requerimientos teóricos del fortalecimiento de las capacidades políticas, ejecutivas y de gestión del Poder Ejecutivo.

Una de las primeras medidas que tomó la administración Frondizi fue derogar el Estatuto del Personal Civil de la Administración Pública Nacional, dictado por la Revolución Libertadora. En su lugar promulgó el Escalafón de la Administración Nacional –Decreto N° 9530/58– que distribuyó el personal en clases ordenadas alfabética y horizontalmente –donde se incluía el "personal superior, profesional, jerárquico, técnico-especializado, administrativo, de maestranza-obrero y de servicios auxiliares"–, mientras que los grupos se dividían en categorías de forma "decreciente con numeración romana de acuerdo con la importancia de las funciones que se definían en cada caso" (Dalbosco, 2002:28).

En el primer año de gobierno de Frondizi (1958), la reforma del aparato estatal cumplió el doble papel de ahorrar dinero y modernizar la estructura administrativa: al mismo tiempo que se reducía el gasto por el *Plan de Racionalización y Austeridad* (PRA) se crearon nuevas instituciones dependientes del Poder Ejecutivo. Dos fenómenos que, con altibajos, caracterizarían a la década del sesenta.

Esto constituyó un movimiento contradictorio que permitió la convivencia de las primeras privatizaciones efectivas de la historia argentina con la aparición de nuevos consorcios estatales y con el fortalecimiento de las empresas públicas surgidas en las décadas anteriores como consecuencia de la diversificación energética y la evolución del pensamiento estratégico, o de aquellas originadas en las nacionalizaciones de servicios producidas durante el período justicialista (Dalbosco, 2002:26).

El PRA se dirigía a atacar un importante déficit fiscal en el contexto de una marcada debilidad política, que había redundado en la cesión de puestos clave a figuras del establishment liberal, como fue el caso de la designación, como sucesivos Ministros de Economía, a Álvaro Alsogaray y a Roberto Alemann. La racionalización no se concebía como equivalente a la austeridad, sino que trataba de seguir los dictados de una administración para el desarrollo. Esta debería determinar –de manera científica– cuál estructura sería la encargada de atender las necesidades de cada sector del plan y cuál el responsable de la coordinación y dirección de cada proyecto. En cada organismo se establecerían comisiones de organización y métodos, organizadas y coordinadas por el ISAP (Katz, 1965).

El Comité Ejecutivo para la Reforma Administrativa –CEPRA– fue creado (1958) para controlar la aplicación de las medidas racionalizadores y para ocuparse del rediseño de las estructuras administrativas y sus dotaciones financieras y de recursos humanos con miras a su coherencia interna.

Sin embargo, en última instancia la crisis pesó más que la racionalización misma. Con la cesión del Ministerio de Economía a representantes del liberalismo económico, concediéndoles bastante autonomía, se multiplicaron los decretos tendientes a la reducción de gastos (Romualdo, 2015): se privatizó el servicio de imprenta, se eliminaron Direcciones –Dirección de Arquitectura y Dirección Nacional de Construcciones Portuarias y Vías Navegables, entre otras– se transfirieron parcialmente a las provincias servicios sanitarios y educativos y funciones correspondientes a la Dirección Nacional de Vialidad (Dalbosco, 2002: 29). Los créditos concedidos por el FMI presionaron en la misma dirección.

Las medidas de racionalización no sólo desplegaban una mirada estructural –privatización, disolución de organismos, descentralización hacia provincias, etc–. También planteaban elementos específicos y del ámbito micro organizacional que luego serían comunes a todos los planes de ajuste: supresión de pasajes oficiales, prohibición de banquetes y agasajos costeados con fondos públicos, supresión de las secretarias privadas de todos los funcionarios, reducción de movilidades oficiales, etcétera (Nicoletti 2008).

El centro de esta política se ubicó en la denominada –por el presidente– "batalla del transporte", que se dirigió a la reestructuración y reorganización de los ferrocarriles estatales. Se sostenía que los ferrocarriles debían estar al servicio del desarrollo y que para ello la racionalización debía completarse con su adaptación a la nueva estructura económica del país.

Las angustias financieras, la presión de las elites económicas nacionales y de los organismos internacionales introdujeron un sesgo fiscalista en las reformas, pero su impacto concreto, según Bonifacio

(1986), fue bastante limitado: sólo la reducción de los empleados de ferrocarriles fue significativa en estos términos y su impacto, contradictorio con la pretensión de desarrollo integrado. Con el paso del tiempo desapareció el CEPRA.

5.1. La institucionalización del desarrollo

Como ya se expuso, la planificación era el hilo de Ariadna que permitiría salir del laberinto del subdesarrollo. El fortalecimiento del Estado —en el doble sentido de institución política y de aparato burocrático— fue visto como *conditio sine qua non* para el desarrollo, independientemente de que los avatares de las real politik se resolvieran en medidas contradictorias. Con ese fin, se crearon instituciones tendientes a promover la planificación, a impulsar los sectores estratégicos para la economía, a formar y capacitar los recursos humanos que necesitaba el Estado.

5.1.1. *El* homo technicus

El desarrollismo planteaba una nueva manera de concebir a los funcionarios. El burócrata debía dejar de ser el letrado que caracterizaba a las tradiciones hispánicas —al menos en el imaginario— o el 'acomodado' que respondía a los favores de un jefe político, para convertirse en un técnico, en un profesional de la Administración Pública.

Para cumplir esta tarea, los desarrollistas se sirvieron del Instituto Superior de la Administración Pública (ISAP), el cual jugó un papel central en la difusión de esta nueva concepción del mundo burocrático. Los organismos internacionales —especialmente la OEA— apoyaron esta tendencia, contribuyendo con cursos, manuales y frecuentes publicaciones en revistas especializadas, entre las cuales se destaca el rol jugado por la *Revista de Administración Pública*, publicada por el ISAP.

En 1960 el Programa de Asistencia Técnica de las Naciones Unidas incluiría entre sus prioridades la modernización de las administraciones públicas nacionales. Unos años antes se había constituido la Misión Blandford, organizada por la OEA entre 1954 y 1955, que recomendó el impulso a la investigación sistemática en administración pública; la creación de una conciencia social sobre la importancia del trabajo de los agentes del Estado; la definición de un perfil de servicio civil profesional; y la producción de un ordenamiento adecuado del aparato administrativo.

La revista *Desarrollo Económico* —del prestigioso Instituto de Desarrollo Económico y Social/IDES— impulsó el debate sobre el tema en el campo de la economía, mientras que el Instituto Di Tella se planteaba una tarea similar centrándose en la modernización cultural, con la "esperanza de contribuir así a desatar el nudo cultural que traba nuestro desarrollo" (Sigal, 1991:5).

En 1962, como continuación del informe Blandford, el Comité Interamericano Económico y Social (CIES) de la OEA conformó varios grupos de expertos latinoamericanos. Entre ellos se encontraba el Director de la Revista del ISAP –J.C. Rodríguez Arias– quien era, además, consultor del organismo interamericano. Poco después, de la mano de la Alianza para el Progreso, se creará el programa de asistencia llamado "Administración para el Desarrollo" (ISAP, 1964: 19).

En su doble carácter de director de la revista del ISAP y de consultor de la OEA, Rodríguez Arias convirtió la *Revista de Administración Pública* en una poderosa usina de pensamiento donde las ideas de la AlPro se traducían en términos de administración pública y desarrollo.

Obviamente el impulso a esta nueva concepción de la gestión de lo público no se limitó a la actividad editorial. Se multiplicó el número de expertos, de becas para que funcionarios argentinos tomaran cursos con organismos internacionales dentro y fuera del país, y de seminarios y congresos, entre otras actividades formativas.

El Consejo Interamericano Económico y Social (CIES) de la OEA colaboró activamente en esta tarea a través de la capacitación y la oferta de becas para estudios de posgrados del personal nacional. Cuando fue necesario, el organismo proveyó asesores y consultores para desempeñar tareas puntuales (Romualdo, 2015).

La nota editorial que Juan Carlos Arias escribía en la Revista del ISAP en 1962 habla de esta compleja labor de reestructuración de la administración pública:

> Las principales piezas del instrumental necesario han sido ya montadas, afortunadamente. Contamos con un Consejo Nacional de Desarrollo, con un Consejo Federal de Inversiones, un Consejo Nacional de Investigaciones Científicas y Técnicas, un Instituto Superior de Administración Pública y otros organismos esenciales de elaboración y coordinación. Si a todo esto podemos agregar una información estadística adecuada, y la necesaria técnica de presupuesto, además de la conjugación indispensable de los medios de financiación y crédito, gran parte del camino podría declararse expedito para el ansiado 'take off' que nos permitirá elevarnos pronto por encima de las actuales limitaciones y obstáculos (ISAP, 1962:6).

El énfasis en la formación de agentes públicos no tuvo un desenvolvimiento equivalente en el mundo académico, al menos en lo que a licenciaturas y posgrados se refiere, aunque hacia 1951 se creará la primera licenciatura en Administración Pública en la Universidad Nacional de Cuyo, la cual se trasformará en 1952 en Ciencia Política, pero manteniendo su orientación hacia la gestión pública (Bulcourf y Cardozo, 2011). Los contenidos académicos se orientaban a la formación de funcionarios, con materias como derecho público, historia y filosofía, y dando relevancia al pensamiento latinoamericano.

La temprana creación de este programa se relacionaba con la idea de formar un estamento dirigente altamente capacitado. Pero no se enmarcaba en la concepción de la burocracia como capa social aislada –según el tipo ideal weberiano de dominación racional–, ni en la instauración de un campo académico vinculado con la investigación empírica. Según Burcouf y Cardozo (2011) se trataba de formar políticamente a la clase dirigente y, a la vez, construir una burocracia capaz de implementar políticas públicas.

En la Universidad del Salvador la reforma curricular de mediados de los años 60 introducirá un eje dedicado a la Administración Pública. Posteriormente, la Ciencia Política y la Administración Pública se diferenciarán, pero esta última será suspendida. En el período 1968/1970 se constituirá en la Universidad de Cuyo la carrera de Ciencias Políticas y Sociales con dos especialidades: Sociología y Ciencia Política –de orientación académica– y Ciencias Políticas y Administración Pública, con énfasis en la gestión (Burcouf y Cardozo, 2011).

Resumiendo: luego de la temprana creación de la carrera de Ciencia Política y Administración Pública en 1952, no logra consolidarse un campo académico en el área. El Justicialismo abrió una interesante perspectiva en el campo disciplinar incluyendo el pensamiento latinoamericano que, luego del golpe de 1955, se detuvo abruptamente. Lo que importa es que ese campo académico no se constituyó en Argentina como una ciencia de la planificación de las políticas públicas tal como sucedió, por ejemplo, en las escuelas de administración francesas.

Esta peculiaridad dejó un espacio libre que fue ocupado por el enfoque de planificación para el desarrollo difundido por el ISAP y los organismos internacionales a través de él.

5.1.2. Nuevas organizaciones

Se ha sostenido que el Plan de Racionalización Administrativa iniciado por el gobierno de Arturo Frondizi fue poco más que un recurso para enmascarar medidas dirigidas a disminuir el gasto público. Más allá de esta afirmación –a nuestro juicio limitada– aquél tuvo una importante influencia en la organización estatal, al menos por el énfasis puesto en la recolección y organización de la información, y por el impulso a estructuras de programación y sistematización de procedimientos.

Si bien nunca se aplicaron los concursos de selección de personal que prometía el Plan, sí fue creciente la actividad de capacitación de funcionarios, especialmente por intermedio del ISAP. Además, como ya se mencionó, con la racionalización surgieron o se fortalecieron varias instituciones dirigidas a mejorar los procesos de planeamiento, a promover actividades consideradas estratégicas para el desarrollo nacional y –como fue el caso del ISAP– a formar a agentes estatales para el desarrollo.

En esa época la Secretaría Técnica de la Presidencia coordinaba la Dirección General de la Administración Pública. También entonces, se generalizaron los institutos de promoción científica y tecnológica – continuando de manera no declarada una tradición que había iniciado el Justicialismo, como en el caso de la Comisión Nacional de Energía Atómica (CNEA) creada en 1950 (Dalbosco, 2002).

En esta lógica, por el Decreto N° 7000 de 1960 se declaró de interés nacional a la CNEA ratificando su dependencia de la Presidencia de la Nación; se estableció el Instituto Nacional de Tecnología Agropecuaria (INTA), el Instituto Nacional de Tecnología Industrial (INTI) y el Consejo Nacional de Investigaciones Científicas y Técnicas (CONICET) (Vercesi, 1999).

En las empresas estratégicas se incorporó personal sumamente competente que, a su vez, implementará diferentes mecanismos de transferencia de conocimientos y capacitación a las industrias, como fue el caso del Servicio de Asistencia Técnica a la Industria del CNEA. Se instituyeron también organismos consultivos vinculados con la planificación. El primero de ellos, célebre durante el gobierno de Frondizi hasta el punto de ser una insignia del desarrollismo, fue el Consejo Federal de Inversiones (CFI), erigido en 1959.

El CFI se integraba con representantes de las provincias argentinas. Su función original era realizar estudios de factibilidad de las inversiones para proponer su ejecución a la autoridad política, aunque la previsible subordinación del Consejo a los problemas económicos y políticos del gobierno, terminó convirtiéndolo "en un equipo técnico de evaluación de proyectos, luego en gestor de éstos y punto focal de los organismos internacionales de crédito y finalmente en un ámbito de negociación y concertación de acuerdos entre el Estado Federal y las provincias" (Dalbosco, 2002:37).

Otro organismo de amplia repercusión que logró sobrevivir a varios gobiernos desarrollistas, fue el Consejo Nacional de Desarrollo (CONADE). Creado en agosto de 1961, pronto se volvió un hito de la planificación en el país.

El papel central jugado por el Poder Ejecutivo en estas instituciones, ratifica la tendencia desarrollista –coincidente con la propuesta de Hoover diez años antes para el caso estadounidense– de fortalecer la figura presidencial acumulando funciones estratégicas en sus manos. Esta recomendación había circulado tempranamente en los manuales patrocinados por la OEA para la formación de funcionarios. La creación de numerosos institutos dependiente del Poder Ejecutivo, respondía a esa directriz.

5.2 La planificación

En la estrategia de adecuar el Estado a las necesidades del desarrollo, un elemento importante fue la construcción de distintos entes de planeación, cuyo diseño y tareas a menudo fueron asesorados por organismos de la Naciones Unidas. Aunque la construcción de planes de desarrollo ya se había ensayado durante el peronismo, el desarrollismo reivindicará explícitamente la planificación como función de Estado.

Un tipo de planes fue el que buscaba impacto económico en el corto plazo, como fue el caso del Plan de Estabilización y Desarrollo de diciembre de 1958, que acompañó al de Racionalización y Austeridad. En lo fundamental, este plan se componía de medidas coyunturales tendientes a superar momentos de crisis.

El otro tipo estaba constituido por planes de desarrollo en sentido estricto, con objetivos más ambiciosos que pretendían modificar la estructura productiva del país. Éstos fueron típicos del pensamiento desarrollista y principalmente a ellos se refería la profusa literatura sobre planificación para el desarrollo que surcaba el continente. También había un tercer tipo, al que pertenecía por ejemplo el Plan Larkin, consistente en reducir el número de empleados ferroviarios, y suprimir vagones y ramales obsoletos para reemplazarlos por otros más modernos.

El mencionado Consejo Nacional de Desarrollo (CONADE) fue el primer organismo público nacional dedicado formal e íntegramente a este tipo de planeación en Argentina. Creado siguiendo las recomendaciones de la Carta de Punta del Este –documento fundacional de la Alianza para el Progreso– este organismo tenía por finalidad la programación y planificación de políticas para el desarrollo nacional y se encontraba dirigido por el Presidente y el Ministro de Economía.

En su diseño original, trascendía las tareas de diseño de políticas públicas, tendiendo a estructurarse como una supra organización capaz de dotar de dirección estratégica al Estado. En esta lógica, los Decretos N° 6337/62 y N° 6340/62 le asignaron funciones de contralor de gastos de todas las reparticiones del Estado (Ministerios, Secretarías de Estado, empresas del Estado, sociedades mixtas, etc.). A partir de este decreto el CONADE:

> [...] tendrá a su cargo el estudio y asesoramiento respecto del plan general de obras, trabajos públicos e inversiones patrimoniales a realizar, de manera que el mismo contemple las más urgentes necesidades económicas del país y su incidencia económica, ajustado a las reales posibilidades financieras (Decreto N° 6337/62).[29]

El CONADE no llegó a organizar el ansiado plan de desarrollo durante el gobierno de Frondizi, limitándose a publicar algunos informes y trabajos de planificación a nivel sectorial y regional. Con el correr de los años de allí surgirían el Plan Nacional de Desarrollo 1965-69 –cuya aprobación fue casi concomitante con la caída Arturo Illia, por lo que ni siquiera se comenzó a implementar– y el Plan Nacional de Desarrollo 1970-1974, que luego se reformularía como Plan Nacional de Desarrollo y Seguridad 1971-1975.

Esas oficinas de planificación valorizaron la producción de datos y con ello impulsaron la organización, en varios países de América Latina, de las primeras oficinas de estadísticas.[30]

Durante el gobierno de Illia el plan fue un riguroso ejercicio de planificación –criticado por los opositores por excesivamente académico– discriminando por sectores de actividad, diagnosticando la situación con proyecciones históricas de crecimiento, y estableciendo objetivos generales y proyecciones de los principales indicadores socioeconómicos: empleo, distribución del ingreso, inflación, etcétera.

En lo económico el Plan mostraba cierta inocencia muy típica de los planificadores que consiste en ignorar las condiciones políticas: la base de la inversión pública y del servicio a los compromisos externos estaba en el superávit comercial producido por el sector agropecuario, enemigo

---

[29] Por otra parte el Decreto N° 6340/62 le otorgaba también la función de intervenir en las cuentas públicas, pues determinaba que "los pagos al exterior que efectuaran las reparticiones públicas, deberán contar con la autorización del Ministerio de economía, que será asesorado por el CONADE, sobre el grado de prioridad que deberán tener dichos pagos".

[30] El INDEC fue creado en la Argentina en 1968, aunque desde 1952 existía la Dirección Nacional de Servicio Estadístico dependiente simultáneamente de la Secretaría de Asuntos Técnicos y del Ministerio de Hacienda. Como antecedente más directo, desde 1956, existía la Dirección Nacional de Estadística y Censos, en la órbita del Ministerio de Economía. En realidad el desarrollo de la estadística en el país es precoz. La Dirección General de Estadísticas de la Nación fue creada en 1894 –aunque se registran oficinas aún anteriores– y, hacia 1923, bajo la dirección de Alejandro Bunge, había llegado a importantes desarrollos profesionales (Mentz, 1991; González Bollo, 2012).

declarado del gobierno. Mientras Illia planificaba cómo gastar el excedente económico producido por "el campo", sus dirigentes se sumaban desde las páginas de *La Nación, La Prensa* y *Primera Plana*, a una implacable campaña para derrocarlo (Dalbosco, 2002; Laguado Duca, 2011).

Derrocado Illia, la Revolución Argentina llevó la preocupación por el planeamiento al extremo creando el Sistema Nacional de Planeamiento y Acción para el Desarrollo, cuyo órgano ejecutivo era el CONADE y el Sistema Nacional Planeamiento y Acción para la Seguridad orientado por el Consejo Nacional de Seguridad (CONASE) creado para tal fin. Afectos a crear estructuras, los militares instituyeron posteriormente el Consejo Nacional de Ciencia y Tecnología (CONACYT). De esta manera el gobierno de Onganía pretendía fundir la planeación para el desarrollo (CONADE) con la defensa nacional (CONASE) y con el impulso a los sectores estratégicos (CONACYT).

Por otra parte, el CONADE, aunque permanecería en la órbita del Poder Ejecutivo, daría asiento a los futuros representantes de la comunidad cuando, en su visión, el país estuviera maduro para que el tiempo de la política retornara. Onganía fue derrocado antes de que su Plan 1971-1975 pudiera ponerse en práctica.

Aun en el marco de una dictadura tan afecta a los intereses de los grupos hegemónicos como la de Onganía, las ideas de planificación generaron polémicas y tensiones con las usinas del establecimiento

Cuando Osiris Villegas –secretario del CONASE– señaló que se requería "voluntad para romper la inercia que nos ha adormecido, y energía para modificar las estructuras anacrónicas que entorpecen la voluntad de cambio", *La Prensa* recordó que no era la inercia adormecedora el origen de los problemas nacionales, sino justamente "el cambio de estructuras intentado por la tiranía depuesta en 1955",[31] motivo por el cual era indispensable definir el contenido de dicho cambio.

Si bien desde ambos sectores, gobierno y voceros liberales, coincidían en citar la articulación entre las favorables condiciones naturales del país, las ventajas de poseer una población de origen europeo y la movilidad social, el diario hacía notar que el gobierno olvidaba un componente central de ésta: el "marco jurídico y el régimen económico adecuados, al margen de toda intervención estatal". Brevemente, la libertad entendida como libertad económica.

El énfasis en la planificación parecía amenazar esta interpretación de la libertad. No sólo *La Prensa* lo advertía, temerosa de que las nuevas estructuras desconocieran "las sabias instituciones" que la garantizaban; también Mariano Grondona, desde las páginas de

---

[31] *La Prensa*, 25/06/1967, p. 8. "Muchos discursos y poca claridad". Editorial.

Primera Plana, llamaba la atención sobre el exceso de planeamiento que, a su juicio, sólo debía ser una orientación general.[32]

Las críticas que los grupos de poder comenzaron a lanzar a la Revolución Argentina desde 1968 no deben interpretarse como un antagonismo entre éstos y el gobierno. Las corporaciones empresariales mantuvieron su apoyo, pero su discurso intersecará cada vez más puntualmente con el de Onganía: al final, sólo los unirá el combate a la inflación. A través de este punto de confluencia, la UIA reclamará insistentemente la reducción de los gastos del Estado y, sobre todo, lo que llamaba "decisiones en el campo salarial", i.e. moderar los aumentos.

Para el secretario del CONASE, el sistema de planeamiento era fundamental, pues en él confluían desarrollo y seguridad y por ello constituía "uno de los hechos más importantes de los últimos años de la vida de la Nación". La articulación de desarrollo y seguridad a través del planeamiento, remitía a las grandes obras de infraestructura como el Chocón-Cerros Colorados, pero también a la cuestión social más allá de los consabidos temas del problema de la vivienda y de las pensiones, mencionados en los primeros documentos de la Revolución Argentina.

Como ya se señaló, el desarrollo –y las medidas de bienestar social que éste traería– era un asunto de seguridad nacional para los militares que querían evitar "las agregaciones disociadoras propias del subdesarrollo, en aspectos de incidencia directa en la defensa nacional".[33]

El plan de desarrollo 1970-1974 anunciado por el CONADE le concedía un importante espacio a lo social, hasta el momento ambiguamente vinculado con el desarrollo en el discurso de la Revolución Argentina. En este plan se reconoce por primera vez que las políticas centradas en la eficiencia "descuidaron sus efectos nocivos en cuanto a ocupación, salarios y situación de la empresa de capital nacional. La eficiencia debe ser considerada con un criterio global, que abarque toda la economía".[34] Además del incremento de la inversión en salud pública y educación, el plan prometía una mayor participación de los asalariados en el ingreso nacional.

Estos anuncios fueron cuestionados por la UIA, que acotó que "el criterio de la eficiencia debe prevalecer sobre el ocupacional, que debe

---

[32] *Primera Plana*, 08/05/1967, N° 228, p. 9. "El planeamiento". Mariano Grondona. La CGE, mantenía una actitud más receptiva, aunque su presencia en los medios era escasa. Ver *La Nación*, 01/12/1967, p. 4, "Producto actual y potencial en el desarrollo agropecuario".

[33] *La Prensa*, 14/12/1968, p. 6. "Del sistema de planeamiento habló el secretario del CONASE".

[34] *La Nación*, 20/02/1970, p. 1-7-18, "Anuncia el CONADE el plan de desarrollo"; 11/04/1970, p. 9, "Sobre el plan de desarrollo habló del Dr. Zalduendo".

ser su lógico resultado", pues el pleno empleo –decían los industriales– es resultado del desarrollo y éste, de la productividad. *Primera Plana* desautorizó el plan calificándolo de "mamotreto lleno de gráficos" y cuestionando la operatividad del CONADE, al tiempo que llamaba a sus técnicos "marxistas con altos sueldos".[35]

Luego de la transición que significaron los gobiernos de Levingston y Lanusse, el gobierno constitucional electo en 1973 se propuso retomar la senda planificadora. De esta forma, el 21 de diciembre de ese año, el propio Presidente Perón presentó el "Plan Trienal para la Reconstrucción y la Liberación Nacional 1974/77".

En el Plan Trienal se definía la planificación como "un proceso continuo que, entre otras formas, se objetiva periódicamente en documentos como el presente donde se miden y compatibilizan los esfuerzos que se proponen cumplir los sectores de la vida nacional para alcanzar las metas que les son comunes y exponer de modo integrado el conjunto de políticas y medidas con las que el Estado contribuye a su logro" (Plan Trienal, 1973: 9).

Los objetivos de "Reconstrucción y Liberación Nacional" se dirigían a la redistribución de ingresos, la reforma tributaria, la promoción y reactivación de las actividades productivas, la expansión agropecuaria y forestal así como a la reorganización de las empresas del Estado, el desarrollo de la pequeña y mediana empresa (Plan Trienal, 1973: 9). A los fines de nuestro trabajo interesa destacar el papel de la administración pública: "Una de las acciones más importantes de la primera etapa ha sido el reordenamiento y los pasos iniciales para la reconstrucción del aparato del Estado" (Plan Trienal, 1973: 11).

La estrategia económica diseñada por el ministro de Economía José Ber Gelbard, tenía los componentes típicos de un plan desarrollista: intervención estatal, promoción de la industria y el mercado interno, apertura de nuevos mercados. Había sí, un cambio notorio en los actores clave: "El Plan se propone que el dinamismo de la economía se vaya trasladando de los monopolios extranjeros, como ha ocurrido durante el último período, hacia el conjunto del sector productivo nacional, el Estado y los empresarios nacionales" (Plan Trienal, 1973: 17), en el marco de un discurso con constantes apelaciones caras a la tradición peronista: "este es un plan del pueblo" "un plan de liberación" "este es el Gobierno del Pueblo", etc.

Las circunstancias políticas y económicas del país (y del mundo), dificultaron la concreción del Plan Trienal y luego de la muerte de Perón, el gobierno de Isabel tuvo otras prioridades más urgentes.

---

[35] *La Nación*, 08/05/1970, p. 8, "Aspectos del Plan de Desarrollo", editorial; *Primera Plana*, 27/05/1969, N° 335, p. 21 "Plan de desarrollo: al ver, verás". El semanario había conocido los borradores del Plan antes de su presentación pública.

Segunda Parte.
El desmoronamiento de la matriz estadocéntrica

"La experiencia de la última generación nos indica que
(…) el Estado fuerte se transforma en un obstáculo"

Francis Fukuyama, disertación en el INAP, Argentina,
28 de Noviembre de 1991

1. El universo neoliberal

A partir del ciclo de dictaduras que comienzan en América Latina desde 1973, se inicia un período que por casi treinta años haría hegemónica una nueva perspectiva sobre el Estado.

Esta novedad es inseparable de las transformaciones que estaban ocurriendo en el capitalismo a nivel regional y mundial. En efecto, aunque con distintos nombres, comenzó a hacerse cada vez más evidente que estaba ocurriendo una mutación en el tipo societal, al tiempo que entraban en decadencia las grandes organizaciones industriales basadas en las cadenas de montaje y la gestión de masas de obreros, acompañada del uso de un nuevo tipo de tecnología, que incorporaba la microelectrónica y la informática.

En lo político, la revolución neoconservadora, lanzada por los gobiernos de Margaret Tatcher y Ronald Reagan, terminó de construir una nueva hegemonía con la progresiva decadencia de la Unión Soviética. Comenzó así a conformarse otro mapa geopolítico con emergencia de nuevas potencias en el Lejano Oriente: China, Japón, India, los Tigres Asiáticos.

Vamos a usar el nombre de sociedad postindustrial a esta enorme transformación que surgía en reemplazo de la precedente. Producto de profundos reacomodamientos en los valores y en la forma de concebir cuáles eran las formas organizativas más virtuosas, esta nueva formación hegemónica traía una propuesta sobre lo social, lo económico y lo político.

La revolución neoconservadora apuntaba al reemplazo histórico del *New Deal* y del *Estado Bienestar* deconstruyendo la "matriz estado céntrica" (Cavarozzi, 1991) y poniendo en su lugar el ajuste estructural. En el mundialmente recorrido trabajo que bajo los auspicios de la *Trilateral Commission* fuera escrito por Crozier, Huntington y Watanuki, se propugnó la necesidad de cambios en *"la estructura institucional básica a partir de la cual los gobiernos gobiernan"*. El texto hacía notar que *"la expansión de la participación democrática ha generado una 'sobrecarga' de los gobiernos que ha llevado a un crecimiento desbalanceado, exacerbando las tendencias inflacionarias de la economía"* (Crozier y otros, 1975: 3 y 161, traducción propia).

La propuesta consecuente era que había que aliviar la sobrecarga reduciendo el Estado. No fueron *únicamente* cambios en lo político, social y organizacional; los fundamentos mismos de la cuestión nacional quedaron socavados por una valoración que apreciaba más la libertad individual y el consumo personal que el bien común y el esfuerzo colectivo.

La consolidación de las nuevas ideas no fue inmediata ni estuvo exenta de fuertes resistencias; sólo después de décadas terminaría por configurarse como sentido común de la *aldea global*. Pero además, la hegemonía nunca fue completa: en todo el mundo se formaron focos y mecanismos de resistencia, a pesar del macizo clima de época que describiremos a lo largo del capítulo.

1.1. De las ideas de libertad al neoliberalismo

Se suele situar la génesis del universo neoliberal –con todo lo arbitrario que tienen este tipo de cortes temporales– en los encuentros de la *Sociedad Mont Pelerin*, iniciados a poco de terminar la Segunda Guerra Mundial. En ella participaron, entre otros, los economistas Friedrich Von Hayek, Jacques Rueff y Ludwig von Mises, el filósofo Karl Popper, Ludwig Erhard –vinculado con lo que se conoció como *milagro alemán*– y el ensayista Walter Lipman.

En su *Declaración de Principios* la Sociedad se alarmaba porque *"las más preciadas posesiones del hombre occidental, como la libertad de pensamiento y de expresión"* eran amenazadas por la *"progresiva extensión del poder arbitrario"*. En este documento se sostenía, además, que *"se restaba crédito a la propiedad privada y el mercado competitivo"*, instituciones sin las cuales *"es difícil imaginar una sociedad en la que la libertad puede ser efectivamente conservada"*.[36]

En el libro *Camino a la servidumbre* –tal vez el texto más representativo de esta Sociedad y del movimiento neoliberal–[37] Von Hayek pone las bases de una reconstrucción de la historia europea y de la Segunda Guerra Mundial en clave de retorno al liberalismo decimonónico y basado en la tensión entre libertad y poder estatal (Von Hayek, s/f).

El texto propone el Renacimiento europeo como hito del nacimiento y difusión de las ideas de libertad y de sujeto. En un lento proceso de transformación societal, la valoración de ambos conceptos acompañó e impulsó el cambio de era dejando atrás un sistema organizado rígidamente en jerarquías y avanzando en otro con mayor movilidad social y en el cual la iniciativa individual se fue convirtiendo en uno de los motores de la vida social.

En el centro de este momento de libertad excepcional está el " desarrollo del comercio" (57) y "un sistema de competencia basado sobre la libre disposición de la propiedad privada" (92). Sin estos elementos, se crearía una dependencia tan grande del Estado que convertiría a todos los individuos en esclavos:

> Lo que se llama poder económico... jamás es... poder exclusivo o completo, poder sobre la vida entera de una persona. Pero centralizado como un instrumento de poder político, crea un grado de dependencia que apenas se distingue de la esclavitud (140).

Según Von Hayek, el siglo XIX fue la *Edad de Oro* del liberalismo, periodo en el que se difundió y arraigó la idea de libertad en todas las clases de lo que entonces constituía –según el autor– el centro del mundo, vale decir el continente europeo (Von Hayek, s/f:58). Hacia fines de esa centuria, las luchas sociales socavaron la legitimidad del ideario liberal y abrieron el campo para un nuevo modelo de sociedad,

---

[36] Traducción propia. La Declaración de Principios (*Mont Pelerin Society Statement of Aims*, 1947) puede verse en: www.uwosh.edu/wasah/2010-summer-institute/presenters/folder.2010-06-26.1920327204/Conserv-Readings.pdf/at_download/file, consultado el 26/11/2013.

[37] Originalmente titulado *The Road to Serfdom*, fue publicado por primera vez marzo de 1944. En abril de 1945 *Reader's Digest* publicó una versión ligeramente abreviada del libro que vendió 600.000 ejemplares. Alrededor de 1950 se publicó en *Look Magazine* una versión ilustrada, posteriormente convertida en folleto por la General Motors. El libro ha sido traducido a unos veinte idiomas. El prólogo a la edición de su 50° aniversario fue escrita por Milton Friedman. La introducción comienza con una cita de *Lord Acton*, muy a propósito de nuestro trabajo: "Pocos descubrimientos son tan exasperantes como los que revelan la genealogía de las ideas". A los fines de hacer menos farragosa la exposición, en esta sección citaremos este libro únicamente con el número de página.

cuando la brecha entre la urgencia por mejorar materialmente el nivel de vida de las grandes masas entró en contradicción con el lento avance que prometían las reformas liberales.

Para Von Hayek los cambios propuestos en esa época implicaron "un completo abandono de la tradición individualista que creó la civilización occidental" (69), ya que daban otro significado a la libertad:

> Para los grandes apóstoles ... había significado libertad frente a la coerción... frente al poder arbitrario de otros hombres, supresión de los lazos que impiden al individuo toda elección y le obligan a obedecer las órdenes de un superior a quien está sujeto. La nueva libertad prometida era, en cambio, libertad frente a la indigencia, supresión del apremio de las circunstancias, que, inevitablemente, nos limitan a todos el campo de elección (64).

Esto es, sin desconocer el valor de las nuevas demandas, Von Hayek señala que su satisfacción derivaba en regímenes como el Nacional Socialista o el de la Unión Soviética, cuya monstruosidad se explicaba por la subordinación de la propiedad privada a los intereses estatales. Los sistemas fascista y comunista no eran sino variantes del mismo totalitarismo, producto precisamente del control centralizado de las actividades económicas. Esta interpretación, que fue una audacia en su momento (a la fecha de la publicación del libro la URSS era parte de las potencias aliadas), fue asumida como historia oficial en Occidente en el marco de la Guerra Fría.

En los prólogos de su obra para las reediciones de los años 1956 y 1977, las críticas de Van Hayek avanzaron –más allá de que el movimiento del que formaba parte mantuviera un radical discurso anticomunista– hacia todas las formas de intervención estatal. Se afirmó así que las políticas de intervención estatal que se desarrollaba al amparo del New Deal y del Estado Benefactor, estaban basadas en un "revoltijo de ideales mal reunidos y a menudo incoherentes" (39), o peor, aún, constituían una caricatura del socialismo soviético.

Von Hayek consideraba que el totalitarismo estaba en germen inclusive entre los gobiernos que practican la:

> [...] redistribución de las rentas a través de los impuestos y de las instituciones del Estado benéfico. En éste, los efectos que analizo se han producido con más lentitud y más indirecta e imperfectamente. Creo que el resultado final tiende a ser casi exactamente el mismo (48).

Dicho de modo conciso: toda intervención estatal deriva en totalitarismo independientemente del deseo de los partidos que defienden el Estado Bienestar.

Tomando como base la muy difundida prédica de Von Hayek, comenzó a estructurarse hacia mediados del siglo XX una síntesis conceptual desarrollada en el Departamento de Economía y en la Escuela de Negocios Booth de la Universidad de Chicago.[38] Esta síntesis era partidaria del libre mercado –aunque dentro de un régimen monetario estricto, definido por el gobierno– y se presentaba como antagonista de las teorías clásico-keynesianas.

Dentro de los autores de la Escuela de Chicago se destacó el premio Nobel de Economía Milton Friedman, quien centró sus críticas en las políticas socialdemócratas:

> La opinión generalizada es que la política y la economía están separados (...) tal punto de vista es un engaño ... hay una íntima conexión entre la economía y la política.... en particular, una sociedad que es socialista no puede también ser democrática, en el sentido de garantizar la libertad individual (1962: 15 - traducción propia).

Ante la cuestión de qué era lo que debía hacer la política y el gobierno para acompañar a la sociedad de mercado, Friedman proponía antes que todo, la total abstención del Estado, siquiera como un actor más del mercado en paridad de condiciones con demandantes u oferentes, ya que su envergadura lo pondría en situación de agente económico dominante. El Estado debe limitarse a garantizar la igualdad ante la ley, pero no inmiscuirse en la corrección de las asimetrías entre ciudadanos, sean éstas generadas o no por el funcionamiento mercantil.

Friedman no desaprueba que haya eventuales medidas de asistencia para combatir la pobreza o fomentar la educación, pero se opone a que sea el Estado el que las ponga en marcha, ya que su intervención amenaza la propiedad privada al imponer regulaciones que generan distorsiones en el mercado y producen desincentivos a la competencia *(1962: 157)*. Las medidas de asistencia deben desplegarse a través de la caridad privada, como ocurría en la Edad de Oro del liberalismo, por ejemplo en Gran Bretaña y Estados Unidos, países en los cuales posteriormente el posterior aumento del gasto público social hizo disminuir la importancia de las actividades benéficas privadas.

La confluencia de los liberales de *Mont Pellerin* con los economistas monetaristas de Chicago terminó convirtiendo la defensa de la política y economía del liberalismo decimonónico en una nueva síntesis que se conoce como liberalismo-conservador. Sus características centrales son (Morresi, 2010):

---

[38] Hayek fue profesor del Departamento de Economía de la Universidad de Chicago entre 1950 y 1964.

1. Ser contraria a las abstracciones y a las idealizaciones del orden social, lo que comporta, en general, una antropología más bien pesimista;

2. sostener posiciones moderadas y gradualistas en cuanto al cambio social;

3. oponerse a las redistribuciones progresivas de los bienes y recursos; y

4. tener una posición temerosa frente a la democracia por sus tendencias populistas y por entrañar el peligro de desembocar en demagogia o en una tiranía de la mayoría.

Estas ideas, que habían tenido un lugar importante en el escenario académico y político, pero que aparecían a la zaga del consenso keynesiano, frente al cual solo tenían influencia marginal en las medidas económicas concretas, encontraron su momento cuando estalló la crisis del petróleo en el año 1973.

En medio de una sensación de estancamiento de la potencia norteamericana el discurso de los economistas neoliberales comenzó a tener una mayor llegada a los factores de poder con su sistemática crítica al gasto público y la regulación estatal. Según su visión el Estado frenaba el desarrollo de las fuerzas productivas al regular el mercado de trabajo: su resultado era visible en el alto desempleo y la inflación. En relación al gasto público el discurso en boga cuestionaba el aparato administrativo del Estado. La burocracia pública fue equiparada a un gigante idiota, de movimientos lentos y torpes, incapaz de ofrecer las respuestas ágiles que exigía un mundo en constante proceso de cambio jalonado por un exponencial cambio tecnológico (Dezalay y Garth 2002).

Si los pensadores de la libertad lideraban una deriva hacia la derecha del espectro político a partir de la confluencia con la Escuela de Chicago, esta tendencia se aceleró durante la década de los 70 cuando sus principales figuras dieron apoyo –y proporcionaron un programa– a gobiernos dictatoriales latinoamericanos y, posteriormente, cuando se convirtieron en los voceros de la ideología oficial de la revolución neoconservadora de Margaret Tatcher y Ronald Reagan. En este sentido es recordado el papel de Milton Friedman en la dictadura chilena: además de su presencia en Chile en actos oficiales y compartiendo paneles con encumbrados funcionarios estatales, lideró programas de capacitación claves para la conformación de los llamados "Chicago Boys", equipo que dirigió la política económica del gobierno de Pinochet y que fue el primer ensayo en el mundo de ortodoxia neoliberal (Yaitul, 2011: 57 y ss.).[39]

---

[39] Al respecto ver news.bbc.co.uk/hi/spanish/business/newsid_6159000/6159206.stm,

En una acción paralela, Von Hayek hizo un viaje en el año 1977 para dar aval al programa económico de la dictadura cívico-militar argentina y fue recibido por el presidente de facto, el en ese entonces Teniente General Videla (Martínez de Hoz, 1991: 38 y Seoane, 2001: 332/333).

Las políticas de Margaret Tatcher (1979-1990) tuvieron una importante repercusión a nivel mundial, pues se trató del primer país de la OCDE que llevó adelante una drástica política de ajuste estructural: privatizaciones, reducción de impuestos y gasto público, flexibilidad laboral. Sus biógrafos resaltan la influencia de Von Hayek en su formación y Milton Friedman afirmó, a manera de elogio, que *"ella es una liberal del siglo XIX"*.[40]

Consideró a los sindicatos *"el enemigo interior"* y los enfrentó duramente, en particular en la larga y recordada huelga de mineros (marzo de 1984 a marzo de 1985). Según la óptica de los defensores de las reformas liberalizadoras, al vencerlos en aquella batalla política, laboral y simbólica, "se pudo desplegar el *Big Bang* que liberalizó la City".[41] Unas declaraciones suyas han quedado para la historia como una de las definiciones sociológicas más contundentes del ideario neo-liberal: *"No existe algo llamado sociedad, existen hombres y mujeres individuales y existen familias, y los gobiernos no pueden hacer nada más que a través de las personas, y son las personas quienes deben cuidar los unos de los otros"*.[42]

Durante las dos presidencias de Ronald Reagan (1981/85 y 1985/89), se llevaron adelante las llamadas *reaganomics,* una serie de políticas que fueron presentadas como una simple vuelta a los principios de la economía de libre empresa que habían estado vigentes antes de la Gran Depresión. Con estas medidas (reducción del gasto público,[43] desregulación, reducción de impuestos a la renta y al capital, y manipulación monetaria y de las tasas de interés) Reagan se propuso terminar con el proceso de estanflación que venía atravesando la economía de los EEUU.

---

consultado el 27/11/2013. Friedman justificaría su apoyo a la dictadura sosteniendo que las políticas de liberalización económica que él promovía en Chile conducirían tarde o temprano a la democratización política.

[40] http://es.wikipedia.org/wiki/Thatcherismo, consultado 12/02/2015.

[41] www.abc.es/internacional/20130409/abci-margaret-thatcher-pulso-sindica-tos-201304090218.html, consultado el 15/11/2013. Sus ideas son claves para entender la política del Reino Unido aún en la actualidad: en 2001, Peter Mandelson, diputado del Partido Laborista británico, pronunció la célebre frase: "todos somos thatcheristas aho-ra" {www.theguardian.com/politics/2002/jun/10/labour.uk1, consultado el 11/02/2015}.

[42] Reportaje publicado en la revista *Woman's Own* del 31 de octubre de 1987.

[43] En los hechos el gasto público se elevó sustancialmente por el gasto militar y los costos financieros que generaron los incrementos en las tasas de interés.

Los gobiernos de Tatcher y de Reagan fueron cruciales para desplazar el consenso keynesiano e instalar a las ideas neoliberales como el recetario básico del *mainstream* económico.

Si las ideas que circulaban en los Estados Unidos y Europa fueron siempre importantes en América Latina, con la caída del muro de Berlín —esto es, sin el contrapeso de la cosmovisión soviética— su preeminencia se hizo casi absoluta. La ola neoliberal trascendió los planteamientos de los economistas neoliberales para configurar una omnipresente atmósfera cultural que recibió el aporte de sociólogos, antropólogos, filósofos y críticos de la cultura.

Francis Fukuyama sintetizó el ascendiente incondicional de esta atmósfera al proclamar el "fin de la historia", y postular la democracia liberal como una "aspiración uniforme compartida universalmente" y la economía de mercado como el orden económico "legitimado en todo el mundo". De ellos se deducía absoluta necesidad de un "Estado débil... un Estado cuyos poderes están estrictamente limitados... tanto en la esfera de la economía como de la política" (1993: 15 y 16).

Vargas Llosa, tal vez la figura latinoamericana de mayor influencia en la construcción del sentido común neoliberal, declaró:

> [...] cada vez parece más una verdad de Pero Grullo decir que la libertad política y la libertad económica son una sola y que sin ésta última es muy difícil, cuando no imposible, la creación sostenida de riqueza. Y también, que cuanto más libre sea el funcionamiento del mercado y más vasta su acción estará mejor defendido el interés general, armonizados más sensiblemente los intereses individuales y sectoriales con los del conjunto de la colectividad (1994: 13).

El economista peruano Hernando De Soto proporcionó la *fórmula* que resumía el nuevo dogma: la libre iniciativa privada —empíricamente plasmada en el mercado informal— como camino hacia un capitalismo popular (1987).[44] El discurso desarrollista y sus iniciativas planificadoras parecían definitivamente enterradas, y con ellos, la preocupación —aunque indirecta— por la integración en clave de ciudadanía social: en adelante, los consumidores reemplazarían a los ciudadanos, para usar la expresión que luego populizaría García Canclini (1995).

Pasadas un par de décadas de los hechos que venimos describiendo, es difícil para quienes no lo vivieron mensurar el vigor que alcanzó la

---

[44] En su momento Mario Wainfeld escribió en la *Revista Unidos* una muy comentada nota sobre el clima de época y el lugar del sector público. En uno de sus párrafos comentaba "El peruano Hernando de Soto publica un libro en el que explica que un vendedor callejero de ajo es un potencial empresario exitoso frustrado apenas por la presencia del Estado" (1988: 5).

argumentación neoliberal en nuestro país, permeando todos los espacios, ocupaciones y estamentos sociales. El "discurso único" –como se lo catalogó en su momento– fue un relato que a partir del apoyo bastante homogéneo de la academia, los dirigentes políticos y los medios masivos de comunicación, devino en arrollador y monolítico.

1.2. El mercado

Para la perspectiva neoliberal hay una estrecha articulación entre la libertad política y la libertad económica: no puede haber una sin la otra. La libertad económica tiene su clave en el funcionamiento de los mercados y su principal enemigo es el Estado, con su capacidad de imponer regulaciones e intervenciones.

Von Hayek había sostenido que los mercados generan un orden –palabra que prefiere a la de equilibrio– que permite que se realicen transacciones entre partes. El orden es de un tipo peculiar, semejante al que "desde que las ciencias físicas" regula los "sistemas auto-organizativos" (Hayek, 2010: 298).

Para explicar este tipo de orden, diferencia el que es "una construcción artificial" del que "se forma por evolución", como es el caso de los mercados: "un orden que se autogenera o endógeno", que "puede describirse mejor como orden espontáneo" y por tanto "no se puede legítimamente decir que tenga un objetivo particular" (Von Hayek, 2010:328*)*.

El orden surgido espontáneamente instala la competencia, que se considera *superior* (por lo tanto no debe ser suplantada por *métodos inferiores*). La *superioridad* del *liberalismo económico* se debe a que:

1. Es el único método que además de ser eficiente, permite que las actividades de cada uno de los agentes económicos se ajuste a las de los demás sin ningún tipo de intervención coercitiva;
2. al no existir nada parecido a un "control social explícito", permite a los individuos realizar la elección respecto de sus acciones, en particular para decidir si los esperados beneficios de determinada opción son suficientes para compensar las desventajas y los riesgos que lleva consigo.

Milton Friedman (1962: 27 y 28) remarca otros factores que demuestran las enormes ventajas del libre funcionamiento del mercado frente a su regulación por el poder político. Por definición la política tiende a exigir conformidad sustancial, mientras que por el contrario, el ámbito mercantil hace innecesaria la conformidad con respecto a las actividades que abarca y por ende minimiza la tensión en el tejido social. Como consecuencia de lo anterior "al haber menos número de cuestiones sobre las que es necesario llegar a un acuerdo, es mayor la probabilidad de mantener una sociedad libre" (traducción propia).

En síntesis, los mercados son generadores de un orden práctico y de bajo costo que permite responder a toda la gama de requerimientos y que, además, garantiza libertad y máxima eficiencia económica. Su funcionamiento no depende de la voluntad de los diferentes individuos que participan del sistema autorregulado ya que sólo se debe mantener "la estructura de relaciones", esto es, la libertad de concurrencia y la legislación que garantice la propiedad y que resuelva los eventuales conflictos que de ella surjan.

En este punto, el análisis, incorpora otros supuestos de tipo social y antropológico –que suelen agruparse bajo el nombre de "teoría de la elección racional"– para que el sistema pueda funcionar de forma *espontánea*.

Según esta teoría, el *individuo* es la unidad relevante para el análisis de lo social –"no hay otro camino para tratar de entender los fenómenos sociales, sino a través de nuestra comprensión de las acciones individuales" (Von Hayek, 1968: 20)– y como tal se comporta como un actor racional que tiene el tiempo y la independencia emocional necesarias para elegir la mejor línea de conducta de acuerdo a sus preferencias y utilidad relativa, ambas personales y únicas.

Conviene aclarar que la racionalidad de la que se habla se limita a permitirle al hombre a actuar según sus "intereses y deseos" (maximizar su utilidad). Von Hayek considera que es imposible hacer inteligible la vida en sociedad y postula que "las limitaciones de la mente humana llevan a tener una actitud de humildad hacia los procesos sociales" (Von Hayek, 1968: 24).

Ante la acusación de que la racionalidad del neoliberalismo está asociada necesariamente al egoísmo y al egotismo, nuestro autor, en el texto que venimos trabajando, dedica un capítulo entero al tema moral. Allí se afirma que las actitudes morales del ser humano importan poco porque dado que el orden del mercado es espontáneo, no induce ningún tipo de valores.. Lo importante a nivel moral es la libertad: la libre acción puede desplegarse en el mercado a pesar de ser éste un ámbito muy complejo y mucho más extendido que el de la acción individual (Von Hayek, 1968: 37).

Repetimos, el gran enemigo es el Estado pues al imponer regulaciones no solo coacciona la libertad de acción individual, sino que impide la espontaneidad del proceso, lo que genera distorsiones en el mercado y por ende, introduce señales equívocas para los concurrentes. Peor aún si además de la regulación, impone la planificación, pues con ella impide por completo el funcionamiento espontáneo que es la gran virtud del mercado. Esto queda claro en un texto del economista Juan Carpio que, glosando estas definiciones de Von Hayek, marca tajantemente las diferencias del mercado con el ordenamiento político o estatal y destaca el peligro de la intervención de éste sobre aquél:

> [...] si alguien puede incidir en el resultado de las interacciones sociales sin ser una parte legítima de ellas (propietario o contratista, técnicamente hablando) no estamos en un orden espontáneo. Estamos en un orden político. (...) No hay que confundir órdenes espontáneos con órdenes políticos. O hay violencia o es espontáneo. O es mercado o es política. O es mercado o es Estado. Son mutuamente excluyentes. (...) El sistema de competencia entre empresas sí surge de un orden espontáneo. Los jefes (en el sentido tribal) o reyes, no (citado por Fernández Álvarez, 2012: 314).

Perspectivas como la citada son parte de un determinismo económico radical, que encontró su expresión más difundida en los trabajos del Premio Nobel Gary Becker. En sus análisis se ponen en valor las consecuencias de la antropología de la *elección racional*, que no sólo separa la acción en la esfera económica de los demás aspectos de la sociedad, sino que funciona como un patrón universal de la existencia humana: toda la vida personal –el amor, los gustos, la ideología, la vocación– se explican a partir de la oferta y la demanda en cada uno de esos *mercados*.[45]

---

[45] En Becker (1981) se sostiene que el análisis de de mercado sirve para explicar el devenir familiar y la forma en que los humanos forman pareja. Sobre la autorregulación de los mercados.

2. El Estado en la era del ajuste estructural

2.1. *De la elección racional al* public choice

En un camino de construcción teórica en algún sentido paralelo al que estaba realizando el neoliberalismo, desde fines de los 50 se fue desarrollando la llamada "teoría de la elección pública" (*public choice theory*), dirigida a analizar el funcionamiento del sector público. Como recuerda uno de sus fundadores "El centro firme de la elección pública se puede resumir en tres supuestos: 1) individualismo metodológico, 2) elección racional, y 3) política como intercambio" (Buchanan, 2005: 204).

Las obras liminares en este sentido (Buchanan y Tullock, 1999, Downs, 1957) sostuvieron que el funcionario público (burócrata y/o político) en tanto actor racional, busca maximizar la utilidad de su cargo, es decir, obtener el máximo provecho para sí mismo usando para ello el presupuesto estatal, y sólo en última instancia –y si le conviene– busca el bienestar social.

De este supuesto se desprende que hay una diferencia central entre el mercado económico y el *mercado de la política*,[46] aunque en cada uno de ellos se persiga el interés propio. En el primero, el propio mecanismo mercantil impulsa de manera espontánea la optimización de la producción y el consumo. En el segundo, en virtud de la asimetría en la información –pues el ciudadano común normalmente permanece desinformado sobre el total de las áreas de la política gubernamental que afectan sus gastos e ingresos– los políticos pueden derivar recursos en su propio provecho lo que hace que, indirectamente, el *gobierno* se apropie de recursos de los contribuyentes.

Con este razonamiento el Estado se define como un lugar intrínsecamente caracterizado por el *rent-seeking*, esto es, como un ámbito donde los actores captan privilegios por medio de la regulación gubernamental de la competencia o de la asignación y reasignación de derechos de propiedad (Krueger, 1974). Dada esta situación perversa, la reingeniería institucional del Estado debe tener dos objetivos: a) generar espacios que emulen de la manera más precisa posible la competencia perfecta de los mercados; b) restringir la esfera política estableciendo claramente mecanismos de vigilancia y control, para

---

[46] El concepto es de Buchanan (2005: 211).

impedir la apropiación indebida de recursos de los contribuyentes por parte de los funcionarios públicos.

La existencia de fallas de mercado no justifica la intervención estatal, ya que la acción correctora tiene costos que son por regla general más altos que los ocasionados por la falla que se buscaba remediar. Probado que el Estado no puede funcionar como administrador y que constituye una amenaza para el mercado y la libertad, sus funciones deben limitarse a garantizar "meramente, un marco dentro del cual la libre colaboración de los hombres… [tenga] su máximo alcance". Este marco implica algún grado de fuerza para sostenerlo, pero Von Hayek considera que éste puede ser "reducido a un mínimum en una sociedad donde las convenciones y la tradición han hecho en gran medida previsible la conducta del hombre" (Von Hayek, 1968: 55 y 56).

La pretensión de universalidad de estos desarrollos conceptuales se vio potenciada por la llamada globalización y por la idea de *fin de la historia*. Los organismos multilaterales de crédito plantearon reglas universales para el funcionamiento del Estado, la sociedad y la economía, y entre ellas propusieron abordar la Administración Pública en términos del decimonónico Estado gendarme. Sin embargo, la teoría reconoce una excepción: la gestión de los bienes públicos puros que no pueden ser puestos en los circuitos mercantiles ya que se caracterizan por la no rivalidad –su consumo por parte de un ciudadano, no implica que otro no pueda usarlo– y por ser no excluyentes, la imposibilidad de excluir del consumo de un producto a determinadas personas (Buchanan, 1965: 3). La situación de exclusión, más aún que la de rivalidad, es relativo a consideraciones tecnológicas, económicas, legales y sociales. La principal razón que impide la gestión mercantil de estos productos es que no puede evitarse la existencia del polizón (*free rider*) que no paga por las prestaciones que consume, como por ejemplo, la defensa nacional; el hecho que un individuo de un país esté protegido no reduce la protección para otro ciudadano; y no se puede dejar de proteger a los que no pagan impuestos.

En suma, en la visión neoliberal, la existencia de bienes públicos puros es la principal justificación para la existencia del Estado.[47] Para su gestión se propuso desarmar las estructuras burocráticas –a los que autores neoliberales ven como un enemigo del individualismo– e instalar en ellos circuitos formales e informales de raíz mercantil o *cuasimercantiles*.

---

[47] Esto no fue así para los históricos autores de esta tendencia pero, en la medida en que diferentes funciones estatales son asumidas por organismos internacionales, el Estado-Nación pierde justificativos en el ideario neoliberal. Al respecto ver, por ejemplo, Guerrero (2008).

2.2. *Hacia un nuevo paradigma de gestión: la Nueva Gerencia Pública (NGP)*

Desde los estudios de Elton Mayo (circa 1930) y Robert Merton (circa 1940) pasando por el informe de la Comisión Hoover (1949) y llegando a la Comparative Administration Group (CAG) y la "administración para el desarrollo" de fines de los 60, fueron muchos los estudios que con tono crítico describieron aspectos del modelo burocrático.

Esas voces críticas hicieron notar la necesidad de incorporar valores adicionales a los clásicos valores burocráticos, vinculados a la racionalidad y apego a la norma: ellos eran imprescindibles, pero insuficientes. Uno de los ejemplos a citar al respecto fue el caso del movimiento "La nueva administración pública" que surgió de la primer Conferencia de Minnowbrook (año 1968) y que sostuvo que era imperioso incorporar elementos relativos a los valores democráticos y de servicio público (Frederickson, 1999: 645).

Pero estas voces no alcanzaron a reformular el modelo burocrático en la medida que requerían los tiempos y fueron barridos del escenario conceptual por la aplanadora neoliberal. De esta forma, los temas y enfoques sobre el campo de la Administración Pública fue reelaborados en un marco consistente con la revolución neoconservadora, que propugnaba un Estado *mínimo* y la utilización de modelos de gestión del sector privado en el remanente estatal.

Conceptos como el del "Estado modesto" (Crozier, 1989), el "paradigma post burocrático" (Barzelay, 1992), el "gerencialismo" (Pollitt, 1993) y el "espíritu empresarial en el sector público" (Osborne y Gaebler, 1994), confluyeron en la "Nueva Gerencia Pública" (NGP, también NPM por su siglas en inglés, *New Public Management*). Fue Christopher Hood quien le dio ese nombre a partir de la reforma impulsada por Margaret Tatcher en Inglaterra, que básicamente consiste en desplegar las herramientas organizativas para que el aparato estatal se alinee con la teoría base de la revolución neoconservadora (Aguilar Villanueva, 2006).

Más allá de que no hubo una síntesis ampliamente aceptada de todas estas propuestas –y que la NGP fue interpretada según los contextos administrativos–, el enfoque que tuvo mayor difusión e impacto en América Latina fue el denominado *neoempresarial,* que hace énfasis en la incorporación de conceptos de este origen, esto es, la *clientelización* de los ciudadanos y la eficiencia como el valor rector de los aparatos públicos. En palabras de Schröder:

> La meta de la Nueva Gestión Pública es la de modificar la Administración Pública de tal manera que ... se vuelva más em-

> presarial (...) su única tarea es la de proporcionar los servicios a los que los ciudadanos tienen derecho" (...) {por oposición a} la administración pública clásica que más bien se ve como administración del orden (Schröder, 2001: 8 y 24)

Este enfoque articula así propuestas de limitación de la esfera política al dar poder a los *gerentes* portadores de un saber técnico no contaminado por intereses políticos –y al proponer herramientas de gestión de tipo mercantil o cuasi mercantil–. La idea no sólo es ganar en eficiencia, sino también impedir que la estructura administrativa concentre poder y amenace el libre desarrollo de los mercados, ya que, se sostiene, "toda burocracia es ontológicamente socialista" (Vargas Llosa, 1994 : 15).

Si el modelo weberiano pensaba en funcionarios ceñidos por una *jaula de hierro* de control normativo que aislara al Estado de la sociedad para que actuara como supremo racionalizador, y por su parte el desarrollismo los concebía como los encargados de domar a la sociedad para que la administración pública pudiera aplicar científicamente el programa del desarrollo, con el *NGP* se invierte ambos modelos: la gerencia era la manera en que los intereses privados entraban al Estado para disciplinar tanto al burócrata público como a los funcionarios políticos.

El rótulo de *New Public Management* no llegó a utilizarse para el despliegue del ajuste estructural; sin embargo mucho de sus sentidos y propuestas, con otras denominaciones, estuvieron presentes en el despliegue de este tipo de políticas.

Ya el Banco Mundial en diferentes textos (ver siguiente sección) consideraba que la organización rígidamente reglamentaria del Estado dificultaba su propia gestión. Según este organismo, la estructura estatal centralizaba en el alto mando las decisiones y priorizaba la observancia de los reglamentos por sobre la producción de bienes y servicios de valor para los ciudadanos, con los que, además, establecía una relación lejana y poco efectiva.

Frente a estos problemas se promovieron una serie de políticas y operaciones conceptuales. La primera de ellas fue propiciar una redefinición de la vinculación entre política y administración con el fin de romper la interpenetración entre ellas que se había formado por:

a) La creciente capacidad decisoria de la burocracia en temas del ámbito político, originada en el conocimiento técnico de ésta, en su manejo de lo normativo y en su habilidad para construir constelaciones de poder en el mundo administrativo.

b) La intromisión de la esfera política en ámbitos de la racionalidad instrumental de la burocracia, gracias a su manejo de los resortes de la conducción estatal.

Para superar aquella interpretación que confundía papeles, la NGP planteó una radical separación de ambas esferas empezando por una disminución drástica del ámbito administrativo público, aconsejando que en todos los casos posibles, la gestión fuera llevada a cabo por operadores privados. También recomendó que se buscaran prioritariamente fuentes externas de gestión (*outsourcing*) a través de la privatización y en su defecto por tercerización o subcontratación. El Estado se debía quedar con instrumentos de control y regulación que a través de los pliegos de contratación, garantizaran el control de los procesos y, especialmente, de los productos.[48]

El *outsourcing* se propuso principalmente para la gestión de los servicios públicos en una modalidad tripartita: las empresas brindarían los servicios, el Estado tendría tareas de regulación y control, y los usuarios amplia participación, acceso a información y a exigir rendición de cuentas a los funcionarios. Volveremos sobre estos.

Ahora bien, quedaba el desafío acerca de qué hacer con la administración central la que, aún en la versión más radicalmente neoliberal, tenía funciones que cumplir. Hacia estas áreas se proponían una serie de herramientas tendientes a superar los problemas de formalismo, sobre-regulación y falta de incentivos a la productividad. Al respecto, el NPM volvía sobre la idea de aislar la administración del universo político, para lo que promovía la profesionalización y tecnificación de los ámbitos de gestión con el fin de socavar arraigados *modus operandi* estatales como el clientelismo y el prebendalismo que, sostenía esta teoría, explicaban en buena medida la bajísima productividad del sector público en la etapa desarrollista.

Lo primero que había que hacer era delimitar los espacios administrativos a los cuales pudieran fijarse potestades, objetivos y, siempre que fuera posible, productos. En tal sentido era imprescindible eliminar las competencias conjuntas y definir claramente la responsabilidad de cada plano y nivel. Cada una de estas unidades debería tener la más amplia libertad de acción para cumplir con su cometido. Para superar la rigidez de la estructura estatal era imperativo adelantar una descentralización que distribuyera potestades a los niveles inferiores de gobierno.

La flexibilización de la estructura estatal mediante la autonomía organizacional se llamó "agencialización", y significó en la práctica la creación de agencias temáticamente especializadas y autónomas de los funcionarios políticos, consideradas "como un medio para separar parcialmente la gestión de las políticas públicas de la dinámica política"

---

[48] "Mejor llevar el timón que remar", según la frecuentada frase de Osborne y Gaebler (1994: 55).

(Bertranou, 2013:14). Para denominar tal tipo de formato, la literatura angloparlante popularizó el término *quango* (*quasi-autonomous non-governmental organizations*).

Aquellas autonomía y flexibilidad promovían el uso de instrumentos de gestión usuales en las empresas, y cuyas características son:

- Parametrización: acción de fijar parámetros de gestión. Si bien esta era la tarea que históricamente realizaban las oficinas de organización y métodos, la novedad estriba en que la gestión se discrimine en acciones, cada una con sus propios objetivos, productos y resultados.

- Gestión por resultados: esta modalidad busca que las acciones de los gerentes no se guíen por reglamentos sino en procura del alcance de los objetivos fijados mediante la discreción en la asignación de recursos, los sistemas de gestión y la estructura de responsabilidades.

- Mercantilización: mejorar las cadenas de valor a través la introducción de mecanismos de mercado o cuasi mercado en los circuitos administrativos.

Por otra parte, la propuesta incluye la rendición de cuentas, lo que se popularizó con el término inglés *accountability*. Así como el sistema político es sujeto de evaluación en el momento electoral, la administración pública debe responder ante el sistema principalmente ante los *clientes/usuarios* por los servicios que brinda.

Los mecanismos de *accountability* constituyen la continuación lógica de la tarea de establecer parámetros de desempeño y la idea de resultados. También es un complemento indispensable de la libertad asignada a las agencias para evitar crear una burocracia autorreferida.

2.2.1. *El* homo consultor

Uno de los aspectos críticos de la reforma gerencial fue el de encontrar al *funcionario gerente* pues para esta perspectiva, en línea con el análisis neoliberal, los cuadros políticos no desarrollan su carrera en un ámbito mercantil y, consecuentemente, carecen de incentivos para tener conductas virtuosas, y peor aún, su acceso a información privilegiada les facilita la apropiación de los recursos públicos ya sea a través de regulaciones o simplemente por medio de actos ilegales.

Tampoco los empleados públicos han sido formados como debiera ser: las carreras administrativas ignoran el mercado laboral y por tanto dan cabida a recursos humanos cuya productividad marginal no es tenida en cuenta. La conducta de los empleados estatales ha sido modelada por una cultura organizacional rígida y apegada a las normas.

El nuevo actor estatal debe ser capaz de acercar el espíritu empresarial al sector público, como subtitula el clásico texto de Osborne y Gaebler (1994). Este podrá surgir una vez que se haya implementado la reforma que reduzca sustancialmente el tamaño del sector público y cambie el carácter de las tareas asignadas. Una vez realizada esta transformación, habrá "menos trabajadores no cualificados, pero más responsables políticos, catalizadores y agentes negociadores". En este contexto serán los recursos humanos de nivel gerencial con liderazgo y cultura emprendedora (*entrepeneur*), los responsables de que la Administración funcione bajo los nuevos parámetros. Una ventaja colateral de esta propuesta es que el talento necesario no es escaso:

> [...] prácticamente todo el mundo puede ser empresario, siempre que la estructura de la organización estimule el talante de empresario. A la inversa, si la estructura ... alienta la actitud burocrática, prácticamente todo empresario puede convertirse en burócrata. (Osborne y Gaebler, 1994: 22)

En suma, se trata de reemplazar al burócrata ineficiente por un recurso humano con formación e ideología empresarial, la cual sería fortalecida y reproducida por pautas institucionales que fomentan la competencia, la innovación y la productividad. Este perfil de los recursos humanos y de la estructura serían la base y garantía de la Gestión por Resultados; entrambos adelantarían la descentralización de los sistemas operativos y presentarían de manera transparente su correspondiente rendición de cuentas.

Las tácticas para crear al *homo consultor* (u *homo procurator*) son variadas. En el libro de Osborne y Gaebler(1994: 72 y 73), escrito con un estilo coloquial salpicado de anécdotas y casos concretos, se desgranan frases del tipo *"tratar a los empleados como profesionales"*, *"retirar el sistema de administración pública"*, *"asignar metas mensuales"*, *"dar libertad para realizar el trabajo como mejor les parezca"*, etcétera. Los resultados son *"empleados más felices, más productivos y mejor remunerados"*. Lo dicho: es posible superar los conflictos y tensiones en la Administración Pública.

Más allá del anecdotario, un resumen de las principales recomendaciones que se brindan en el área de los recursos humanos serían las siguientes:

- Dar mayor poder y libertad de acción a los cuadros equivalentes a la línea media de las organizaciones privadas: los gerentes públicos. Dado el cambio en la estructura del Estado —en palabras de Osborne y Gaebler, se minimizan los remeros y se multiplican los timoneles– habrá una importante cantidad de empleados que recibirán éstos incentivos.

- Utilizar instrumentos de gestión de recursos humanos de sector privado que estimulen la productividad, tales como la contratación por términos de referencia.

- Parametrizar el trabajo de cada empleado para poder evaluar objetivamente su desempeño y premiar –por ejemplo con un *bonus*– o sancionar punitivamente –reducción salarial, despido– en consonancia con la evaluación.

2.2.2. Críticas a la Nueva Gerencia Pública[49]

En los últimos años la NGP ha sido tratada con dureza. En particular se critica su falta de adecuación al escenario latinoamericano, su desconocimiento de la inexistencia de una burocracia weberiana cuya superación se produciría a partir del paradigma gerencial, y la fragmentación y disolución del poder estatal que se genera como fruto e la implementación de sus recomendaciones.

La NGP propone como eje de la nueva reforma o modernización administrativa latinoamericana, el paso de la administración y cultura burocrática –o politizada y clientelar– a la administración y cultura "gerencial". Una primera debilidad de esta propuesta es que hay una serie de principios ligados a la legalidad del funcionamiento estatal y al derecho de acceso a la información que son condición estructural del funcionamiento republicano y que se verían contradichos por la flexibilidad propuesta por los textos gerencialistas.

En segundo lugar, *el modus operandi* y valores de la empresa privada –que tiene en la rentabilidad su ordenador unívoco– no pueden trasladarse al ámbito público dado que el Estado tiene más de una misión, y la envergadura de sus interconexiones lo hace infinitamente más complejo.

En tercer lugar, y en lo que hace al sector público centralizado –el núcleo duro de la administración estatal– los incentivos para actuar en nombre de la voluntad popular difícilmente pueden cobrar forma desde esquemas gerenciales por varias razones, entre ellas:

- Las intervenciones administrativas no dependen sólo del sector estatal sino de la acción conjunta de múltiples actores y factores; en

---

[49] En esta sección tomamos varios elementos del texto de Prats i Catalá (1998). Remitimos a ese texto, en donde se cita parte de la extensa bibliografía dedicada a realizar un análisis crítico del NPM.

esas condiciones cada actor tiene un margen de juego que le permite escapar a su responsabilidad y/u ocultar información. Esta situación no la resuelve el estímulo a la competencia y al logro de objetivos;

- dada la naturaleza monopólica del Estado resulta imposible establecer criterios de evaluación y desempeño comparativos;
- las intervenciones estatales están guiadas por valores diferentes y en ocasiones contradictorios que es imposible reducir a dimensiones universalmente aceptadas a efectos de evaluación.

Por estas y otras razones es imposible desplegar la acción administrativa de la Administración Pública a partir de dos de los tres valores liminares del management: economía y eficiencia (las tres *e* clásicas, la tercera es eficacia). Para garantizar los intereses generales, las actividades exclusivas del Estado —más allá de casos y situaciones particulares— no pueden centrarse en el control de resultados sino en el sometimiento a reglas y en la construcción de una cultura y estructura organizacionales que no remitan a la competencia mercantil, sino al trabajo cooperativo desde una ética de lo colectivo.

Cuando se trata de la prestación de servicios en particular y de las empresas públicas en general, la crítica a la NGP por su naturaleza mercantil también incluye la evaluación de su oportunidad, puesto que algunos de sus principios pueden llegar a tener utilidad. En cada situación se deberá ver cuál fue la razón por la cual se decidió estatizar la empresa y sobre esa base, adecuar los principios gerenciales que se considere apropiados.

En el caso de América Latina hubo otros factores, expuestos a continuación, que dificultaron la aplicación de los principios de la NPM:

- América Latina ha recorrido cincuenta años de procesos de cambio ininterrumpidos: desde las reformas desarrollistas de los 50 hasta la reciente "segunda ola" de reformas; esta tendencia produce una *fatiga hacia el cambio* que es contraproducente con el logro de cualquier objetivo que se le quiera dar a la actividad estatal.

- La crónica inestabilidad y volatilidad de los escenarios socio políticos en general y estatales en particular característica de la región, hace que una ortodoxa aplicación del criterio gerencial de flexibilidad, pueda proporcionar mayor eficiencia en el corto plazo, pero en el largo puede comprometer estructuralmente a toda la organización. En este sentido debe remarcarse la capacidad de proporcionar establidad que tiene la inercia burocrática.

- La autonomización que propone la NGP facilita la captura por parte de sectores de poder sobre parcelas de la actividad estatal, lo que atenta directamente contra la eficacia estatal.

3. Neoliberalismo y reforma del Estado

3.1. La estrategia de reforma del Banco Mundial (BM)

Hacia mediados de los 70 se generó una sobre oferta de divisas prestables a partir los llamados petrodólares: una masa de recursos producida por el incremento del precio del petróleo que logró imponer la OPEP. Ese capital líquido fue gestionado por la banca privada de los países centrales, lo que implicó una profunda transformación respecto del hasta entonces fuertemente regulado mercado financiero internacional.

Una parte importante de esos capitales –que no encontraban actividad rentable donde valorizarse en los países centrales en los que el aumento del precio del petróleo había acentuado la crisis económica– fueron dirigidos hacia las economías latinoamericanas. Los créditos a bajo costo que ofrecían los bancos extranjeros fueron vistos como una alternativa para superar la crónica escasez de divisas en estos países.

Cuando en el marco de la *reaganomics* Estados Unidos incrementó la tasa de interés a principios de los 80, se generó una crisis que afectó tanto a los deudores como a los bancos acreedores y que fue de tales proporciones que muchos analistas expresaron el temor de que colapsara todo el sistema financiero. Esta crisis generó un cambio en el papel de los organismos multilaterales de crédito que ante aquella carencia de divisas de América Latina, empezaron a condicionar el acceso al crédito contra compromisos de los gobiernos de desplegar programas de ajuste estructural.

Hasta entonces existía una división del trabajo que asignaba al Banco Mundial el papel de financiar proyectos de inversión, mientras que el FMI se encargaba de supervisar las economías de los Estados miembros y de asistirlos en sus problemas de balanzas de pago.

A partir de los 80, además de su función original, el BM empezó a recomendar y supervisar las políticas públicas de los Estados afectados por la crisis internacional (Vilas, 2011: 12).[50]

---

[50] El diseño final de salida de la crisis para los bancos (planes Baker/Brady) tuvo el siguiente esquema: primero, estatización de las deudas privadas haciendo que cada país consolidara en un único paquete toda la deuda como pública, y segundo, recompra de todo ese paquete de deuda a los bancos privados con divisas aportadas por préstamos de organismos internacionales (que de esta forma fortalecieron su rol como gestores del patrón *préstamos a cambio de ajuste*).

En febrero de 1980 su presidente, Robert McNamara, obtuvo la aprobación de la Junta de Gobernadores (*Board of Executive Directors*) para lanzar un nuevo instrumento: los préstamos de ajuste estructural (SAL por sus siglas en inglés *Structural Adjustment Loan*). Estos préstamos habían sido evaluados en una reunión del Banco Mundial desarrollada poco tiempo antes en Belgrado, y fueron propuestos como una respuesta al segundo *shock* petrolero ocurrido ese año (Easterly, 2005: 3).

Si bien las prácticas del FMI en préstamos equivalentes a los SAL (Servicio de Crédito Stand-By/SCS) venían de larga data, durante la década de los 80 el Fondo amplió el número y tipo de préstamos de ajuste. A menudo la aprobación de los préstamos SCS fueron un requisito previo para acceder a los desembolsos de ajuste estructural.

Varios informes del Banco Mundial dan cuenta de que esta operatoria, pensada como una salida de emergencia, se hizo parte del paisaje latinoamericano de las siguientes dos décadas: *"Se esperaba inicialmente que los SAL continuarían durante tres a cinco años"* ya que inicialmente se los pensó como una estrategia para superar la crisis; sin embargo hacia fin de la década se reconoció que aquélla *"se ha intensificado más que desaparecido"* (Banco Mundial, 1988: 1). En 1989 eran 64 los países que habían tomado créditos de este tipo, los cuales involucraban cerca del 30% de la cartera del Banco (Banco Mundial, 1990: box 1.1.)

Argentina fue el país que en el periodo 1980/99 accedió a mayor cantidad de préstamos SCS: treinta en total; razón por la cual el país estuvo bajo la supervisión del FMI más de quince de los veinte años considerados previamente (Easterly, 2005: 5).[51]

La presión de la banca multilateral no se dio solamente mediante el tipo de acuerdos descritos; en esos años —salvo el interregno de la gestión de Bernardo Grispun en el ministerio de Economía(diciembre de 1983 a febrero de 1985)— ella empleó otros medios para influir en las decisiones y en el debate sobre la situación estatal, entre otros:

- La utilización de presiones cruzadas y conjuntas de los distintos organismos en las negociaciones con los gobiernos.[52]

---

[51] Easterly (2005) hace notar que no existen datos similares para evaluar la supervisión del Banco Mundial en relación a los SAL.

[52] En el documental *Nuestros amigos de la banca* (estrenado en el año 2000) se presenta esta capacidad de presión en la narración de las negociaciones entre el Banco Mundial, el Fondo Monetario Internacional y las autoridades de Uganda a lo largo de catorce meses. El momento más contundente gira alrededor de las discusiones entre funcionarios estatales —que tienen como prioridades obras de vialidad y mantener a su ejército en el norte del país, donde rebeldes amenazan con derrocar al gobierno—,

- El uso de recomendaciones forzadas para que el Ministerio de Economía contratase cuadros técnicos con formación ideológica afín a las ideas de ajuste.

- La puesta en marcha de campañas de prensa y programas de difusión para publicitar los logros en materia de ajuste estructural

- La participación activa, bajo la categoría de asistencia técnica, en el diseño de los paquetes de ajuste.

- El desarrollo de las redes de influencia sobre el mundo académico y de consultoría para difundir la perspectiva de abordaje y los instrumentos de la reforma y del ajuste.

En suma, los organismos multilaterales de crédito fueron instrumentos clave tanto en la construcción de una nueva hegemonía respecto del papel del Estado, como en la puesta en práctica de las estrategias de reforma concretas.

Para reconstruir la matriz conceptual que guiaba los procesos de ajuste impulsados por el Banco Mundial, nos serviremos de cinco trabajos: tres reportes anuales –los *Informes sobre Desarrollo Mundial*, la publicación más doctrinaria y difundida del organismo– que en el periodo que estamos comentando estuvieron dedicados a analizar las reformas estructurales y el rol Estado; y dos trabajos de la serie *Policy and Research*, dirigidos específicamente al balance de los SAL.[53]

Buena parte de estos trabajos se produjo cuando la hegemonía neoliberal no se había consolidado aún y disputaba el sentido de las políticas hacia el Estado con el –en ese momento puesto en entredicho– *consenso keynesiano*.

Los documentos muestran la definición política e ideológica del Banco Mundial acorde con las propuestas del orden neoconservador, al afirmar que el rol del Estado debe cambiar en función de la transformación de la economía y por tanto "la división del trabajo entre sectores público y privado {necesita} una revisión acerca de cómo la intervención

---

el Banco Mundial –que para otorgarle créditos exige el achicamiento del Estado– y el Fondo, que presiona para que Uganda internacionalice su economía, renunciando al proteccionismo. Segmentos de la película pueden verse en www.youtube.com/watch?-v=fbUmhEs5OVU (consultado el 15 de enero de 2014).

[53] Cfr. p.e. Informe sobre Desarrollo Mundial 1979: *"Structural Change and Development Policy"*; Informe sobre Desarrollo Mundial 1981: *"National and International Adjustment"*; Informe sobre Desarrollo Mundial 1983: *"Management in Development"*; Policy And Research Series Nº 1 *"Adjustment Lending: An Evaluation of Ten Years of Experience"*, año 1988; Policy And Research Series Nº 14: *"Adjustment Lending Plicies for Sustainable Growth"*, año 1990. Las citas textuales son de traducción propia.

del Estado puede ser diseñada para promover la eficiencia" (1983: 47 y 56. Ver también, 1979: 62 y ss y 1981: Capítulo 6).

Obviamente, el diagnóstico ya había establecido que los principales problemas radicaban en el Estado: "Las principales trabas al crecimiento son los gastos excesivos del gobierno, impuestos distorsivos, excesivas regulaciones, restricciones al libre comercio y controles a las tasas de interés domésticas" (1990: 100). Las recomendaciones, coherentemente apuntaban a consolidar aquel orden neoconservador:

> Los principales objetivos son mejorar la balanza de pagos y alcanzar el equilibrio fiscal nacional (...) {se busca} mejorar la eficiencia en el uso de los recursos mediante la eliminación de las distorsiones de precios, la apertura a una mayor competencia y el desmantelamiento de los controles administrativos (desregulación). Acompañando a este tipo de políticas orientadas al mercado están los programas para mejorar la eficiencia... [en] los gastos del gobierno y la gestión de las empresas públicas, incluyendo reducciones en la presencia del Estado en las zonas donde la empresa privada puede operar de manera más eficiente (1988: 56).

Las políticas pro mercado tenían como uno de sus puntos clave dejar de lado el intervencionismo estatal que se había desplegado para hacer frente a un escenario particular (la Segunda Guerra Mundial y la inmediata posguerra), porque la permanencia de ese modelo estaba generando distorsiones en diferentes sectores de la producción y por ende provocando la pérdida de eficiencia del sistema económico.

Siguiendo este razonamiento, el Banco Mundial propuso la apertura al comercio internacional (1979: 113 y 33 y ss.; 1981: Capítulo 3; 1983: Capítulo 5; 1990: 103; etc.). El argumento fue que la especialización y el intercambio aumentaban la disponibilidad general de los productos y permitían que todas las partes se beneficiaran de las transacciones internacionales; una ventaja adicional era que propiciaba la competencia en sociedades sobre-reguladas (1979: 67).

Otra novedad en el planteamiento del BM (sobre la que no nos detendremos porque nos desviaría del tema central de trabajo) fueron sus consideraciones favorables acerca de las políticas de endeudamiento para cubrir déficits fiscales. Esta posición era congruente con los diagnósticos previos –informes 1979 y 1981– en los cuales el déficit estatal era considerado un tema menor, en tanto existía la sobreoferta de capitales.

Cuando estalló la crisis mexicana (año 1981), esta posición cambió radicalmente, y el déficit fiscal se convirtió en "la fuente principal de los desequilibrios externos y la inestabilidad macroeconómica" (1988: 38. Ver también 1990: 100 y 1983: Capítulo 5) y, consecuentemente, a partir de entonces se volvió común encontrar en los SAL condicionamientos respecto del déficit fiscal (1988: 39). De este modo el BM proponía un ajuste que daba la "más alta prioridad" a reducir el déficit en tanto "núcleo del éxito del programa de estabilización" (1990: 7 y 48), mediante una transformación estructural no coyuntural y sí sostenible en el tiempo.

Para disminuir los gastos corrientes el organismo multilateral consideraba imperativo evitar la fuga de recursos (1988: 40) dedicando más atención a la eficiencia en el gasto –por ejemplo, focalizando la oferta de programas sociales (1988: 48)–, y a evitar la corrupción (1983:5/6, 1990: 7; 1988: 39). Respecto de la inversión pública, los documentos proponen una transformación en el nivel, composición y proceso institucional de asignación que contemplara una sustancial reducción de los montos y un direccionamiento hacia inversiones de corto proceso de gestión y de alta tasa de retorno (1988: 41).

Para elevar la calidad en la prestación de servicios y reducir el costo de los mismos, el BM sugiere que los gobiernos aprovechen la iniciativa privada y promuevan la competencia usando contratistas privados (1983: 56). Cerca de esta sugerencia está la de la privatización de las empresas públicas, la cual, además de las ventajas respecto de la calidad, supuestamente fomentaría el crecimiento de la industria local (1979: 62 y ss.).

El tono de estas propuestas se va volviendo cada vez más apremiante con el correr de los años, constituyéndose en una alerta permanente respecto del ruinoso papel que juegan la ineficiencia y las oportunidades de corrupción que se generan en derredor de las empresas públicas. Asimismo, se las coloca en el centro de un círculo vicioso en donde se articulan la generación de baja competitividad sistémica, la presión sobre el fisco por su déficit y los desincentivos a la economía nacional producto de las señales distorsivas hacia los inversores.

La alerta es tanto más acuciante cuanto la solución está a la mano: transparencia en la gestión; competencia entre abastecedores de insumos privados (privatización periférica), posibilidad de estructurar *joint ventures* con capital privado contra el monopolio del Estado; y apertura a la competencia internacional (1979: 62 y ss; 1979: 63; 1983: Capítulo 8; 1988: 45; 1990, capítulo 4).

Dentro de las recomendaciones, se presta especial atención a temas relacionados con la planta de personal en donde, además de combatir el generalizado sobre empleo, debe promoverse un cambio de su mentalidad burocrática (1990: 48):

> Las burocracias públicas serían más eficaces si prestan menos atención a la forma y más a fondo (...). Esto significa transformar la

> auditoría en un sistema de evaluación del desempeño selectivo que relaciona el costo de los insumos con el valor de los productos. Y, a nivel de tarea concreta, significa que los funcionarios 'miran hacia afuera, para servir a sus clientes, en lugar de mirar hacia adentro, para satisfacer los procedimientos burocráticos predeterminados'. Todos estos cambios implican una atención más vigorosa a las cuestiones de la rendición de cuentas, la rentabilidad y los incentivos (1983: 126).

Ya avanzados los procesos de ajuste, el lanzamiento del Plan Brady y la caída del bloque soviético implicaron una profundización del programa de ajuste neoliberal, que se extendió por el mundo y tuvo en América Latina y el Este europeo su laboratorio central.

Alrededor de este nuevo impulso que tuvo la reformase genera el *Consenso de Washington,* un decálogo que ha quedado para la historia como el resumen más acabado de los contenidos del ajuste estructural (Wiliamson, 1990):

1. Disciplina fiscal
2. Reordenamiento de las prioridades del gasto público
3. Reforma impositiva
4. Liberalización de las tasas de interés
5. Tasa de cambio competitiva
6. Liberalización del comercio internacional
7. Liberalización de la entrada de inversiones extranjeras directas
8.Privatizaciones
9. Desregulación
10. Fortalecimiento del derecho de propiedad

Hacia mediados de los 90 comenzaron a tener más peso las voces que hablaban del costo social de las políticas neoliberales, aún en las economías que, medidas en términos de crecimiento del PBI, habían tenido resultados económicos positivos. En particular, se describía que el colapso estatal en el Este europeo y en algunos países de América Latina había hecho surgir economías basadas en el delito, que se mostraban como un problema para el funcionamiento mercantil.

Estas críticas empujaron a Banco Mundial a promover una ampliación de la Agenda de Consenso de Washington. La nueva agenda planteó la necesidad de las llamadas *reformas de segunda generación,* las cuales buscaron paliar los daños provocados al entramado institucional por el decálogo anterior. Trataremos estos temas en la tercera parte del presente trabajo.

3.2. Las ideas de reforma del Estado en la Argentina

En la Argentina, las ideas que propugnaban por un drástico cambio en las relaciones Estado/Sociedad, ganaron tribunas a partir de las turbulencias que, en el frente fiscal, económico y político, tuvieron lugar luego de la muerte del Presidente Perón (julio de 1974) y que se irían haciendo cada vez más descontroladas hasta llegar al golpe cívico-militar de marzo de 1976.

A grandes rasgos podría decirse que había tres propuestas para enfrentar las crisis:

- Profundizar las políticas desarrollistas y con una impronta más tecnocrática o politizada según el caso, incrementar el papel del sector público.

- Atenuar algunos elementos del modelo estadocéntrico, dada la magnitud de los problemas en el frente fiscal y externo.

- Reconfigurar el papel del Estado y dar un viraje profundo de la economía abriendo el mercado nacional a los flujos comerciales y financieros internacionales.

Ninguna de las tres perspectivas implicaba una reducción en la relevancia que, en términos del análisis, se asignaba al Estado: siguió ocupando un lugar medular en los *papers*, recomendaciones y en la polémica política cotidiana. Ahora bien, para la citada en último término, se observa un radical cambio de signo: el Estado dejaba de ser la herramienta clave para el desarrollo, para convertirse en el centro de todos los problemas. Esta mirada es la que adquiere preeminencia, aunque con matices e interrupciones temporales, desde 1976.

La centralidad que se le asignaba al desguace del Estado se vinculaba con la necesidad de redefinir el financiamiento del sector público, ya que habían desaparecido las condiciones económicas, políticas y de gestión que habían permitido capturar los excedentes que generaba el agro pampeano. Los elementos centrales del diagnóstico neoliberal estaban vinculados con este hecho: los desincentivos a la producción agrícola que generaba la carga impositiva, el desequilibrio fiscal y del sector externo por la magra producción de ese sector que había funcionado como locomotora del conjunto de la economía nacional. A ello se sumaba la sobre-utilización del gasto público como herramienta para mantener un cierto nivel de empleo y demanda agregada y la subsecuente emisión monetaria para cubrir el déficit público.

La estructura financiera fiscal estaba triplemente condicionada: por la presión de sectores sociales y económicos que precisaban del Estado para sobrevivir a la crisis, por la maduración de los sistemas previsionales y, con el correr del tiempo, por los pagos de la deuda externa. Esa estructura estaba determinada por una compleja –y también confusa e ineficiente– red de regulaciones, subsidios y gasto estatal que había permitido construir el sistema de industrialización por sustitución de importaciones y, con él, los niveles de complejidad productiva, dinamismo y bienestar social asociados a ella. La cuestión fiscal debía ser reformulada.

Haciendo una síntesis extrema, puede decirse que el ajuste estructural fue la estrategia seleccionada por los actores hegemónicos para adecuar al sector público y la estructura económica argentina a las nuevas condiciones que imperaban en el mercado mundial. De esta forma, la dirección estratégica estuvo signada por un clima de época que aseguraba que el único camino posible era el de una reconversión capitalista liderada por el capital financiero, que además se constituía en el actor que tenía el respaldo de poderes fácticos que, ante el creciente declive soviético, parecían imposibles de contradecir: la Embajada norteamericana y los organismos financieros internacionales.

3.2.1. El ajuste de la dictadura

Fue la dictadura cívico-militar instaurada en 1976 la que, amparada en el terror, comenzó a desplegar las políticas de ajuste estructural.

No era la primera vez que, en la Argentina, se intentaba alcanzar estos objetivos; Martínez de Hoz ya había sido Ministro de Economía durante la presidencia de José María Guido (año 1963), pero en aquel entonces el empate entre las fuerzas en disputa había impedido que los sectores dominantes pudieran llevar adelante el programa de desestatización, liberalización, privatizaciones y descentralización hasta transformar el sistema de Industrialización por Sustitución de Importaciones (ISI).[54]

Tampoco es que hubiera unanimidad en el gobierno cívico-militar; como lo han hecho notar diferentes estudios (Morresi, 2010; Palermo y Novaro, 1996; Canelo, 2005 y 2012; Rubinzal, 2010) los diferentes actores de la dictadura –señores de la guerra, militares de las tres armas, terratenientes, dirigentes conservadores, grandes empresarios, empresas multinacionales, organismos multilaterales de crédito, Iglesia católica– lograron construir un único consenso interno: el terrorismo

---

[54] El *empate* de la situación argentina fue un tema largamente tratado por la literatura. Ver, por ejemplo (Halperin Donghi, 1994).

estatal. En todo lo demás convivían posiciones encontradas tanto por las diferentes líneas ideológicas que históricamente surcaron a las Fuerzas Armadas de la Argentina como por las luchas de intereses y poderes entre fuerzas y liderazgos militares y civiles.

En el marco de la eterna pugna interna militar la entente entre el presidente Videla y el Ministro de Economía Martínez de Hoz actuó como fuerza predominante. Ellos, a favor del contexto internacional y de las políticas de terror, lideraron la ejecución de un programa de corte neoliberal que dejó herida de muerte la organización socio-económica desarrollista que había comenzado a construirse medio siglo atrás.

Las ideas económicas de la dictadura se presentaron bajo el título "Programa de reordenamiento de la economía nacional" en un recordado discurso del Ministro de Economía emitido por cadena nacional a principios de abril de 1976:

> Se abre, señores, un nuevo capítulo en la historia económica argentina. Hemos dado vuelta una hoja del intervencionismo estatizante y agobiante de la actividad económica para dar paso a la liberación de las fuerzas productivas.[55]

Las medidas principales se dirigieron a desestructurar el sistema ISI por medio de la apertura externa con atraso cambiario y la ruptura de los encadenamientos productivos que se articulaban en derredor de la actividad estatal. Así el Estado "liberaría las fuerzas productivas" y luego, más ampliamente, se achicaría para "agrandar la Nación".

El nuevo modelo ya no requería de la alianza entre el Sector Público y las industrias, lo que implicaba que una serie de funciones perdieran sentido estratégico. En relación a los ingresos del Estado, se debilitaron los instrumentos que habían permitido capturar la renta pampeana y simultáneamente se fortalecieron los impuestos indirectos. Por otra parte se despojó de poder e importancia a los organismos reguladores; y el parque de empresas públicas dejó de ser un área vital –la que transformaba el excedente agrícola en regulaciones, créditos, transferencias e infraestructura para la industria– para convertirse en un gasto y un estorbo burocrático. Por último, los institutos dirigidos a garantizar cierto nivel de demanda agregada y la incorporación de sectores populares –jubilaciones, salario mínimo, paritarias, salud y educación universal– fueron debilitados debido a ser considerados como nodos culpables de incrementar los costos de producción y politizar a los trabajadores.

---

[55] El discurso puede verse en http://www.youtube.com/watch?v=-R5cgD22JuM (consultado el 6 de enero del 2014).

Uno de los elementos clave de este proceso de transformación estatal fue el programa de privatizaciones:

> En marzo de 1976 el Estado nacional, las provincias y los municipios eran propietarios o administradores de casi 400 empresas...además... poseían acciones en otras 382 empresas (...) El proceso iniciado en 1977 permitió la venta del total de las tenencias accionarias del Banco Nacional de Desarrollo y de la Caja Nacional de Ahorro y Seguro en 207 empresas; la venta parcial en 29 empresas y la depuración de la cartera, eliminado las tenencias accionarias en otras 46 empresas ya quebradas (...). El gobierno nacional y los gobiernos provinciales transfirieron, liquidaron, dieron en concesión o comodato o precedieron a su liquidación judicial 120 empresas (...) Actualmente otras 45 empresas tienen su proceso de privatización en trámite con diferente grado de avance (Nota del Ministro de Economía al poder ejecutivo, acompañando proyecto de ley de presupuesto de 1981).

También debe destacarse la adjudicación de yacimientos petroleros y privatizaciones periféricas en el sector telefónico. El repliegue estatal también implicó la paralización de proyectos en marcha en el campo siderúrgico, la liquidación de la Flota Fluvial del Estado y la disminución del 25% de la red ferroviaria (Rubinzal, 2010: 454).

No hubo una articulación global, cada feudo militar se alió con los grupos económicos que tuvo a mano y los protegió de las medidas de ajuste a la vez que los premió con distintas medidas tales como la promoción industrial, sobreprecios en las compras, atraso tarifario y estatización de sus deudas.[56] Se produjo así la decadencia de los agentes económicos con escaso grado de integración y/o diversificación –que perdieron importancia relativa o directamente desaparecieron– mientras que un conjunto acotado de grandes grupos empresarios aumentó su poderío económico aprovechando sus vínculos con el poder militar: Acindar, Clarín, Alpargatas, Arcor, Astra, Ledesma, Macri, Pérez Companc, Soldati, Techint, Fortabat, Garovaglio y Zorroaquín, entre otros.

Un caso emblemático en este sentido fue el de la promoción industrial –originalmente aprobada por la ley 20.560 del gobierno democrático– que fue íntegramente reformulada por el decreto ley 21.608 en el año 1977. En el nuevo esquema, que desnaturalizaba los objetivos originales, la Ley se dirigía a:

- Premiar a los grupos económicos afines, de forma tal de rescatarlos del marasmo general que cayó sobre la industria.

---

[56] Un desarrollo de la situación dual de la política fiscal y económica de la dictadura es descrita por Palermo y Novaro (1997: 50 y ss).

- Relocalizar los sectores más dinámicos, mudándolos desde los combativos polos de Buenos Aires, Rosario y Córdoba hacia las provincias de la periferia con menos tradición política y sindical.

En el discurso de todos los funcionarios del Ministerio de Economía del periodo, se sostenía que las estrategias de reconversión debían acompañarse con un pronunciado descenso del gasto público; pero la interna militar hizo imposible llevar adelante este cometido. Por el contrario, se produjo un notorio incremento de las erogaciones estatales, con epicentro en el gasto militar: "las erogaciones estatales crecieron un 43,2% en términos constantes y 2,2% en porcentaje del PBI en el lustro posterior al quiebre del modelo ISI {1975 - 1980}" (Rubinzal, 2010: 454).

Este incremento es todavía más notable en virtud de que la Administración Pública no se libró del típico abanico de medidas de austeridad que era parte de la tradición neoliberal: congelamiento de vacantes y sueldos, restricciones del gasto corriente, limitaciones al gasto de capital. Con todo, es más extraordinario aún porque se produjo en el marco del descenso del nivel salarial de los empleados públicos – salvo de los que revistaban en las Fuerzas Armadas– y de los despidos masivos que hicieron que entre 1976 y 1983, y sólo en el Sector Público Nacional –incluidas las Empresas Públicas– descendieron un 20%: de 951.195 a 768.053 empleados (Rubinzal, 2010: 465).

A partir de las presiones sobre el gasto, Martínez de Hoz hizo de la debilidad una virtud y adhirió a las teorías de los organismos multilaterales de crédito, que explicaban las ventajas de cubrir el déficit fiscal con endeudamiento (ver sección 3.1.). Se argumentaba que esta era la vía más indolora para bajar la inflación –para lo cual se debía terminar con la emisión monetaria dirigida a cubrir el déficit– sin las tensiones que se generaban con los procesos de contención del gasto; el impacto positivo sobre las cuentas fiscales –por el efecto Olivera/Tanzi– y sobre el ciclo económico de la detención del incremento del costo de vida permitiría la devolución de los créditos obtenidos.

Para poder llevar adelante este esquema el gobierno militar recibió un indisimulado apoyo de los organismos multilaterales de crédito y la comunidad financiera internacional, embarcados en ese momento, como describimos, en la tarea de reciclar petrodólares. Con estos ingresos, la dictadura tuvo un lustro de bonanza fiscal hasta que en 1981 la crisis de la deuda mexicana derrumbó todo el esquema y colocó a la deuda externa en el centro de los problemas argentinos de las siguientes décadas.

Tan o más relevante que la ruptura de los encadenamientos de la alianza industrial, era terminar con el sistema –jurídico, organizacional y cultural– con que las instituciones estatales se acoplaban con el mundo del trabajo: el mismo 24 de marzo se suspende el derecho de huelga (decreto ley 21.261, publicado el 26/03/76) y se interviene la CGT y una gran cantidad de sindicatos; el 24 de abril de 1976 se reemplaza la ley de contrato de trabajo (decreto ley 21.297), y sobre fines de año se modifican sustancialmente las convenciones colectivas (decreto ley 21.476). Por otra parte, cabe recordar que el 30% de los desaparecidos fueron obreros y el 18% empleados.

Párrafo aparte merece el terror estatal desatado sobre los propios trabajadores estatales. Ya hablamos de las cesantías masivas; a dos días del golpe, el 26 de marzo de 1976, se publica en el Boletín Oficial el Decreto/Ley N° 21.260 que autoriza: "a dar de baja, por razones de seguridad, al personal… que de cualquier forma se encuentre vinculado a actividades de carácter subversivo o disociadoras. Asimismo estarán comprendidos, en la presente disposición, aquellos que en forma abierta, encubierta o solapada preconicen o fomenten dichas actividades". Esta norma se complementó con el Decreto/Ley 21.274, "de prescindibilidad" que habilitó las citadas bajas masivas en el Estado.

3.2.2. Las dificultades de Alfonsín

En diciembre de 1983 el Dr. Raúl Alfonsín asume el primer gobierno post dictadura en el marco de una coyuntura muy compleja. Dicho año cerraba con un déficit fiscal abrumador y en proceso de crecimiento vertiginoso, que se combinaba, además, con vencimientos exorbitantes de la deuda externa. La economía mostraba una aguda crisis y un contexto internacional hostil dado por las restricciones en el acceso al financiamiento y un marcado deterioro de los términos de intercambio. El escenario político nacional era igualmente explosivo, sobre todo porque las Fuerzas Armadas se mostraban rebeldes ante el poder político y coqueteaban con sectores del derrotado pero poderoso Partido Justicialista.

En este marco convulso es difícil subrayar las ideas principales sobre el Estado que guiaron las acciones del poder político, ya que muchas de ellas son atribuibles más a presiones de la coyuntura que a una determinada concepción sobre el Estado. Para tratar de sacar algo en limpio, tomaremos el discurso del presidente en Parque Norte (1° de diciembre de 1985), que fuera considerado una de las piezas oratorias en donde con mayor claridad se establecieron los objetivos estratégicos de gobierno.

En este discurso el segmento dedicado al Estado subrayó dos conceptos. El primero describía un Estado capturado por poderes corporativos que habían promovido "sucesivos regímenes de privilegio para distintos grupos". Esta captura era ostensible en los "bastiones de derechos adquiridos, nichos de privilegios que se fueron sobre agregando a nuestra legislación" y que fueron construyendo un "reglamentarismo jurídico cada vez más copioso y paralizante" (Alfonsín, 1985).

Para salir de esta maraña era necesario transformar la "sociedad bloqueada con la que culminó el ciclo precedente" en "una sociedad flexible", que permitiera pensar en la "apertura a nuevas fronteras", que aceptara renegociar los posicionamientos relativos, y que se lanzara hacia una "desburocratización" que liberara las "fuerzas contenidas por una cultura corporativa" (Alfonsín, 1985).

El segundo concepto aportaba la herramienta para alcanzar aquella flexibilidad: para el Presidente era "esencial revertir el proceso de centralización". La descentralización permitiría (Alfonsín, 1985):

- *Asegurar... posibilidades más amplias de participación* y de esta forma contrarrestar el poder corporativo que ha capturado al Estado;

- combatir la sobrerregulación, la burocratización y la ineficiencia en general;

- fomentar y garantizar el pluralismo institucional[57] a partir de "un movimiento descendente, que baja la administración estatal a niveles que pueden reservar a las organizaciones sociales intermedias un papel impensable en un sistema de alta concentración."

En los primeros momentos de su gobierno –durante el periodo en que Bernardo Grispun fue Ministro de Economía– desde la Secretaría de la Función Pública a cargo del importante dirigente radical Jorge Roulet- hubo intentos por impulsar políticas estatales que no quedaran aplastadas por las iniciativas dirigidas a reducir el déficit o para avanzar con el ajuste estructural.

De esta forma se creó del Cuerpo de Administradores Gubernamentales –compuesto por agentes promotores de la reforma estatal, todavía vigente– y se promovió la vinculación de programas de intercambio y asociación con otros países de América Latina. También se llevó ade-

---

[57] El concepto de pluralismo organizacional remite a la necesidad de que existan, en una sociedad democrática, organizaciones autónomas que expresen diferencias y conflictos dentro de un ámbito institucional que las contenga y que resguarde a las disidencias (Dahl, 1991). Si bien es un concepto que excede la esfera estatal, tuvo importancia para fomentar la descentralización –en los términos que se comentaron– y para contrarrestar la organización monolítica del Estado tras el paraguas neoclásico y su idea vertical de la gestión.

lante un programa de desregulación dirigido a "a depurar ... el exceso de disposiciones...en gran medida {responsables} de las deficiencias que se advierten en la gestión del Estado"(decreto 2048/87). Los grandes proyectos de la Secretaría de la Función Pública estaban vinculados al traslado de la capital (aprobado por la ley 23.512 de 1987), que, se esperaba, fuera la piedra de toque de los procesos de descentralización y cambio estatal. Al no poder materializarse aquella mudanza, fue poco lo que se avanzó.

Ahora bien, como el equilibrio fiscal nunca dio un respiro, las ideas democratizadoras fueron opacándose dentro del dispositivo de reforma y nunca llegaron a levantar vuelo, ni siquiera en el plano de lo conceptual. Lo urgente se abrió paso ante lo deseado y el gobierno eligió un ajuste "blando": el Plan Austral, que puso en marcha algunas de las medidas neoliberales, intentando preservar un esquema de autonomía política en la intervención económica y social. Así se planteó en la presentación al congreso de la Ley de presupuesto para el año 1987, cuando el Plan Austral estaba en su cenit:

> El Estado se ha convertido en el objeto de un disconformismo social generalizado (...) El Estado, ese Estado abarcador y omnipotente que la sociedad argentina demandó y obtuvo durante décadas, ya no es funcional (...) El Estado ya no está en condiciones de ser ese personaje emprendedor y generoso que era antes, porque muchos de sus ingresos se han esfumando y porque han aparecido gastos nuevos (Secretaría de Hacienda, 1989: 64).

Básicamente se sostenía que los ingresos habían caído por la madurez del sistema de seguridad social, las dificultades para cobrar impuestos a los réditos, la reducción de la renta agropecuaria y las distorsiones generadas por la financiación vía emisión monetaria. Del lado de los gastos, se remarcaba que el sistema de seguridad social no sólo no aportaba al Tesoro, sino que precisaba fuentes de financiamiento adicionales y, por otro lado, estaba el pago de la deuda externa. Este desequilibrio entre presión social por el gasto, menores ingresos y nuevos rubros de erogaciones era el que impedía el equilibrio fiscal.

En el mismo texto que venimos glosando, se afirmaba que la debilidad fiscal unida a la idea de que el Estado debía intervenir en todo, había concluido por dibujar un Sector Público débil, impotente, que si bien intervenía en casi todos los circuitos económicos y sociales, había perdido la dirección estratégica. Por eso había que descongestionar al Estado y replantear sus ámbitos de intervención dotándolo de una "administración que sea responsable, transparente y eficaz" (Secretaría de Hacienda, 1989: 67 y 68).

También el programa de reforma terminó actuando con los tópicos más afines a las ideas del ajuste que a las de democratización. Destacamos algunos:

- Una reforma impositiva (que fue calificada por el Gobierno como de una intensidad que "sólo tiene como antecedentes históricos... el frustrado intento del anterior gobierno constitucional en 1973") orientada a "corregir las graves distorsiones e inequidades que se había acumulado luego de décadas de inflación y puja distributiva" (Secretaría de Hacienda, 1989: 95).

- Una batería de medidas de austeridad sobre el gasto: el consabido –y contraproducente– menú de congelamiento de vacantes, retiro voluntario, demoras en el libramiento de partidas, retraso en el gasto de capital, restricción al gasto corriente, etc.

- Una estrategia débil y hasta contradictoria en lo referido a la reforma de la estructura organizacional del Estado, que incluía un proyecto bastante modesto de equiparación y recomposición salarial y una propuesta de descentralización de la gestión de estructuras orgánico funcionales.

- Una ambiciosa propuesta de transformación de las empresas estatales de servicios y de producción, que implicaba la creación de un directorio de empresas publicas cuya función era "impulsar una reorganización de las empresas basada en criterios de eficiencia económica y de autonomía operativa" a partir de una "administración flexible y una gestión descentralizada". El plan dedicaba varios párrafos a YPF, entre otras cosas para proclamar la desregulación de la actividad petrolera, así como también hablaba de privatizaciones y de "un proceso de traspaso del suministro de los servicios, con preferencia a los municipios y cooperativas" (Secretaría de Hacienda, 1989: 80).[58]

La estrategia del Plan Austral en este sentido tuvo su posibilidad de éxito, en particular porque las medidas de austeridad lograron reducir el empleo y el gasto público nacional; y la reforma tributaria –y la brusca reducción de la inflación– en un primer momento incrementaron los ingresos. Pero como la austeridad no fue acompañada ni por las provincias ni por las empresas públicas –y como el contexto

---

[58] Las intenciones de cambios en las empresas estatales –que alcanzarían centralidad en el año 1987– apuntaban a la privatización parcial de SOMISA (empresa pública metalúrgica), la asociación de la estatal ENTEL con Telefónica de España y de la aerolínea de bandera (Aerolíneas Argentinas) con la empresa de aeronavegación sueca SAS. La posibilidad de avanzar en este sentido fue bloqueada por la oposición peronista.

internacional (tasas de interés de la deuda externa, deterioro de los términos de intercambio), y nacional (derrota electoral) se endureció a partir de 1987– el déficit fiscal se volvió a disparar y todo se derrumbó.

3.2.3. Las reformas de Menem

La hiperinflación y los saqueos de fines de esa década (años 1989/90) demolió los últimos diques defensivos del proyecto desarrollista y sólo quedaron en pie las ideas que postulaban la retracción del Sector Público de actividades y funciones, el fortalecimiento del rol del mercado como asignador de recursos sociales y, en general, la liberalización de las regulaciones sociales, incluidas las relaciones laborales.

Esa fue la matriz histórica que permitió al gobierno de Carlos Menem (1989-1999) llevar adelante las que fueron, tal vez, las políticas de ajuste estructural más profundas del subcontinente. Su base material estuvo dada por el estancamiento y hasta la regresión económica, los persistentes desequilibrios fiscales y la alta tasa de inflación. Las reglas de la escritura académica desaconsejan el uso de adjetivos rimbombantes, pero es difícil no usarlos (las frases hechas fueron "década perdida", "descalabro de las cuentas públicas" y "explosivos índices de inflación") cuando de un periodo de quince años resulta un saldo negativo en la evolución del PBI, una inflación anual de tres dígitos como regla y varios ejercicios fiscales que cerraron con déficits del orden del 30% de los ingresos.

En un principio, acicateado por una crisis que no tenía parangón en la historia nacional –luego, la del 2001 sería más profunda aún– la vertiente del Estado mínimo se tomó más como un ejercicio de disciplinamiento social que como un proyecto de mediano plazo.

Describir las políticas de ajuste estructural desplegadas a partir de 1989 escapa a los objetivos de este trabajo; sus principios remiten sin ningún tipo de filtro ni adecuación a las recomendaciones de los organismos multilaterales de crédito, que en diferentes momentos declararon al proceso como un modelo a seguir.

El Secretario de Estado de los Estados Unidos de Norteamérica, Nicholas Brady, dijo en agosto de 1993:

> En ninguna otra parte el progreso ha sido tan drástico como en la Argentina, donde el resultado de las reformas económicas ha excedido las previsiones más optimistas. En efecto, los déficit fiscales se convirtieron en excedentes, la inflación cayó de cuatro dígitos a uno, la inversión aumentó y miles de millones de dólares de capital privado llegaron al país (...). El panorama económico de este país ha sido transformado y un futuro próspero ilumina el horizonte (Kulfas y Schorr, 2033)

También el FMI, a través de Michael Mussa, durante diez años su director del Departamento de Investigaciones, afirma que luego de superar exitosamente la crisis del Tequila, a nuestro país se lo consideró una de las economías emergentes más exitosas. Esto se tradujo en el extendido elogio de la comunidad internacional a las políticas económica locales. En tal sentido, es recordado el Encuentro Anual del FMI-Banco Mundial en Washington, en octubre de 1998 por el hecho de que el entonces Presidente de la Argentina (Carlos Menem) "recibió el honor sin precedentes de aparecer juntamente con el presidente de los Estados Unidos, Bill Clinton [...] Los mercados financieros privados también demostraron efusivamente su apoyo, financiando grandes montos de la deuda argentina con spreads atractivos en comparación con los de los de la mayor parte de los demás mercados emergentes..." (Mussa, 2002: 29).

El principal sustento jurídico de las reformas fueron las Leyes 23.696 de Emergencia Administrativa y 23.697 de Emergencia Económica, aprobadas durante 1989 en pleno proceso de hiperinflación, que dieron amplísimas potestades al Poder Ejecutivo para llevar adelante procesos de reducción y racionalización del gasto, privatización, desregulación y descentralización.

A partir de ellas –y de los decretos 435, 612, 1757 y 2476 del año 1990– no sólo se establecen las estrategias de reforma estatal , sino que se llevan adelante, con una crudeza que no se veía desde la dictadura, diferentes medidas de austeridad tales como suspender "todos los trámites de contrataciones, licitaciones públicas o privadas y compras, que no se encuentren perfeccionados... como así también, los servicios de cuentas especiales y organismos descentralizados" (artículo 9° 435/90), suspender por sesenta días el pago a todos los contratistas de obras públicas (artículo 13° 435/90), arancelar servicios que da el Estado gratuitamente (artículo 9° 1757/90), suprimir todas las secretarías ministeriales y poner un techo de 32 subsecretarías para todo el Estado (artículo 22° 435/90), congelar vacantes y promociones (artículo 27° 435/90), dar potestad de intervención de empresas públicas y organismos descentralizados al Ministerio de Economía (artículos 58°, 59° y 62° 435/90), desafectar la totalidad de los autos oficiales (57° 435/90), entre otras.

En términos más estratégicos, entre los diferentes capítulos de la Reforma del Estado se destacan la liberalización del comercio exterior, la desregulación, la pérdida de la soberanía monetaria (convertibilidad) y la reforma tributaria. Cada uno de ellos, de forma más o menos directa, tuvo vinculación e impacto en el sector público.

Por ejemplo, la desregulación implicó la disolución de la Junta Nacional de Granos, la Junta Nacional de Carnes, el Instituto Forestal

Nacional, el Mercado de Concentración Pesquera, el Instituto Nacional de la Actividad Hípica, la Corporación Argentina de Productores de Carne, el Mercado Nacional de Hacienda de Liniers, la Comisión Reguladora de la Producción y Comercio de la Yerba Mate, el Mercado Consignatario Nacional de Yerba Mate, la Dirección Nacional del Azúcar.

La convertibilidad y medidas conexas terminaron con el financiamiento del sector público por la vía de la emisión y de los redescuentos a la banca oficial. La reforma fiscal implicó la conversión de la estructura de gestión impositiva en una de las agencias estatales más poderosas del Estado argentino: la Agencia Federal de Ingresos Públicos, AFIP.

En este marco, se produjeron notables cambios en el Estado, de los cuales se destacarán dos: las privatizaciones y la descentralización de funciones hacia las provincias.

El programa de privatizaciones y concesiones llevado a cabo en la década de 1990 alcanzó a la mayoría de las empresas estatales y cubrió prácticamente todos los flancos del que había sido uno de los sectores públicos más extendidos de América Latina. En menos de una década el Estado perdió el capital financiero, organizacional y social que, en algunos casos, había costado más de setenta años edificar. De esta forma, no sólo se redujo en aproximadamente un 15% del personal y un 25% del gasto corriente vinculado al Sector Público, sino que se desmontaron aquellos organismos que históricamente habían permitido al Estado funcionar como contrapeso del capital.

En una primera etapa –años 1989/1991–, las privatizaciones cumplieron un papel determinante en el reordenamiento de las cuentas fiscales, en virtud del ingreso de efectivo en un momento en que el acceso al crédito internacional era limitado, de la recuperación de títulos de la deuda externa, y de la caída vertical de las transferencias del fisco para paliar los respectivos déficits de gestión.

En la segunda etapa –años 1992/99–, las privatizaciones y concesiones (YPF, Correos, segmentos del sistema de radio y televisión, etc.) tuvieron que ver con la propia dinámica del sector público bajo la convertibilidad, que precisaba ajustes fiscales consecutivos y continuos, así como también por la consecuencia de los cultores del Estado mínimo cuya hegemonía en el manejo de la economía del país se mantuvo inalterable durante toda la década.

Las privatizaciones no solamente fueron importantes en términos fiscales y económicos, sino también en el sentido de dar un vigorosa señal de que nuestro país dejaba atrás –en ese momento se postulaba que definitivamente– políticas de hostilidad hacia el capital internacional (Gerchunoff y Torre, 1996), invitándolo a participar de negocios en donde se podían obtener grandes beneficios. De hecho, estas políticas fueron el punto de partida de una amplia expansión de la participación del capital extranjero en la economía argentina mediante la modalidad de Inversión Extranjera Directa.

Esta situación de urgencia por construir un nuevo bloque de poder fue lo que justificó las condiciones particularmente favorables para las empresas adquirientes: precio vil, falta de competencia, cuadro tarifario garante de superávit, concentración de la propiedad en grupos económicos, cambio de condiciones en el mercado laboral favorables al sector empresarial.

Un listado incompleto de las privatizaciones y concesiones realizadas incluye a ENTeL, YPF, el complejo de empresas e infraestructura del sector eléctrico (Agua y Energía, Hidronor y Segba, que involucraban gran cantidad de unidades de producción y sistemas de transporte eléctrico), Gas del Estado, Aerolíneas Argentinas, concesión de rutas y caminos, empresas estatales de radio y televisión, la red ferroviaria y otras concesiones de Ferrocarriles Argentinos, Obras Sanitarias de la Nación, redes de acceso a grandes ciudades, terminales de Puerto Nuevo, elevadores portuarios, Hipódromo Argentino, concesión de vías navegables, Empresa Nacional de Correos y Telégrafos (Encotesa), Sistema Nacional de Aeropuertos, etc.

Con las privatizaciones y concesiones, el Estado perdió una de las principales herramientas para incidir sobre el ciclo económico y la estructura productiva. Además, y no menos importante, desaparecieron unos doscientos mil puestos de trabajo directos (casi la mitad en la concesión de Ferrocarriles Argentinos) y una cifra superior –que varía mucho según las diferentes estimaciones– de puestos de trabajo indirectos.

El segundo componente estructural, que describimos sucintamente, es el proceso de descentralización. La prédica descentralizadora se asentó en el clásico argumento a favor de la reducción de la distancia entre la conducción política y los ciudadanos y, en el caso de nuestro país, se posicionó sobre las redes de la organización federal del Estado. La descentralización argentina fue presentada, además, como un instrumento necesario para preservar el corazón estratégico (esto es, el Estado Nacional) de las turbulencias de la gestión y de las presiones sociales y sindicales.

De esta forma, el aparato estatal nacional pasaba a comportarse como una estructura de segundo piso, es decir abandonando la ejecución directa de acciones y concentrando su rol en la promoción, planificación y supervisión de la ejecución de las políticas públicas. Las provincias, por su parte, pasaron a asumir la totalidad de la responsabilidad primaria de los sistemas de gestión de salud y educación.[59] Adicionalmente,

---

[59] Con excepción de la educación universitaria.

los procesos descentralizadores les asignaron potestades de regulación y promoción económica y social, gestión de empresas de saneamiento y obras sanitarias, producción y transferencia de electricidad, gestión portuaria, entre otras.

El efecto combinado de privatizaciones y descentralizaciones –unida a un congelamiento de planta de personal del Estado Nacional de larga data– cambió el eje de la gestión estatal en la Argentina, que dejó de estar en el ámbito nacional para situarse en las provincias, las cuales tienen a su cargo casi dos terceras partes del empleo público y alrededor del 50% del gasto público consolidado (Nación + Provincias + Municipios). Este cambio no sólo generó una nueva matriz organizacional del Estado, sino que también repercutió en la organización de la esfera política, con una revalorización de las instituciones de cuño federal y la entronización de los gobernadores como actores políticos de primer nivel.

En una primera etapa, el programa de ajuste estructural tuvo una exitosa respuesta en los indicadores productivos: incremento del PBI, tasa de inversión, desaparición de la inflación, salto en la productividad, así como también en los registros que miden la internacionalización económica: acceso al mercado de capitales, grado de apertura, presión tributaria, ingreso de capitales, etc.

El programa contó con el apoyo de la ciudadanía expresado en el triunfo del oficialismo nacional en cuatro elecciones seguidas (años 1991, 1993, 1994 –reforma constitucional– y 1995). Sin embargo, y más allá de superar la crisis de fines de los '80, estos procesos produjeron –aún en su etapa exitosa– paradójicos contrastes en términos de empobrecimiento de amplias capas la población y profundización de la polarización social. Pero, además, no pudo terminar de consolidar el equilibrio fiscal, debido a varias razones: en primer lugar, la financiarización de la economía del país, que hacía que el ciclo productivo –y la situación fiscal– estuviera expuesta a los vaivenes de los flujos financieros; en segundo lugar, las necesidades políticas de los gobiernos provinciales cuyos gobernadores, descentralización mediante, se habían convertido a la vez en los principales gestores del gasto público y de la red electoral; y por último, la estrategia de inducir desequilibrios fiscales para promover la reducción del gasto. El en ese entonces, Viceministro de Economía, Juan Llach, comentaba al respecto: "las eliminaciones y reducciones de impuestos, en verdad, eran el único método para bajar el gasto. Si no había plata, no podía gastarse. Si la había, en cambio, las presiones para gastar eran incontenibles" (1997: 153).

Tercera Parte. Continuidades y rupturas en el ajuste: las ideas socio-céntricas

> "…se descubrió que no todas las capacidades requeridas para la gobernación del país –particularmente en el campo del crecimiento económico y del desarrollo social– se encuentran en el ámbito del gobierno y las que posee…son insuficientes frente a la magnitud de los viejos y nuevos problemas de la sociedad".
>
> Aguilar Villanueva, *Gobernanza y Gestión Pública*

1. El ajuste estructural deja de ser el discurso único

1.1. Hacia nuevos enfoques

La revolución neoconservadora fue el programa que desde los centros del poder del capitalismo mundial se lanzó como respuesta a los cambios socioeconómicos y las convulsiones sociales que cerraron la década de 1960.

El poderoso movimiento obrero europeo –de la mano de los partidos socialistas, comunistas y hablando más genéricamente, de la socialdemocracia– había logrado significativas reivindicaciones que le permitieron su pleno ingreso en la sociedad de consumo y una importante capacidad de presión sobre las elites estatales.

A finales de esa década el movimiento estudiantil enfrentaba a las fuerzas del Estado pidiendo más participación y menos control de la vida cotidiana, en nombre de un retorno a las relaciones transparentes, y criticando todos los pilares sobre los cuales se habían construido los poderosos Estados de Bienestar europeos.

En Estados Unidos un movimiento similar creció al amparo del reclamo de los derechos civiles y contra la guerra de Vietnam. Esta crítica de índole más societal que económica –que no excluyó la existencia de movimientos radicalizados que tomaron las armas en procura de una revolución socialista– confluyó con las diferentes expresiones de malestar surgidas al amparo de la inflación y el paro generadas por el incremento de los precios del petróleo a principios de los años setenta. La generalizada sensación de crisis del modelo de desarrollo de posguerra llevó a que, incluso analistas de raíz marxista afirmaran que en esas condiciones el Estado de Bienestar se tornaba inviable al poner en riesgo el mismo régimen de acumulación (Offe, 1990).

Frente a estas turbulencias, desde los centros de poder se manifestó la necesidad de disciplinar a los sectores díscolos al tiempo que se proponía un regreso al mercado y un debilitamiento de los Estados-Nación.

El resultado de la pugna es conocido: las ideas dominantes de la posguerra (el consenso keynesiano) –contendientes históricas del neoliberalismo– fueron perdiendo potencia tanto en lo que respecta a su presencia en las políticas de gobierno como en la preeminencia que habían mantenido en la construcción de la cosmovisión del escenario político, económico y social.

Esta pérdida de preponderancia se hizo decisiva a partir del dislocamiento del mundo soviético, lo que implicó la desaparición de competidores al pensamiento conservador en el tablero ideológico mundial. A la sombra de este fenómeno se generaron reacomodamientos profundos en los valores y concepciones sobre la sociedad, la economía y la política.

En este marco, durante el primer lustro de los 90, se desplegaron profundos procesos de reforma estatal, los que describimos en el capítulo anterior.

Sin embargo, a poco de andar, en el mundo industrializado se fue haciendo cada vez más evidente una asimetría entre algunos resultados económicos positivos –medidos en términos de reducción del déficit fiscal y crecimiento del producto– y el paralelo deterioro de indicadores sociales: pobreza, desocupación y distribución del ingreso.

Por fuera del área de la OCDE también comenzaron a hacerse notorias las crisis de gobernabilidad del sector público, en donde las reformas habían permitido el florecimiento de actividades ilegales –emblemáticamente en Europa del Este– al tiempo que se corroboraba que el nuevo esquema global era muy volátil y peligroso tanto en lo político como en lo económico, como lo demostraban los efectos destructivos de la crisis mexicana de 1994 y del sudeste asiático de 1997.

De esta forma, ganaron preponderancia otras interpretaciones sobre el funcionamiento de la sociedad y de la subjetividad colectiva. Ellas matizaron la centralidad del individuo económicamente orientado como única explicación de la acción colectiva y dejaron de lado la omnipresencia de la autorregulación mercantil en el análisis de lo social: aquí las llamaremos, por comodidad expositiva, perspectivas *socio-céntricas*, ya que ubican en los actores sociales la carga explicativa –y la propuesta normativa– de los fenómenos sucedidos en el ámbito de lo público.

En suma, para analizar los nuevos tiempos que se abrían con el fin de la sociedad industrial, en el mundo desarrollado se plantearon dos enfoques:

- Una concepción emparentada con la perspectiva neoliberal que postulaba que las sociedades (y sus individuos) garantizarían su desarrollo en la medida en que su funcionamiento fuera guiado por la lógica económica, sin ningún centro regulador excepto la natural mano invisible del mercado. Esta perspectiva entiende que en la sociedad postindustrial la política ha dejado de ser la argamasa de un proyecto de construcción de sociedad. Ante la extinción del centro regulador, este pensamiento proclama un esquema de coordinación social descentralizado y autorregulado: el mercado o, en sus visiones menos radicalizadas, la construcción de una gobernanza alrededor del mismo. Ya describimos esta visión en la Segunda Parte de este trabajo.

- Una perspectiva socio-céntrica que estimó que el subsistema político seguía teniendo influencia en la vida social, pero su papel quedaba restringido ante la desaparición de un único centro y la emergencia de una sociedad "multicéntrica" o "en red".[60] Para gestionar esta constelación consideraron que las redes de la sociedad civil propiciarían el protagonismo de los actores sociales en prácticas horizontales que asemejaran una red donde los actores serían sus nudos. En términos ideales este sería el mecanismo de coordinación social que mejor se adaptaría a la nueva realidad, acompañado por un sostén institucional estatal subsidiario.

---

[60] El concepto de sociedad en red fue popularizado por Manuel Castel (1999) en el primer volumen de su muy influyente trilogía *La era de la información*. Volvemos sobre el punto cuando analizamos el enfoque de gobernanza.

No sin turbulencias y tensiones internas, la perspectiva socio-céntrica fue acogida por los partidos socialdemócratas, que dejaron de lado su histórica visión ligada a los sindicatos y al Estado de Bienestar. Anthony Giddens –y sus textos *La tercera vía y la renovación de la socialdemocracia y La tercera vía y sus críticos*– fue uno de los exponentes más conocidos de estos enfoques que buscaban reubicar y volver a dotar de competitividad electoral a las fuerzas políticas de la centro izquierda.

La "tercera vía" de Giddens se pretendía como una alternativa tanto a la socialdemocracia *a la antigua,* como al neoliberalismo. Concebida como un mapa que pudiera "ayudar a los ciudadanos a guiarse en las grandes revoluciones de nuestro tiempo: la globalización, las transformaciones de la vida personal y nuestra relación con la naturaleza" (Giddens, 1999: 38), esta propuesta enterraba la tradición estatista de la socialdemocracia y procuraba subsanar las falencias del Estado neoliberal. La síntesis propuesta por Giddens buscaba transformar, en un mismo movimiento, la derrota ideológica de las formaciones históricas de izquierda y las ya visibles limitaciones del Estado mínimo construido durante casi dos décadas de ajuste estructural.

Pero no solo la mirada socialdemócrata se vio afectada por las turbulencias que generaban las políticas de ajuste estructural. Los hechos descritos provocaron que hasta en autores e instituciones no provenientes del arco progresista –paradigmáticamente el Banco Mundial– comenzaran a ganar influencia nuevas perspectivas sobre el papel estatal en particular y sobre el ideario neoliberal en general.

1.2. Hacia un nuevo lugar para el sector público

En lo que respecta al Estado, las perspectivas socio-céntricas que propusieron lo que en su momento se llamó la *segunda ola de reformas.* A diferencia del discurso duro del neoliberalismo, estas posturas asignaban al Estado, al menos, el papel de desplegar la matriz institucional que sostuviera la organización mercantil y minimizara los costos de transacción.

"Las miradas del mundo entero están vueltas al Estado" fue la teatral frase con la que se inició el Anuario 1997 del Banco Mundial, de honda repercusión en América Latina y el mundo. Las ideas expresadas en ese texto implicaban un giro sobre lo que esa institución había defendido en las últimas décadas. "El mundo está cambiando y con él cambian también nuestras ideas sobre el papel del Estado en el desarrollo económico y social", continuaba el Anuario, basándose en la descripción de los problemas que el desmoronamiento del Estado había producido en distintas partes del mundo. Fue entonces que se comenzó a hablar de Estados fallidos (*Failed states* o *Etát manqué*), concepto que O'Donnell popularizó en América Latina.

La resignificación del papel del Estado en el desarrollo alcanzó también a la interpretación del acelerado crecimiento en los países del sudeste asiático. Presentado en la década anterior como un claro ejemplo del éxito de las economías orientadas hacia el mercado mundial sin interferencia de las regulaciones estatales, ahora el Banco Mundial remarcaba el importante papel que el sector público había desempeñado en el éxito de las economías de industrialización tardía (Banco Mundial, 1997: 1).

Este informe fue un importante espaldarazo para las ideas *neoinstitucionalistas* y las conceptualizaciones de *gobernanza* conexas. De la mano de ellas cambió la mirada sobre muchos instrumentos y herramientas de la Nueva Gerencia Pública que se plasmaron en el enfoque de las *capacidades estatales*.[61] A partir de allí, los trabajos y perspectivas sobre estos tres conceptos se contaron por cientos y, como suele ocurrir con las palabras que denotan comunidades de práctica, sus definiciones, alcance y sentido se multiplicaron.

Querríamos comentar al menos dos de aquellas interpretaciones. Por un lado estaban los que remarcaban el retorno de la historia, las instituciones y la idea de construcción social de actores y valores olvidados en el análisis más crudamente neoliberal. Por el otro, la visión de quienes no veían un cambio de época y seguían sosteniendo el liderazgo del capital sobre la sociedad como único escenario posible, donde las intervenciones estatales, si bien ya no mínimas, deberían permanecer acotadas al objetivo primordial de apoyar la organización del mercado.

Se trata de dos perspectivas contrapuestas y con trayectorias ideológicas diferentes, aunque en cierto sentido complementarias, y. En el primer caso se busca corregir el régimen de acumulación neoliberal –aunque algunas transformaciones sean drásticas– sin desmontarlo en sus fundamentos; el segundo es la rendición de la socialdemocracia ante el ideario del libre mercado[62] haciendo suyo el diagnóstico que consideraba perimidas las ideas de intervención estatal ante la existencia de una "'mayoría próspera' [que] se había alejado del *ethos*

---

[61] Como vimos en el Capítulo 2, hacia mediados de los 90 fue el momento en que ganó relevancia la Nueva Gestión Pública (New Public Management, NPM). En términos generales, la perspectiva socio-céntrica tuvo una mirada que criticaba sus aspectos más economicistas –por ejemplo, la idea de reemplazar el concepto de ciudadano por el de cliente– pero asimiló sin problemas sus críticas a la política y al extendido poder estatal. Volveremos sobre estos temas a lo largo del capítulo.

[62] "La socialdemocracia estuvo siempre ligada al socialismo ¿Qué orientación debería tener en un mundo en el que no hay alternativas al capitalismo?" (Giddens, 1999: 36).

socialdemócrata del colectivismo y la solidaridad. La realización personal y la competitividad económica habían de ser recalcadas" (Giddens, 1999: 30 y 31).

De estas dos perspectivas surgirán los principales desarrollos conceptuales –y puntos de tracción– que se desplegarán en el discurso socio-céntrico:

- Cómo superar la tensión estructural entre la necesidad de construir un gobierno fuerte, sostenido en un aparato institucional complejo capaz de responder a los desafíos que planteaba la redescubierta centralidad del Estado en el desarrollo; y el peligro de que aquél poder creciera en exceso y se apropiara de áreas que no le competen. Ya los institucionalistas habían advertido que los aparatos estatales poderosos podrían apropiarse arbitrariamente de los recursos públicos o coartar los derechos de propiedad.

- Cómo hacer para que ese Estado que se auto-limitaba para no amenazar la propiedad, pudiera evitar que el liderazgo mercantil polarizara las sociedades y el dominio del capital coartara la democracia.

Mientras que los organismos internacionales y los partidos pro mercado se preocuparon por encontrar una solución al primer desafío, la socialdemocracia y los progresismos se ocuparon del segundo.

A pesar de las constantes llamadas al retorno del Estado, la perspectiva socio-céntrica no reinstaló la matriz de Estado fuerte que promovió el desarrollismo y, menos aún, reivindicó la regulación fuerte de los Estados de Bienestar europeos, o nacional populares en América Latina. Peor aún: ni siquiera logró una ruptura radical con los principios del neoliberalismo.

La apelación al Estado se hará en un registro diferente; un poco en sordina o, al menos, en tonos menores. Como Edmundo Dantés, su regreso debía ser silencioso, casi insidioso en su modo de intervenir en la vida cotidiana, sin dejarse ver y, sobre todo, sin entorpecer el desarrollo de las fuerzas del mercado. Un nutrido arsenal de conceptos, instrumentos y operaciones ideológicas se construirán con tal fin. En lo que sigue se dará cuenta de ellas.

1.3. Las dos tradiciones de la perspectiva socio-céntrica

Adelantamos que la perspectiva socio-céntrica tuvo, esquemáticamente hablando, dos corrientes de pensamiento; hacia la segunda mitad de la década de 1990 ellas se expresaron en la voz de dos intérpretes principales: la Tercera Vía –en la versión de Anthony Giddes– y el Banco Mundial.

Anthony Giddens inicia su reflexión donde la había dejado uno de los más potentes publicistas del orden mundial inaugurado por el neoliberalismo: Francis Fukuyama. En su texto *El fin de la historia y el último hombre*, publicado en 1992, basándose en una interpretación bastante laxa de las reflexiones de Hegel sobre la realización de la razón, Fukuyama afirma que la historia humana *qua* conflicto entre clases sociales o, incluso, entre visiones del mundo contrapuestas, habría concluido con la implosión del bloque soviético. En el futuro la economía de libre mercado reinaría en un planeta donde la política se deslindaría de toda discusión ideológica que cuestionara el principio de la libertad de mercado (Fukuyama, 1992). Este libro se tradujo rápidamente a varios idiomas, constituyéndose en un verdadero *best seller* filosófico.

Giddens parece coincidir con las conclusiones de Fukuyama cuando en el primer capítulo de *La tercera vía. La renovación de la social-democracia* afirma que el "socialismo y el comunismo han muerto" (Giddens, 1999: 11); enterrando, junto a ellos, al Estado de Bienestar que "crea tantos problemas como resuelve". Los énfasis redistributivos que antaño habían caracterizado al socialismo, son reemplazados por la modernización económica, a su juicio, única manera de ganar la confianza del electorado.

Con este desplazamiento conceptual, la Tercera Vía convocaba a los partidos de centro izquierda –y en particular a la socialdemocracia– a dejar de lado el paradigma bienestarista tal como se lo había formulado tradicionalmente, ya que el modelo del Estado Benefactor era imposible de mantener bajo las condiciones de la globalización (Giddens, 1999). Esta construcción teórica no fue ajeno al viraje de los partidos socialdemócratas europeos que abandonaron el objetivo de mejorar –tanto de manera absoluta como relativa– las condiciones de los sectores populares, y disminuyeron el número y vigor de las críticas al darwinismo social sostenidas durante la era del ajuste estructural.

La Tercera Vía dio sustento teórico a una socialdemocracia europea ansiosa por recuperar el poder, permeando a todos los partidos socialistas de Europa que, amparados en este giro, recobraron la competitividad electoral –al menos hasta la crisis de 2008– que tanto les preocupara a partir de la caída del Muro de Berlín. Un primer resultado visible de este giro fueron los triunfos electores de Lionel Jospin en Francia (año 1997), Tony Blair en Inglaterra (1997) y Gerhard Schroeder en Alemania (1998).

Las ideas de la Tercera Vía también tuvieron amplia repercusión en América Latina: importantes dirigentes e intelectuales –Fernando

Henrique Cardozo (presidente de Brasil), Ricardo Lagos (presidente de Chile), Julio María Sanguinetti (presidente de Uruguay), Carlos Álvarez (Vicepresidente de Argentina),[63] Jorge Castañeda (canciller de México), etc.– expresaron su afinidad con estas ideas en momentos claves de sus carreras políticas.

La otra vertiente del paradigma sociocéntrico emanó de un actor inesperado: el Banco Mundial, lo que constituyó un importante giro en una institución que, como ya se mencionó, hasta fines de los 80 había sido uno de los adalides del Estado mínimo. Se suele citar el informe del Banco Mundial de 1989 *Sub-Saharian Africa: from crisis to sustainable Growth* como uno de los primeros textos en donde esta institución incorpora al análisis aspectos de lo que se llama *buen gobierno.*

En ese informe se sostiene que uno de los factores explicativos para los problemas de desarrollo es la incapacidad de los gobiernos para gestionar sus asuntos de forma eficiente y con un mínimo de transparencia y apertura a la participación política ciudadana. Para los organismos multilaterales de crédito, la forma de llevar a cabo las políticas públicas era crucial para poner en funcionamiento el modelo mercantil. Esta conclusión no era ajena al decepcionante resultado obtenido en África luego de una década de vigencia del orden político promovido por estos organismos (Jaén, 2005: 80).

El Estado –o más exactamente el gobierno, usualmente sinónimos en la terminología anglosajona– pasó así a ocupar un lugar principal en el discurso. El Banco Mundial –en el citado anuario de 1997– lo aclara desde su prólogo: "La historia ha demostrado una y otra vez que el buen gobierno es una necesidad vital, no un lujo. Sin un Estado eficaz es imposible alcanzar un desarrollo sostenible, ni en el plano económico ni en el social" (Banco Mundial, 1997: III)

El cambio de mirada del Banco Mundial no puede deslindarse de la presencia del Premio Nobel Joseph Stiglitz en la institución como primer vicepresidente y economista jefe (1997-2000), ni de la evaluación sobre la experiencia del Estado mínimo en todo el mundo y particularmente en América Latina. Es ya un lugar común para los cientistas sociales considerar que la llamada a la reconstrucción del Estado que hace el Banco Mundial después de haber trabajado por su desmantelamiento, es resultado de la crisis de gobernabilidad democrática que afectaba a la región desde mediados de la década (Oszlak, 1998).

Pero el viraje del Banco Mundial encontró rápidamente sus límites cuando Stiglitz fue despedido abruptamente a instancias del Secretario del Tesoro de los EE.UU. –Lawrence Summers– quien lo forzó a renunciar debido a sus críticas a las políticas neoliberales. El

---

[63] Veremos que el presidente De la Rúa también mostró su acuerdo con sus ideas.

recambio de Stiglitz atemperó el giro sociocéntrico y "enderezó" la visión del organismo que tituló su informe anual del año 2002 "Instituciones para los mercados" (no para el desarrollo, ni para perfeccionar la democracia, o construir mayores grados de equidad, bajar la pobreza, alcanzar objetivos nacionales…). Volveremos sobre el tema cuando analicemos con algún detalle el giro y contragiro en las políticas de este organismo internacional.

Por la misma época otro Premio Nobel de Economía, Amartya Sen –coautor del Índice de Desarrollo Humano– revolucionaba la perspectiva respecto de las políticas sociales con su "enfoque de capacidades". Aunque los supuestos teóricos de los cuales parte –lo fundamental para un Estado es el desarrollo de las capacidades de sus ciudadanos– no chocan frontalmente con los principios del Estado de Bienestar; en la práctica, al desplazar la provisión de recursos por parte del Estado –generalmente conceptualizado como subsidio a la oferta de necesidades básicas– hacia la promoción de las capacidades de los ciudadanos, sus aportes apuntalan los planteamientos de la Tercera Vía. Para Senn lo fundamental no es la regulación estatal del mercado, sino la creación de las condiciones para que las comunidades desarrollen las capacidades que le permitan gozar de los derechos –*entitlement*– que les garantiza la ley.

Las propuestas teóricas de Senn tuvieron amplia acogida entre los sectores progresistas de América Latina, contribuyendo a la construcción de una tercera vía de tendencia comunitarista que encontró en este autor –como antes lo había hecho con Manfred Max Neef y su *Teoría de las necesidades humanas*– un prestigioso respaldo académico contra las políticas sociales neoliberales. En varios países de la región las tesis de Senn se volvieron 'política de Estado' en los intentos de contener los desastres sociales ocasionados por los ajustes estructurales.

1.4. Individuo y sociedad

En el marco de las propuestas universales que contenía el proyecto de la modernidad, el industrialismo generó un modelo de convivencia dentro de grandes grupos sociales, en general congregados por la condición de clase. Esta estructura refería básicamente a dos pilares: la inserción en el esquema productivo, en particular en el marco de la condición salarial y su régimen de disciplina laboral, por una parte, y por otra, la organización en familia nuclear, desplegada alrededor del matrimonio, con roles y normas definidas de paternidad, sexualidad, trabajo y relación entre miembros.

Los procesos de reconversión y cambio iniciados a finales de los 60, el eclipse de la sociedad industrial y su reemplazo por otro modelo societal, removieron las ataduras del industrialismo. Según Beck (1998) este proceso que transformó la estructura de la sociedad, habría permitido que los seres humanos se liberaran de la clase y la familia para construir su identidad y su historia laboral por sí mismos. El individuo tomaría en sus manos los riesgos y oportunidades inherentes a sus decisiones.

No solo Beck: la sociología y la ciencia política fueron recorridas por textos –por ejemplo de Offe, Castells, Fukuyama, Zizek o Bauman, por citar algunos autores– que consideraron que había ocurrido un "cambio civilizatorio", de los que cada uno de ellos resalto algunos rasgos en particular. La perspectiva socio-céntrica remarcó las notas que hablaban de un impulso social de *individualización,* que daban cuenta de la inexistencia de coordenadas estructurales en las cuales pudiera referenciarse el individuo en su reproducción social.

Una visión edulcorada de este proceso fue aportada por Lipovetsky, quien encontró en él una mutación sociológica global que rompe las cadenas con que las "sociedades modernas, democrático-disciplinarias, universalistas rigoristas, ideológicas-coercitivas" sojuzgaban a las individualidades (Lipovetsky, 1986:6).

En contraposición a todos estos rasgos negativos, el proceso de individuación supondría la "elaboración de una sociedad flexible basada en la información y en la estimulación de las necesidades, el sexo y la asunción de los ´factores humanos´, el culto a lo natural, a la cordialidad y al sentido del humor...", evolucionando hacia una sociedad con un mínimo de coacciones, con menos represión y la mayor comprensión posible (Lipovetsky, 1986: 7).

En estas perspectivas teóricas desaparece la clase social como ordenador de las identidades colectivas, lo que llevó a preguntarse qué características asumía la búsqueda de nuevas identidades sociales, estilos de vida y compromiso político. La pregunta, central para la comprensión de la acción colectiva en la actualidad, tuvo múltiples respuestas, pero todas ellas presuponen el fin del lugar ocupado en la producción material de la sociedad como eje de la construcción de identidades colectivas. La pauta conflictiva de las sociedades residirá, cada vez más, en la afirmación de nuevas formas de subjetivación.

Coherente con su propia teorización, Lipovetsky afirma que "la personalización no reside en una independencia soberana asocial sino en ramificaciones y conexiones en colectivos con intereses miniaturizados, hiperespecializados: agrupaciones de viudos, de padres de hijos homosexuales, de alcohólicos, de tartamudos, de madres lesbianas..." (1986: 13).

Giddens coincide con esas aserciones y considera que el despliegue de esta personalización es indicador de "una sociedad civil floreciente".

Una sociedad reflexiva, afirma el autor británico, se caracterizaría también por sus altos niveles de auto organización (Giddens, 1999).

Esta sociedad reflexiva, o sociedad civil floreciente y activa, es objetivo y condición para la Tercera Vía, pues debiera actuar en conjunto con el Estado, ayudándose y controlándose mutuamente. Por ello, el lugar por excelencia de la interacción entre el Estado y la sociedad civil es el ámbito municipal.

Ya fue ampliamente desarrollado este valor en las postulaciones del *tipo small is beatiful* en economía –y retomado con matices en diversas vertientes comunitaristas– Giddens vuelve a encontrar en lo local un espacio de confluencia virtuosa entre la acción estatal y las necesidades de la ciudadanía. En un estilo muy de época, el retorno a lo local se constituye en una receta todo terreno que "puede invertir procesos de declive (...) no sólo en Europa o Estados Unidos. Ceará en el nordeste de Brasil es un ejemplo" (Giddens, 1999, 100).[64] La idea de fortalecer lo local tendrá amplia repercusión en la administración pública como fundamento de las nuevas modalidades de gestión y, por supuesto, de la universalización de las ideas descentralizadoras.

Si bien la Tercera Vía fue, en lo fundamental, un proyecto para revivir a la socialdemocracia de los países desarrollados, tuvo una significativa repercusión en América Latina, a pesar de las importantes diferencias sociales, materiales y culturales de nuestra realidad con las de los países de la OCDE.

También hubo autores latinoamericanos que trataron esta perspectiva, en donde el conflicto dejaba de estar organizado por la propiedad de los medios de producción o la apropiación de plusvalía, para ceder su lugar a reclamos por la calidad de los servicios públicos, o por la reivindicación de los derechos humanos, defensa de la vida, derecho a la diferencia, identidades indígenas, culturas juveniles, entre otras. Por ejemplo, desde Chile, Manuel Garretón señala enfáticamente el fin de "las antiguas luchas por la igualdad, la libertad y la independencia nacional". A su juicio, las nuevas luchas pertenecen "a la dimensión de la búsqueda de la felicidad o de la subjetivación, y no pueden ser reemplazados o representados por los antiguos principios y mecanismos de la acción colectiva" (Garretón, 2000: 35). Este tipo de

---

[64] Giddens da como ejemplo del carácter universal de su receta los éxitos de gestión alcanzados en el Estado del Nordeste Brasileño de Ceará. Más allá de que una golondrina no hace verano, así es visto hoy aquel proceso supuestamente virtuoso "... no [se] alteró la estructura socioeconómica problemática de Ceará, especialmente la concentración de ingresos, que empeoró entre 1991 y 2000, la mala distribución de fondos, y la enorme disparidad regional, sobre todo entre la capital y las zonas rurales. En 1999, según el Banco Mundial, la mitad de los cearenses vivían por debajo de la línea de la pobreza (http://es.wikipedia.org/wiki/Cear, consultado el 08/06/2015).

conflictos fueron los que caracterizaron, a partir de la segunda mitad de la década del noventa, la multiplicación de los ejes articulares de demandas (Paramio, 1998). A la movilización producida en esos años –interpretada bajo estos parámetros– se la conoció como los nuevos movimientos sociales.[65]

Según este enfoque, la diseminación de particularidades hace menos probable el surgimiento *estructural*[66] de un *Movimiento Social Central*,[67] tal como los existentes en la sociedad industrial en versión latinoamericana, que articulaba las diferentes demandas y provocaba las contradicciones sociales.

Un resultado inmediato del énfasis puesto en los nuevos movimientos sociales y el giro socio-céntrico que implicó, fue un desplazamiento de la reflexión del *mainstream* de la sociología y la ciencia política desde las relaciones entre estructura, Estado y acción política, para adentrarse en el más indeterminado campo de las identidades sociales y las culturas.

No es casual que el enfoque de política pública gane centralidad en la época, destacando las acciones del sector público por sobre el papel que el Estado tienen en el orden social.

1.5. El impacto sobre la política

Dado el diagnóstico que venimos describiendo, la perspectiva socio-céntrica concluye en la imposibilidad de que un movimiento social tenga la capacidad de convertirse en un actor relevante de la política nacional. Por el contrario, el nuevo tipo societal significa la existencia

---

[65] Beck (1998:129) introduce algún matiz pues si bien sigue esta línea sosteniendo la existencia de "coaliciones con los grupos más diversos [...] acordadas y disueltas de una manera puntual, específica de las situaciones y de los temas, y muy cambiante", también reconoce líneas de conflicto duraderas, surgidas de "rasgos asignados que siguen estando vinculados a desventajas" materiales.

[66] Por tal se quiere significar que por sus propias características, la estructura social no favorece ciertas identidades emergentes, más allá del apalancamiento que puedan otorgarle iniciativas políticas o plataformas institucionales.

[67] En términos de Garretón (2002:9) "[L]a idea de Movimiento Social tiende a oscilar entre dos polos: la respuesta coyuntural a una determinada situación o problema y la encarnación del sentido de la historia y el cambio social [...] Por un lado, el Movimiento Social (mayúsculas, singular) orientado al nivel histórico-estructural de una determinada sociedad y definiendo su conflicto central. Por otro lado, movimientos sociales (plural, minúsculas), que son actores concretos que se mueven en los campos de los mundos de la vida y de las instrumentalidades organizacional o institucional, orientados hacia metas específicas y con relaciones problemáticas, que se definen en cada sociedad y momento, con el Movimiento Social Central".

de una miríada de identidades y agrupamientos sociales que pagan su autonomía con escasa visibilidad pública, y en consecuencia, con la dificultad para ver insertos sus reclamos en algún ámbito decisorio. De aquí se deduce que los valores, intereses o demandas de las nuevas y diversas formas de acción colectiva no siempre encuentran en el Estado Nación la respuesta que buscan, y a veces, ni siquiera, el interlocutor necesario.

Por estas razones lo hasta entonces no político comienza a tener incidencia en el direccionamiento de la sociedad, y por ende se relaciona imprecisamente con lo político, dando lugar a lo que Beck (1998) denomina "sub-política" (científica, económica, de medios públicos, judicial, privacidad, movimientos sociales, etc.).

Los fenómenos mencionados en las dimensiones social y económica producen la delimitación de la política que "ha dejado de ser el lugar central, o por lo menos el único, en el que se decide la transformación del futuro social" (Beck, 1998:287). Calame (2009: 79) se expresa en un sentido similar: "La lucha política por la toma del poder a nivel del Estado ya no aparece ni mucho menos, como la única manera de implementar cambios sociales". Igual de tajante respecto del Estado, Garretón (2000:41) lo considera incapaz de ejercer liderazgo: "su radio de acción es cada vez más reducido y para el conjunto de la sociedad parece más irrelevante".

La decadencia estatal sería consecuencia directa de la globalización. Pero más allá de cierta resignación fatalista a la pérdida de poder del Estado, también se da un fuerte cuestionamiento del lugar simbólico que ocupa. Giddens cree que, incluso con buenas intenciones, el Estado no puede evitar ser burocrático y asfixiante, generando dependencia, rentismo, autoritarismo y opacidad, cuando no corrupción y despotismo lisa y llanamente.

Frente a todos estas debilidades inherentes a la acción estatal distintos autores sociocéntricos describen distintas razones para que se produzca la *delimitación de la política*:

- El proceso de individualización que genera una nueva cultura política, la cual por su propia naturaleza, debilita lo que era el epicentro de su espacio de desarrollo durante la era industrial –la actuación del Estado, la lucha parlamentaria, los partidos políticos– y fortalece otros: los medios de comunicación, la acción de los organismos internacionales, las redes que vinculan agentes económicos (en especial financieros), las ONG.

- El empoderamiento de las esferas sociales que anteriormente no tenían potencial de transformación social. De este modo, acciones como la "empresarial y científico-técnica adquieren una nueva dimensión política y moral que hasta ese momento le era ajena" (Beck, 1998:240).

- El poder de la globalización, que Giddens remarca como fenómeno "real", "diferente de procesos análogos del pasado" que "ha cambiado el orden mundial".[68] Este nuevo equilibrio internacional no puede analizarse únicamente a nivel de naciones "porque éstas y sus reivindicaciones de soberanía se están transformando radicalmente" a partir, entre otras cosas, de "la influencia del mercado mundial y de las nuevas tecnologías de la comunicación". Esto haría necesario buscar una "gobernancia de la economía mundial" basada en el fenómeno de que se "está construyendo una infraestructura de sociedad civil mundial" (Giddens, 2001).

- En cuarto lugar, modificaciones en el Estado, tema que tratamos en la siguiente sección.

Ciertamente mucha de la literatura de este enfoque es previa a la experiencia latinoamericana de la última década. Pero, en la medida en que estas construcciones teóricas están ancladas en una teoría del cambio societal que excede las coyunturas o los proyectos políticos gobernantes, su contemporaneidad es innegable.

---

[68] Giddens tiene una visión positiva de la globalización que lo lleva a hacer algunas afirmaciones temerarias "la mayoría de los problemas que impiden el desarrollo económico de los países pobres no son producto de la economía global... [sino fenómenos propios de] regímenes autoritarios, conflictos armados, excesiva regulación de la economía y bajo nivel de emancipación de la mujer"; cuando no equívocas, como cuando comenta que "El éxito de la globalización no es difícil de confirmar... ", pero para demostrarlo muestra únicamente indicadores económicos de China −por esa época, la crisis del sudeste asiático estaba en su cenit− que justamente no se caracteriza por cumplir con las condiciones de democracia, baja regulación y emancipación de género (2001: 134 y 140).

2. El lugar del Estado en la matriz socio-céntrica

La perspectiva socio-céntrica puso en valor o reformuló construcciones conceptuales que habían generado abundante y sofisticada literatura teórica: neo-institucionalismo, gobernanza, capacidades estatales, Estado relacional, Nueva Gerencia Pública.

En el marco de los muchos matices que presentan los diferentes trabajos, aquí seguiremos la síntesis que de ellos hizo el Banco Mundial desde mediados desde los 90, pues éstos constituyen el soporte teórico de las propuestas políticas socio-céntricas para el Estado que mayor difusión tuvieron en América Latina.

A su amparo se desarrollaron una serie de operaciones ideológicas y se postularon diferentes instrumentos que le asignaban al Estado un lugar específico, en donde se minimizaría la amenaza sobre los mercados y la propiedad privada. La figura Nº 1 presenta, de manera esquemática, estas relaciones.

Figura Nº 1
Esquema de análisis estatal

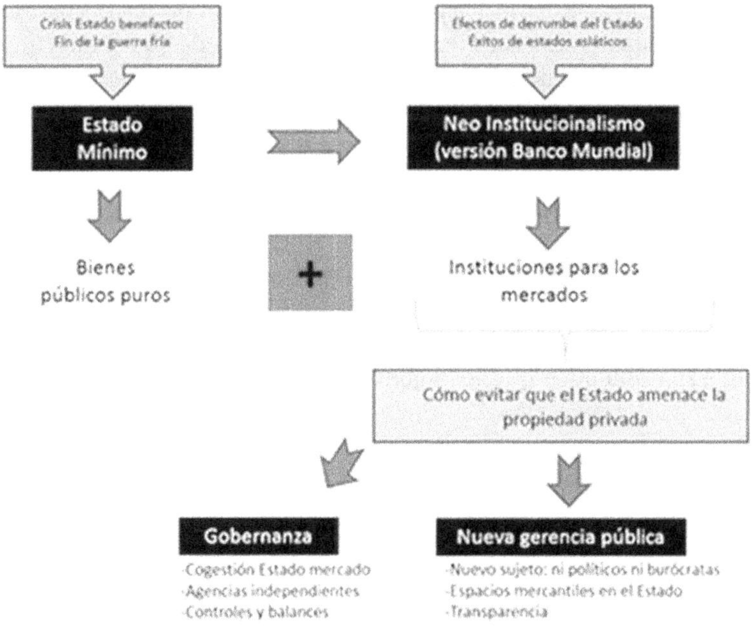

Fuente: Elaboración propia

2.1. Neo-institucionalismo

El neo-institucionalismo ha generado múltiples perspectivas y aproximaciones a la problemática que nos ocupa. Sus antecedentes se remontan al historicismo alemán de finales del siglo XIX y al institucionalismo norteamericano de las primeras décadas del siglo XX. Estos enfoques rechazaron la concepción neoclásica de los agentes económicos como sujetos pasivos, inmunes a valores, costumbres, estructura jurídico/política y demás factores contextuales en donde despliegan sus actividades.

En el análisis de la influencia del medio social, y tal como su nombre lo indica, esta escuela destacará el papel fundamental de las instituciones, a las que define como las reglas de juego en una sociedad. Alrededor de ellas se resuelven los "problemas de coordinación, con el consecuente impacto de disminución de problemas de información y costos de transacción y la resolución de problemas de acción colectiva" (Acuña, 201: 49).

En particular, las instituciones fueron consideradas la clave para el desempeño de la economía: mientras unas incentivan el crecimiento y la organización feraz de las empresas, otras llevan a la desorganización y al desperdicio de trabajo y recursos que reducen la productividad del todo social.

Se suele citar a Ronald Coase (1910-2013) como el autor que dio inicio a esta tradición. Coase, si bien adhería a la idea de que el mercado es el instrumento más eficiente de regulación económica, sostenía que la información que fluye en él no es perfecta ni gratuita como propugnaba el análisis neoclásico, que dotaba de automaticidad y vida al mercado: "El economista ve el sistema económico como algo coordinado por el mecanismo de precios en el que la sociedad se convierte no en una organización sino en un organismo" (Coase, 1937: 559). Por el contrario, el neo-institucionalismo considerará a las instituciones como la manera en que el hombre regula la interacción humana (North, 1993).

La noción de costos de transacción se entiende como un derivado del "esfuerzo económico que los agentes deben hacer para intervenir en el sistema de transacciones regladas en un mercado específico (Burgos, 2006: 35). Los costos de transacción se pueden agrupar en costos de información, de negociación y de vigilancia. Estos últimos tienen que ver con los gastos relacionados con la imposición por la fuerza del cumplimiento de los contratos (Burgos, 2006).

Es decir, el funcionamiento del mercado tiene un costo que se denomina *costo de transacción* cuyo análisis es el corazón del abordaje neo-institucionalista. North descubre que el paradigma neoclásico solo funciona en ausencia de estos costos pues, cuando ellos aparecen, se altera la asignación de recursos (North, 1993).

Para el Banco Mundial (1997: 34), el Estado tiene dos formas de influir sobre los costos de transacción:

- De manera directa, por medio de políticas públicas dirigidas al ámbito mercantil (por ejemplo, en la eficacia de la justicia para incentivar el cumplimiento de contratos).

- De forma indirecta, mediante la construcción de una cierta estructura institucional más o menos amigable con la gestión de negocios.

Figura N° 2
Esquema de funcionamiento de la economía para la perspectiva neo-institucionalista del Banco Mundial

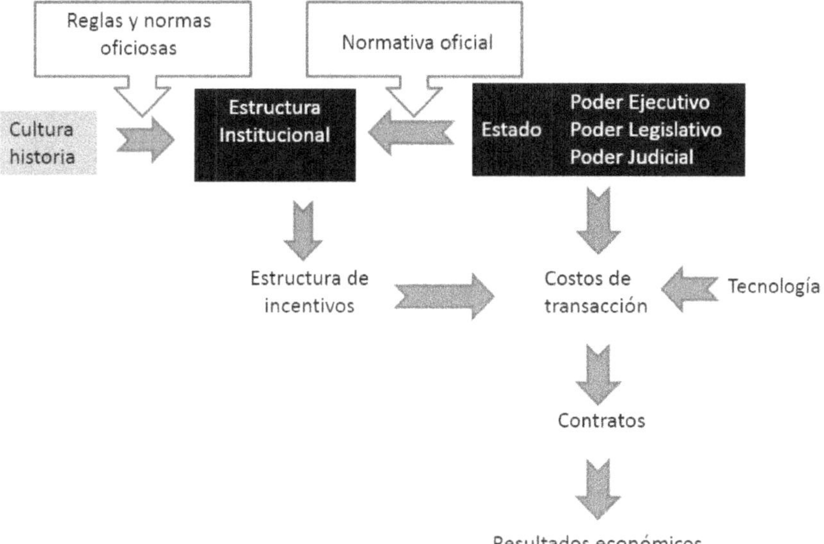

Fuente: Banco Mundial (1997: 34)

En suma, y a la vuelta de tantos años de informes y recomendaciones, el BM acepta que el Estado desempeña un papel clave en la construcción de una sociedad mercantil, algo que ya habían visto los críticos a las políticas neoliberales de desestructuración del sector público: "Solo los discursos más radicalmente neoliberales asumieron que la retirada del Estado... sería condición suficiente para el desarrollo de una economía de mercado vibrante" (Prats, 1999: 119).

De esta forma se matizaban las proposiciones relativas a que las fallas estatales eran siempre peores que los defectos del mercado, y se reemplazaba el supuesto de la autorregulación de los mercados por la idea de construcción de un entramado institucional para sostenerlo.

Las ideas del neo-institucionalismo tuvieron notoria influencia en las políticas de modernización del Estado y la Administración Pública. Con ellas se realiza una corrección –teórica, conceptual– del neoliberalismo, más que una crítica. Se remarca que los mercados no funcionan solos: deben tener un sustrato de reglas de juego (instituciones), provistas por el Estado.

De su planteamiento destacamos los siguientes rasgos de esta corrección teórica:

a) No hay cambios en la caracterización negativa del intervencionismo estatal –era imperioso que el sector público no asfixiara a los individuos, empresas y organizaciones– ni tampoco respecto de las formas de la democracia occidental.[69]

b) El papel del Estado se limita, principalmente, a garantizar las instituciones/reglas de juego para hacer funcionar los mercados.

c) Las configuraciones institucionales son una construcción que varía de acuerdo a las características específicas de cada sociedad. Reformar aquellas que implican un lastre es una medida fundamental, por lo que se recomiendan cambios incrementales y ajustes marginales al conjunto de reglas dadas (North, 1993: 117). No parece casual que a partir de la preeminencia del neo-institucionalismo en las políticas que operan sobre el Estado, se reemplace la palabra *reforma* –que enfatiza la mudanza– por *modernización*, que introduce un vector valorativo en el cambio: el progreso, y que equilibra las nociones de cambio y continuidad.

d) Las instituciones estatales particularmente importantes son aquellas que regulan los derechos de propiedad y la ejecución de los contratos. Las injerencias del Estado en los derechos de propiedad pueden reducir su valor si, por ejemplo, limitan el margen de decisión de los individuos sobre ellos. En esta dimensión, el Poder Judicial ocupa un lugar sobresaliente en la tarea de garantizar el cumplimiento y credibilidad de los contratos (Burgos, 2002: 202/3/5).

---

[69] Sobre este particular el enfoque de gobernanza introducirá algunas novedades que serán expuestas en la siguiente sección.

e) El Estado debe, además, garantizar que todos los agentes económicos tengan la posibilidad de acceder a la información adecuada, pagando por ella precios que no amenacen la viabilidad de todo el sistema. Sin la seguridad de contar con esta información –o si no se puede garantizar su veracidad– los inversores no pueden determinar el grado de riesgo de los diferentes negocios que emprendan (Stiglitz, 1998).

f) Se deben dar seguridades de que, hacia el futuro, no variarán las políticas coherentes con la economía de mercado. En otros términos, se trata de que en el horizonte de los inversores existan condiciones que les garanticen que el Estado no va a limitar sus derechos de propiedad. Las estrategia al respecto son: i) la división del poder político –tanto vertical como horizontal–;[70] ii) la conformación de órganos de regulación independientes del poder político; y iii) la existencia de pesos y contrapesos entre los poderes estatales con especial énfasis en la independencia del Poder Judicial (Weber, 1996).

2.1.1. Las críticas al neo institucionalismo

Acuña ha hecho notar que "las instituciones deben comprenderse reconociendo su interrelación… con otras variables (socioeconómicas o ideológico-culturales) y las acciones de los actores". De esta suerte, si bien reconoce la potencia de lo institucional para modificar comportamientos e influir en las formas de coordinación que adopta una sociedad, señala asimismo cuatro limitaciones del abordaje que se centra exclusivamente en ellas[71] (Acuña, 2013:57 y ss):

1. Reduccionismo: los fenómenos políticos son consecuencia de la suma de conductas individuales (desestimando los fenómenos de conducta de masas o de interacción grupal, entre otros).

2. Utilitarismo: los eventos políticos son consecuencia de la maximización de la utilidad basada en preferencias de los individuos, que son estables y exógenas al análisis institucional.

---

[70] Refiere principalmente a poderes Ejecutivo, Legislativo y Judicial (horizontalmente) y Nación-Provincias-Municipios (verticalmente).

[71] Acuña diferencia el institucionalismo de la teoría de la "Elección Racional" (IER) y del "Institucionalismo Histórico"; las deficiencias citadas se asignan al primero, remitimos al texto del autor para acceder a un análisis completo sobre el tema. Hacemos notar que el IER es la perspectiva de mayor influencia en el análisis, diseño y ejecución de políticas públicas en América Latina.

3. Funcionalismo: las instituciones se desarrollan históricamente en respuesta a necesidades colectivas.

4. Desestimación del conflicto: considera problemas únicamente los de coordinación a cuya solución apunta, desestimando el papel creador del conflicto en los procesos de construcción institucional y social.

La versión del neo-institucionalismo que se difundió en América Latina fue la que dio por descontado la superioridad de la organización mercantil de la sociedad, asignándole a las instituciones la misión de promover intereses individuales generadores de eficiencia. Brevemente dicho, no aportó gran cosa frente a la ortodoxia neoliberal y en su análisis tendió a minimizar, o directamente ignorar, el papel de actores decisivos de la vida política como las corporaciones, asociaciones empresariales, sindicatos, potencias foráneas, banca nacional y extranjera, etc.

Esta versión del neo-institucionalismo pasó por alto el hecho de que las instituciones se basan en creencias y en criterios de legitimidad, y que su construcción histórica muchas veces es mitificada. Esa condición es la que las convierte en instrumentos ampliamente aceptados, y por tanto, capaces de generar consensos y promover determinados comportamientos. Al ser inscriptas dentro del programa racionalizador, de (re) construcción de una sociedad de mercado, sus nuevas versiones perdieron mucho de su vigor y capacidad de influir sobre las conductas individuales.

En tal sentido, y como muchas otras políticas impulsadas desde los organismos multilaterales de crédito, la versión del neo-institucionalismo que se difundió en América Latina promovió arreglos institucionales que, en lo esencial, copiaron los desplegados en los países desarrollados.

Así, el papel estatal de los sistemas judiciales como garantes de la ejecución de los contratos y del control sobre los poderes ejecutivo y legislativo, se corresponde con un marco institucional propio del *common law* anglosajón, donde la autoridad de los jueces es ampliamente reconocida. La generalización de la *judicial review* –con sus peculiaridades doctrinarias que permite una amplia variación en los fallos según los estados e incluso juzgados– es un ejemplo de ello (Burgos, 2002: 214).

En términos de las políticas concretas, el neo-institucionalismo ha tendido a dirigir las instituciones estatales hacia la consecución de fines fiscales y económicos. Una aproximación en tales términos ha generado enormes dificultades e inequidades en vista de la pluralidad de objetivos y la complejidad del entramado estatal. Una de las consecuencias más extendidas ha sido la degradación del aparato estatal como elemento cohesionador de las sociedades y la minimización de su vital papel de articulador cultural, social y político.

2.2. La idea de "gobernanza"

Otro concepto central de la perspectiva socio-céntrica es el de gobernanza –*governance* (en su grafía en inglés)–, también conocido como *nueva gobernanza, gobernancia, gobierno relacional, buen gobierno,* etc.

Si bien pueden rastrearse antecedentes bastante lejanos –puede decirse que nace con el despotismo ilustrado, cuando los monarcas absolutistas buscaron su legitimación aplicando reformas de *buen gobierno* al amparo de las ideas de la Ilustración– la noción de "*nueva gobernanza*" cobra valor en la escena política alrededor de dos décadas atrás. Esta idea hace referencia a los elementos que deben considerarse para alcanzar un mejor funcionamiento gubernamental, considerando tres elementos para el análisis: el Estado, la esfera de lo público y el ámbito privado y/o de la sociedad civil.[72]

En términos generales, la gobernanza es un hecho histórico: las formas, alcances, funciones y responsabilidades de cada Estado dependen de un contexto amplio en complejidad y tiempo. Por ejemplo, el *buen gobierno* a lo largo de los siglos XIX y XX en Europa occidental y América implicó que múltiples iniciativas no gubernamentales –a menudo implementadas bajo el control de la Iglesia– fueran estatizadas en nombre de pueblo (Calame, 2009).

De esta suerte, el *buen gobierno* tuvo características estado-céntricas, en sus tres versiones –corporativa, benefactora o soviética–, hasta el último cuarto del siglo XX. El neoliberalismo se ocupó de desestructurar ese modelo que presuponía tres elementos (Vernis y Mendoza, 2009):

- la separación de lo público y lo privado,
- la capacidad del Estado para resolver los problemas por sí sólo, y
- la convicción de que la Administración Pública es la mejor asignadora de los bienes preferentes.

Según el paradigma socio-céntrico, el cambio societal implicó la convivencia de actores no homogéneos ni articulados en un mismo eje de sentido. La heterogeneidad y enorme variedad de preferencias,

---

[72] Por analogía, también se suele utilizar el término para el análisis de espacios más acotados; surgen así las gobernanzas económicas, estratégicas, en Internet, local, etc. En el presente texto no utilizaremos estas acepciones restringidas.

significa también ejes distintos en la organización societal, cuyas demandas difícilmente se pueden satisfacer ni simultáneamente ni en igual medida (Paramio, 1998).

En consecuencia, lo que se impone es una coordinación no jerárquica de diferentes dimensiones o subsistemas. Esto es la *gestión de la interdependencia* o, como diría Garretón, la génesis de una política que "le corresponde abordar y articular las diferentes esferas de la vida social, sin destruir su autonomía. Así, hay menos espacio para políticas altamente ideologizadas, voluntaristas o globalizantes" (Garretón, 2002:20). El buen gobierno en la era contemporánea implicaría entonces "una forma de gobernar más cooperativa, diferente del antiguo modelo jerárquico, en el que las autoridades estatales ejercían un poder soberano sobre los grupos y ciudadanos" (Mayntz, 2001:9).

En términos económicos, la crítica a la matriz estado-céntrica por parte del enfoque de gobernanza no difiere de las que hicieron los cultores del Estado mínimo. Para esta perspectiva, la internacionalización de la economía impone límites a la presión tributaria que pueden aplicar los Estados, pues el capital siempre cuenta con el recurso de mudarse a latitudes más amigables, lo que, en la práctica, limita las posibles respuestas a las demandas que presionan por más gasto estatal.

Sin embargo –y ahí reside la diferencia con el discurso neoliberal más duro– no se trata de llevar al Estado a su mínima expresión, sino que se debe avanzar en la construcción de un *Estado relacional* que sirva tanto para apoyar la organización mercantil como la social. Así es que no sólo el Estado dirige los asuntos públicos, sino que también lo hacen los diferentes integrantes de la sociedad civil, por ende "no sólo el gobierno gobierna; las redes autoorganizadas y los mercados, también gobiernan [...] el gobierno ha perdido el monopolio de la función de gobernar" (Canto Saénz, 2012:335).

La reorganización política deberá entonces abocarse a:

- Un proceso de *devolución* de funciones y potestades hacia la sociedad civil, sean estas empresas u organizaciones no gubernamentales;
- una estrategia de gestión que enfatice el carácter dialógico de la actividad estatal, en oposición al carácter jerárquico.

La idea de que el Estado ha dejado de ser el actor estratégico en la reproducción de la sociedad tiene dos fuentes distintas: una cercana a la tradición de pensamiento democrático y otra al neoliberal.

Las perspectivas democratizadoras de la gobernanza teorizan acerca del potencial de la democracia deliberativa y/o comunitarismo que se abre con el cambio societal y los avances tecnológicos. En el desarrollo de sus ideas despliegan una agenda que si bien coincide en algunos temas con la crítica estatal que hace la perspectiva neoliberal, en otros tópicos se diferencia de aquella centralmente preocupada por el desarrollo mercantil.

Algunas corrientes ecologistas –como la expuesta por el economista Ernst Schumacher en su libro *Small is Beautiful*– plantean que en la gestión de los micro espacios se puede alcanzar el máximo bienestar con el mínimo consumo (Schumacher, 1978). Así, ellas promueven una nueva lógica de participación que significa que segmentos de la población asumen el "compromiso político clásico" y lo convierten en "compromisos sociales y cívicos", como los que desarrollan algunas ONG y otras asociaciones comunitarias (Calame, 2009: 79).

Descreyendo que el mercado en soledad sea capaz de organizar la sociedad, la perspectiva socio-céntrica promueve el protagonismo de los actores sociales en prácticas horizontales: las ya citadas organizaciones en red, compuestas por "múltiples actores independientes con relaciones más o menos conflictuales o de consenso y con distribución más o menos asimétrica de poder, de gobernanza, cuyo fin es regular el conflicto social" (Canto Saénz, 2012:347). Se tiene la idea de que existe una enorme capacidad de auto-organización de la sociedad, la que podría desplegarse mediante un apoyo institucional estatal subsidiario.

La propuesta supone que las desigualdades sociales son superables con la incorporación de la sociedad civil a la acción de gobierno. Más aún: postulando que las comunidades de práctica pueden suplir (o, incluso, sustituir) al poder político, se arriba a la idea de cogobierno entre el Estado y las empresas, y hasta al *post-gobierno*, en donde ciertos espacios del ámbito de lo público pueden funcionar sin la necesidad de participación estatal.[73]

El concepto de *público no estatal*, popularizado para el campo de la administración pública por Bresser Pereyra y Cunill Grau, sintetiza esta idea de conceder roles gubernamentales a las entidades del tercer sector en lo que llaman la *construcción de una sociedad post-burocrática* (Bresser Pereyra y Cunill Grau, 1998).

Por su parte, la visión liberal de la gobernanza tiene la ventaja, en términos de difusión e impacto, de que es sostenida por actores con un gran poder de influencia sobre las políticas públicas que implementan los países de desarrollo medio.

---

[73] "Cogobierno Estado-Empresas" fue una de las nociones lanzadas por la experta Mila Gascó en el informe de comisión de gobierno abierto, XIX Congreso CLAD. Un ejemplo de posturas post-gobierno puede verse en Rabinovich (2012); varias de las proposiciones del llamado "gobierno abierto" comulgan con estas ideas.

Como es de esperar, esta perspectiva es afín a la expresada por el "Consenso de Washington": en el nuevo equilibrio Estado/Sociedad, no es posible ni deseable sostener el lugar rector asignado anteriormente a las instituciones estatales.[74] Dicho de otra forma, la reducción del Estado no es una propuesta caprichosa sino objetiva con base en los cambios ocurridos en la organización social; quienes la critican es porque o no quieren ver la realidad, o tienen inconfesables intereses que proteger.

La génesis de esta perspectiva de gobernanza se puede rastrear en el pensamiento conservador que hacia fines de los 60, como forma de salir de la encrucijada política producida por la generalizada rebeldía, una mayor "tecnificación de la conducción de la sociedad y la cesión de esta conducción a actores sociales (empresas, asociaciones, grupos) e instituciones, que pudieran conciliar más fácilmente sus antagonismos y resolver sus conflictos"[75] (Closa Montero, 2003: 486/7).

El modelo a seguir por la gobernanza liberal es el de la organización de las empresas, que son comunidades con reglas y mecanismos de control que "muestran formas de organización colectiva adecuadas para la transformación de diversos factores de producción en una serie de bienes y servicios". El otro lado de la moneda lo enseña el funcionamiento del mercado que "responde a las exigencias de subsidiariedad, de descentralización y de apertura del abanico de lo posible, siendo todas éstas características de una gobernanza legítima" (Calame, 2009: 148).

De la mano de estas formulaciones generales, surgieron también propuestas sectoriales de gobernanza —esto es, la idea de organizar colaboraciones público/privadas para tratar un tema en particular— en donde el elemento central, más que la participación, es la apelación al liderazgo de instituciones, grupos de expertos o agentes económicos que tienen intereses directos en el tema en cuestión.

Una parte de la justificación de este tipo de propuesta está vinculado con las perspectivas que se conocen como tecnocráticas, esto es, que ponen el centro de gravedad de la gestión en el conocimiento técnico/científico de la materia o tema que se gestiona. Las perspectivas tecnocráticas se justifican en la creciente complejidad y volatilidad (administrativa, normativa, social, organizacional, política) de la administración pública, lo que implicaría el recurso a complejos sistemas conceptuales para el desarrollo de buena parte de las actividades estatales. De allí se

---

[74] Comentando esta situación desde perspectivas descriptivas, aprobatorias o críticas ver Brewer Carías (1998: 86/87), Calame (2009: 16), Launay (2005: 94), Vernis y Mendoza (2009).

[75] En contraposición a las ideas de izquierda que postulaban una mayor politización de la sociedad y la ampliación de la esfera de actuación estatal.

desprende la necesidad de una matriz organizacional que sea capaz de potenciar y aprovechar a quienes tienen la correspondiente experticia. Quienes sostienen estas ideas justifican el retraimiento del Estado en virtud de su constitutiva rigidez, lo que lo hace incapaz de seguir la dinámica del conocimiento y los permanentes cambios en la sociedad civil y en el mercado mundial.

El repaso de ambas vertientes –democrática y liberal– de la gobernanza, permite advertir que, a pesar de tener fundamentos filosóficos e intereses diferentes, comparten dos características comunes de suma importancia para el tema aquí abordado:

- La introducción de la *gobernanza* (de la sociedad civil) para diferenciarla del *gobierno*: no sólo el Estado dirige los asuntos públicos, sino que también lo hacen los diferentes integrantes de la sociedad civil. En consecuencia, la participación de actores sociales en la conducción de la sociedad se produce bajo una lógica horizontal, sin centro jerárquico, que favorece la auto-organización.

- El Estado es visto como un ente de coordinación de los diversos subsistema sociales y de allí se sigue que el principal rol que se le asigna es "la 'regulación' del riesgo social y político, en vez de la redistribución de recursos" (Closa Montero, 2003:488). De tal forma, las propuestas de gobernanza calzan bien en iniciativas dirigidas a la mejora de los servicios públicos con base en la participación de los clientes y a la tercerización –con ONG– de las acciones de combate contra la pobreza, cuidado del medio ambiente, etc.

2.2.1. Crítica al modelo de gobernanza

Como sostiene O'Donnell (1972), al menos desde Aristóteles y Platón se sostiene que las estructuras socioeconómicas ejercen importante influencia sobre el régimen político imperante. En tal sentido, la perspectiva de gobernanza democrática se presenta como una ruptura con las ideas de Estado mínimo: pero también como una respuesta a las perspectivas neo-institucionalistas que habrían independizado casi totalmente al Estado y el universo institucional del despliegue de los actores de la economía y la sociedad.[76]

Si este fuera el caso, los autores no tendrían mucho que criticar: resaltaría el carácter de ejercicio pedagógico que retoma un concepto clásico a partir de nuevas metáforas y lemas vinculados a la relación

---

[76] Ver, por ejemplo, posiciones de Von Hayek comentadas en el Capítulo 2.

del Estado con la sociedad y, repetimos, marca un límite a las visiones mercado-céntricas.

Sin embargo, como ya hicimos notar, a la sombra de este replanteamiento, surgen o se potencian estrategias que asignan al Estado el papel de construir un soporte para el funcionamiento mercantil, o mejor dicho, una estrategia que estructuralmente maniate la estructura estatal para que no avance sobre el mercado, como había ocurrido en la experiencia histórica precedente.[77]

Independientemente de esta toma de posición, que no siempre se hace explícita, la noción de gobernanza –tanto en su acepción liberal como en su perspectiva democrática– precisa de dos supuestos:

1. Un Estado dialógico precisa de una sociedad civil fuerte y autónoma, madura y responsable, que no ponga en riesgo la gobernabilidad, que no se lance a la captura de las instituciones que regulan su actividad y que anteponga los objetivos del colectivo por sobre sus intereses individuales. Tal sociedad civil incluiría a agentes económicos que desenvuelven su actividad guiadas por prácticas que se recomiendan en la llamada *Responsabilidad Social Empresaria* (RSE).

2. Esta sociedad civil, asimismo, no estaría colonizada ni hegemonizada por actores que hacen uso de su poder, tales como compañías multinacionales, asociaciones empresariales, sindicatos, organismos multilaterales de crédito, embajada de los EE.UU., Iglesia, etcétera. Por el contrario, se trataría de sociedades plurales en donde el poder se distribuye de forma simétrica y horizontal.

De más está decirlo, las características citadas no son los que priman en el territorio latinoamericano.

Un último elemento a considerar en esta visión crítica del enfoque de gobernanza: vimos que en su perspectiva neoliberal –en abierta puja con la visión democratizadora– tiende a tecnificar las decisiones en políticas públicas. Mientras que la primera se orienta a la productividad –y tiende a producir sistemas más cerrados y elitistas– la segunda procura sistemas más inclusivos y participativos (Estévez y Ochoa, 2006). Los elementos en debate se clarifican cuando se lo trabaja a partir del análisis de las capacidades estatales. Es el tema de la próxima sección.

---

[77] Es conocida la metáfora de Jon Elster en *Ulises y las sirenas*, donde propone que el Estado se limite constitucionalmente para no dejarse seducir por los cantos de sirena del populismo. Allí se sustentan propuestas como la independencia de los bancos centrales (Elster, 1984).

2.3. Las capacidades estatales

El concepto de *capacidad estatal* pone el foco de atención en las posibilidades que tiene el Estado para implementar políticas públicas que incidan efectivamente en la realidad social. En otras palabras, la concordancia entre las propuestas de los tomadores de decisiones y la aptitud de la burocracia para plasmarlas en políticas específicas. *Grindle* (1997:34) la define como "la habilidad para llevar a cabo tareas apropiadas de forma efectiva, eficiente y sustentable", mientras que Fabián Repetto (2003:6) la entiende como "la aptitud de las instancias de gobierno para plasmar, a través de políticas públicas, los máximos valores posibles de valor social".

Este concepto tendrá amplia difusión a partir de los desarrollos que hicieran Skocpol (1996); Evans (1996) y Schneider (1998), Moore (1995), entre muchos otros. En el país, además, es de resaltar el impacto del texto de Sikkin (1993), que retomaba el trabajo de Evans para intentar una dudosa comparación entre Argentina y Brasil.

En este marco, *capacidades estatales* remitirá, entonces, a una serie de atributos técnicos, administrativos financieros que serían la clave del desarrollo de las economías de industrialización tardía.

Vinculado a esta idea, un concepto novedoso y de gran difusión en las academias de administración pública fue el de *autonomía enraizada* (Evans, 1996). Según esta noción, el aislamiento burocrático de un aparato administrativo weberiano fuertemente cohesionado, no debe ser pensado en términos antitéticos con una intensa inmersión en la estructura social que circunda al Estado.

Por el contrario, "de lo que se trata es de una autonomía inserta en una serie de lazos sociales concretos, que ligan al Estado con la sociedad y suministran canales institucionales para la negociación y renegociación continua de los objetivos y políticas" (Evans, 1996: 547). Avanzando en su sentido, enraizamiento puede ser referido a un tipo de relacionamiento de coalición entre actores sociales organizados y funcionarios estatales autónomos.

Para los autores que se inscriben en esta corriente, la clave del desarrollo estaría en el Estado y, más específicamente, en las capacidades de su burocracia, pues lo que caracterizaría la capacidad estatal es:

1) Un aparato burocrático de corte weberiano (i.e. con selección meritocrática y funcionarios de carrera, etc.);

2) gran capacidad administrativa;

3) posibilidad de intervención estratégica selectiva;

4) redes informales (partidarias, educativas, corporativas) que incrementen su cohesión; y

5) contacto informal con el resto de las sociedad (i.e. lo grandes empresarios).

En el quinto punto mencionado reside el *enraizamiento* que postula Evans como característico de la capacidad burocrática.

En la comunidad académica argentina concernida con las políticas públicas, la literatura sobre *capacidades estatales* tuvo un gran momento de auge en la mitad de la década del 90. Muchos de los artículos que venimos citando fueron incluidos en las materias de grado y postgrado sobre políticas públicas que empezaban a proliferar por aquellos años y sus ideas se retransmitieron en los eventos académicos de forma exponencial, al punto que es difícil encontrar un sector de políticas en que no exista un artículo o tesis[78] que incluya en su título dicha noción.

Para precisar cuáles son las características específicas del enfoque de capacidades estatales es necesario desagregar analíticamente sus tres dimensiones.

La primera de ellas es la dimensión administrativa asociada a las características de la estructura organizacional del Estado o de la agencia pública en cuestión. Dentro de esta perspectiva hay un énfasis en ponderar la coherencia interna de los cuerpos estatales, la cual venía asociada a la valía de los cuadros administrativos (Evans, 2003). En este marco administrativo, y a tono con la significativa influencia del abordaje neo-institucional, hay un notorio esfuerzo por analizar las reglas de juego implícitas y explícitas, sus incentivos y valores que pondera.

Interesa destacar aquí la tensión de la idea de enraizamiento con las ideas gerencialistas del *New Public Management*. Como en todos los instrumentos que tratan las perspectivas socio-céntricas, hay una mezcla de continuidad y ruptura con respecto a las políticas de ajuste estructural que, en este caso, genera una notoria contradicción entre las ideas que priorizan la articulación con el ciudadano/cliente y las ideas gerencialistas que subrayan la función de empoderar y dar libertad de acción al liderazgo para lograr la eficiencia.

Una segunda dimensión que toma este enfoque es el de la capacidad política (Repetto, 2003) o capacidades estatales de segundo orden (Berretta *et. al.*, 2005); ellas refieren a la aptitud de generar espacios y mecanismos de *cooperación* tanto intraestatales como con actores no gubernamentales. Esa aptitud es necesaria dada la complejidad del

---

[78] Ver los destacados trabajos de autores como Acuña y Repetto (2001) y Alonso (2001), entre otros.

Estado y la imposible sincronización mecánica entre sus partes; y la correspondiente complejidad de la sociedad con una enorme variedad de demandas y propuestas (Isuani, 2005). Naturalmente para que exista la cooperación se necesita un clima de confianza y un razonable campo de expectativas compartidas, elemento fundamental en la gestión de cualquier Estado nacional, más aún de aquellos que, como la Argentina, son federales.[79]

Más allá de la importancia de los aspectos intraestatales descritos, la aptitud gubernamental en su relación con la sociedad civil es <u>la</u> tercera dimensión considerada y el elemento clave para el enfoque de las capacidades estatal. La "capacidad (política) estatal" se pregunta más por la movilización de recursos sociales por parte de las agencias estatales para lograr sus objetivos de políticas, que por las estructuras estatales *per se*. Por tanto, la capacidad del Estado debe contemplar la habilidad de los actores estatales para articular con los actores sociales las políticas públicas con la finalidad de implementarlas con el apoyo de los sujetos sociales/ciudadanos a quienes incumben. Esto ha sido llamado *conectividad social*, vale decir, las redes externas que enlazan a los actores estatales con los sectores sociales (Evans, 1996).

De tal modo, la mayor complejidad de la sociedad y la creciente interdependencia en el origen de las problemáticas públicas, elevó la consideración que se tenía de la idea de participación de los actores sociales y la colaboración de la propia sociedad pasó a ser estimada como condición necesaria para el buen desarrollo de las políticas públicas. En consecuencia, se sustituyó la idea del Estado como productor exclusivo del bienestar social por la concepción de la colaboración entre el Estado y la sociedad, proceso iniciado en América Latina por la ola democratizadora iniciada en los años 80.

2.3.1. Crítica del enfoque de las capacidades estatales

De una lectura informada de la literatura reciente se puede inferir la explicación del frecuente uso del término *capacidad estatal*. Esta noción sirvió para designar la concreción de la voluntad estatal en su entorno social (i.e. de actores sociales con cuya participación se debería contar) escamoteando los aspectos asociados con el *poder*.

Vale decir, dados los cambios societales de fines del siglo XX y las concomitantes transformaciones en la forma (plasmada en la noción de

---

[79] En países con estos tipos de Estado existen dos desafíos de articulación del sistema de gobierno: el horizontal, referido a las agencias de un mismo nivel jurisdiccional (poderes, ministerios, organismos descentralizados, empresas públicas, etc.) y el vertical, que incumbe a los diferentes niveles jurisdiccionales (Nación/provincias).

governance) de dirigir los asuntos públicos, la capacidad estatal estaría revestida de una impronta relacional y consensual, superadora por una parte de la autosuficiencia del Estado y, por otra del uso de la violencia (a la que éste es asociado tradicionalmente). La literatura argentina estuvo muy influenciada por esta visión, sobre todo siguiendo el muy leído trabajo de Evans (1996). Dos citas, de autores que trabajan la temática lo ejemplifican:

> - la capacidad de inducir cambios en la conducta de los actores sociales o evitar los bloqueos a sus políticas [...] La relación entre el poder del Estado y el de los actores sociales no debe ser entendido como un juego de suma cero [...] La intervención del Estado en determinada arena pública es facilitada si se cuenta con la cooperación de los actores relevantes... (Alonso, 1997:20);

> - El concepto de capacidad relacional tiene la potencialidad de describir no la regulación imperativa (que puede ser mejor captada a partir de la noción de capacidades técnico-administrativas), sino la capacidad de estimular voluntariamente acciones productivas por parte de actores estatales, estableciendo nuevos arreglos institucionales de colaboración público-privada (Bertranou, 2013:22).

Ambos autores hacen referencia a que el concepto de poder despótico de Mann (1991),[80] el que se realiza de manera unilateral, necesita capacidades burocráticas (no políticas), pero que la complejización de los asuntos políticos a lo largo de la historia coloca severas restricciones a su despliegue. Sería, entonces, la hora del poder infraestructural (capacidad relacional o política) que se construye generando puentes

---

[80] Michael Mann (1991) alude a tres tipos de recursos de poder sustantivos (militar, económico o ideológico) pero diferencia entre tipos del poder: el "despótico" y el "infraestructural". El primer tipo de poder es característico de formatos estatales antiguos y se define como "el abanico de acciones que la elite tiene facultad de emprender sin negociación rutinaria, institucional, con grupos de la sociedad civil" (Mann, 1991:19). Este poder es eminentemente "distributivo", noción que Mann utiliza para significar juegos de suma cero en el que uno de los jugadores se lleva lo que el otro pierde y es característicamente unilateral, más allá del recurso de poder que se utilice, aun cuando no es difícil imaginar una "afinidad electiva" con la amenaza (latente) de la violencia. Se encuentra entonces (más allá de que Mann no lo diga), cercano al concepto tradicional de poder. Por su parte, el poder infraestructural es "la capacidad del Estado para penetrar realmente la sociedad civil y poner en ejecución logísticamente las decisiones políticas por todo el país" (Mann, 1991:20). El autor lo califica como un poder colectivo, que atraviesa la sociedad y por ende "coordina la vida social a través de las infraestructuras estatales" (Mann, 1997:90). Este poder refiere a la penetración a través de la cual se aumenta el alcance funcional y territorial del Estado, pero no significa la extensión de la imposición pues adopta una lógica colectiva.

institucionales de índole cooperativo con los actores relevantes de las diferentes políticas sectoriales.

Esta posición es claramente afín teóricamente con la idea del consenso, que incluso se podría articular con la idea de disfuncionalidad del conflicto que poseen algunas miradas neo-institucionalistas.

Si bien en la mayoría de las conceptualizaciones más importantes sobre el tema se distingue la dimensión institucional como una entre tantas, no es casualidad que al concepto aquí debatido se lo conozca también como "capacidad institucional del Estado" y que en la práctica se le otorgue a las "reglas del juego" un sitial preferencial.

Así entendida, la posibilidad de poner en práctica los planes ideados se aleja de las relaciones de fuerzas estructurales y de las construcciones de poder político a nivel macro, para ceñirse a los marcos normativos que vinculan a los actores relevantes de cada sector de políticas. El camino a seguir, en términos del fortalecimiento de la capacidad estatal, es la construcción de instituciones que minimicen los problemas de coordinación existentes en toda interacción entre actores sociales. La concepción del Estado que hay por detrás de esta idea es la de un árbitro de relaciones libres y no conflictivas entre los jugadores sociales.

Al respecto, Acuña y Chudnovsky (2013:49) señalan que "al neo-institucionalismo no le queda mayor espacio analítico para reconocer que el conflicto es un factor necesaria e ineludiblemente constitutivo de los procesos políticos", por lo que "leer el conflicto como una anomalía ineludiblemente responde teórica y normativamente a un entendimiento conservador".

Opción conservadora pero, también, teóricamente limitada. Al escamotearse el análisis del poder se desemboca en una concepción del mundo social donde todos los jugadores tendrían los mismos recursos económicos, simbólicos, comunicaciones y políticos por lo que los conflictos de intereses se resolverían en acuerdos cooperativos. En esta perspectiva, todo cambio social implica desinstitucionalización; toda toma de posición por parte del Estado, inseguridad jurídica.

Estas posiciones teóricas que tuvieron su nacimiento en la teoría de la acción comunicativa –después reconvertida en la *opinión pública*– de Jürgen Habermas, carecen de la densidad ético/normativa que trató de darles el sociólogo alemán, encontrándose con fuertes limitaciones para explicar la desembozada apropiación del Estado por las organizaciones de la sociedad civil más poderosas en América Latina. Como ha señalado Chibber (2005), una explicación principal de la baja capacidad institucional de los Estados latinoamericanos, es la propia acción de las organizaciones de la sociedad civil más poderosas. Un Estado débil –afirma esta autor– es más fácil de cooptar por las clases dominantes.

Otro elemento a destacar tiene que ver con las contradicciones que se observan en los diferentes análisis sobre los modelos de gestión imperantes durante la década de los 90, que no son ajenos a las rupturas y continuidades que existen entre las modalidades neoliberales y las socio-céntricas. Nos referimos, básicamente, a aquellas que surgen de las dos perspectivas normativas para el proceso de modernización del Estado, originadas en:

1. Una perspectiva *orientada hacia el cliente/ciudadano*, que deriva de la nueva economía institucional y el neo-institucionalismo.

2. Una perspectiva *managerialista* que utiliza instrumentos de gestión tomados del sector privado.

Estas dos concepciones si bien no son totalmente contradictorias, tienen puntos de tensión entre ellas.

La perspectiva orientada al cliente –vinculada a los principios de la teoría de la elección pública (*public choice*)– se propuso restablecer la primacía del gobierno representativo por sobre la burocracia. Para entender su razonamiento, recordemos que en sus esquemas analíticos se toman en consideración tres actores: los clientes/ciudadanos, los políticos y los burócratas.

El injustificado, erróneo y complejo crecimiento estatal ocurrido en la etapa keynesiana habría permitido a la burocracia acumular poder y quedarse con recursos de los contribuyentes para su propio provecho. Para solucionar este problema hay que empoderar a los políticos y a los ciudadanos y debilitar a los burócratas: respuesta ciudadana, elección del usuario, transparencia, descentralización (justificada por la mayor cercanía que brinda, y consecuentemente por el poder de control que da a los beneficiarios frente a los empleados públicos), etc.

La vertiente managerialista parte de otro análisis: los problemas surgen del excesivo formalismo, la rigidez y la sobre-reglamentación de las estructuras estatales. Para que los empleados públicos trabajen más productivamente, propone dar más poder a los gerentes públicos (en lo que sería una línea media de las empresas privadas), usando instrumentos como la gerencia de contratos, mayor libertad de maniobra para fomentar liderazgos efectivos, mejora de las cadenas de valor a través la introducción de mecanismos de mercado en el sector público y condicionar el pago al desempeño laboral.

El managerialismo desconfía tanto de la burocracia como de la política; para obviar ambos peligros propone instalar el *espíritu animal del capitalismo* en el ámbito de las organizaciones estatales.

La discordancia entre ambas escuelas refiere a un viejo problema: las tensiones que son inherentes a las tareas que cumple el Estado moderno y que fueron ya mencionadas por los autores clásicos de las Ciencias Sociales:[81] la dificultad de articular lo administrativo con el liderazgo político. La cuestión que subyace a esta problemática es el contraste y la tensión entre la racionalidad sustantiva de la esfera política y la racionalidad instrumental-formal de la gestión. Estas tensiones son inherentes a los gobiernos y al hiato que se genera entre ambas esferas (Estado/Administración Pública, que se emparenta con el par política/administración y reforma del Estado/reforma administrativa – Blutman, 2009) y que han sido objeto de gran cantidad de estudios. Siguiendo al autor de uno de ellos, Falcao Martins (1997:8), las fórmulas de resolución constituyen una toma de partido respecto de esta tensión:

a) El *managerialismo* elige por la burocracia en temas que fueran propios de la mecánica democrático-representativa.

b) El *public choice* escoge el papel rector de la política sobre la racionalidad instrumental de la burocracia, por consideración de los intereses en juego.

La cuestión remanente entonces, es la de analizar cómo se administran las tensiones y contradicciones entre las reformas políticas y de la administración pública y qué consecuencias tienen éstas en cada caso (Aucoin, 1996).

2.4. *El* homo participem

En los conceptos de gobernanza y de capacidades estatales, subyace la idea de que es posible lograr un nuevo modelo de articulación Estado/sociedad que lograría superar las históricas fallas de la gestión estatal, fruto del ejercicio del poder despótico y las rigideces burocráticas asociadas a él. Se espera que en el encuentro de la sociedad con el Estado –desde agencias que se despliegan en el marco de una adecuada estructura institucional, con la potencia y el conocimiento técnico adecuados– se pueda alcanzar una síntesis que disuelva el conflicto.

En los hechos, estos conceptos promueven un creciente involucramiento de la estructura administrativa con los actores de la sociedad civil a partir de un nuevo tipo de cuadro estatal, con cualidades diferentes de las que se asignaban al burócrata y al gerente. En su lugar, se sostiene que deben desarrollar un liderazgo relacional y una capacidad

---

[81] El joven Marx, Max Weber, Mitchels fueron algunos de los pensadores clásicos más destacados que ya habían percibido esta tensión entre política y burocracia en las democracias modernas.

de emprendimiento social, lo que implica tener un perfil político más lato (Vernis y Mendoza, 2009). Como no podía ser de otra manera, el Banco Mundial coincide con esta propuesta:

> Lo que se necesita es una mejor gestión de las relaciones entre mandante y mandatario, inseparables de la prestación de servicios. En muchos países, ésta se resiente porque ni los mandantes (políticos) ni los mandatarios (burócratas) respetan su parte del trato. Los políticos interfieren en el funcionamiento cotidiano de los organismos públicos; los servicios se prestan por conducto de departamentos del gobierno cuyos directores tienen escasa flexibilidad operacional... (Banco Mundial, 1997: 99).

Según el Banco, esta situación es particularmente crítica en los países en desarrollo, carentes de competencias a causa de estructuras institucionales ineficientes (Banco Mundial, 2002). Para llevar adelante ese reclamado liderazgo relacional se hace necesario otro tipo de agente: el homo *participem* (participante). Éste, claro está, no es un empleado weberiano que sigue al pie de la letra la normativa, ni necesariamente un cuadro técnico con alto conocimiento de la materia específica que trata.

También se diferencia del líder gerencial que proponía el *New Public Management*; aunque igual que de él se espera que pueda enfrentar las turbulentas aguas del mercado y que sea capaz de interactuar con el contexto. Pero ahora prima la idea de articulación con la sociedad civil —más que el objetivo de satisfacer al cliente—, dirigida a construir consensos y erigir poder a partir de la participación activa de los actores sociales implicados.

Por otro lado, una de las máximas del *New Public Management* es la autonomización de las diferentes agencias estatales, lo que provocaría la fragmentación de las estructuras públicas. Una de las consecuencias de esta *receta* es que debilita la capacidad del gobierno para coordinar y conducir las políticas en función de una orientación global. Como corolario de este análisis, también se espera que el *homo participem* tenga también la capacidad de articular con el *resto* de las unidades estatales.

El liderazgo relacional parte de la idea de que entre el líder y el colaborador existe una relación de influencia mutua que, claro está, no es simétrica. El líder relacional es aquel que no solo se preocupa por los resultados de la relación, sino que construye una mirada y valores compartidos.

La literatura referida al tema hace notar que, en el largo plazo, el liderazgo relacional tiene notorias ventajas en términos de productividad (capacidad de "lograr resultados que van más allá de lo formalmente exigido") así como también en cuanto es capaz de "retener a los miembros en la asociación" (Cardona, 2000: 9 y 10).

3. Perspectiva socio-céntrica y reforma estatal

Alrededor de los conceptos como los de gobernanza o capacidades estatales, el escenario de modernización estatal construyó su propia izquierda y centro, frente al neoliberalismo del Estado mínimo que quedó anclado en la derecha del espectro político. Ya el mentor del Consenso de Washington, John Williamson, había sostenido la conveniencia, inclusive para las fuerzas progresistas, de sustraer las bases del ajuste estructural de la controversia entre partidos (Vilas, 2009).

Ciertamente diferentes vertientes socialdemócratas así lo hicieron, estableciendo una agenda de *izquierda* que desechaba las tradicionales políticas del Welfare y las reemplazaba con una descentralización democratizadora con énfasis en la participación ciudadana, una política tributaria con elementos progresivos –en tensión con las políticas de atracción de inversiones y de fomento de la competitividad– y, cuando el equilibrio presupuestario lo permitiera, una ampliación de la oferta de bienes preferentes. Los textos de Giddens (1999 y 2001) que citamos largamente tuvieron una importancia capital en este sentido.

El papel jugado por los gobiernos socialdemócratas en la crisis europea iniciada en 2008 ha generado una aguda controversia acerca de si los elementos que citamos marcan una real diferenciación. Los defensores de la modernización de la socialdemocracia, enfatizan en su especificidad, destacando tanto las diferencias con la vieja socialdemocracia, como con los gobiernos neoliberales. Tarassiouk considera, por ejemplo, que la regulación estatal y el mercado dejan de ser antípodas para complementarse mutuamente; que la burocracia no es un obstáculo para la economía, sino un acicate si es profesional. En fin, que antes "se pregonaba que la tarea principal…era la creación de una economía de mercado; ahora que… es la creación de un Estado eficaz" (Tarassiouk, 2008: 45).

Anthony Giddens, en una línea similar, propone un contraataque a la crítica neoliberal al papel del Estado. Para ello, puntualiza las funciones ideales del mismo, a saber:

1) Suministrar medios para la representación de intereses diversos;

2) ofrecer un foro para conciliar demandas rivales de estos intereses;

3) crear y proteger una esfera pública abierta;

4) suministrar una variedad de bienes públicos;

5) regular los mercados siguiendo el interés público y fomentar la competencia mercantil donde haya amenaza de monopolio;

6) fomentar la paz social mediante el control de los instrumentos de violencia;

7) promover el sistema educativo;

8) mantener un sistema judicial eficaz;

9) intervenir a niveles macro y micro económico, además de proveer de infraestructura;

10) tener una meta civilizadora; y

11) fomentar alianzas regionales y transnacionales (Giddens, 1999: 61).

Nótese que, exceptuando los puntos 5) y 9), no hay en Giddens una gran diferencia con la visiones neoliberales. Incluso, aquellas menos radicales, nunca dejaron de aceptar una intervención estatal para combatir los monopolios o corregir las distorsiones del mercado.

En lo que hace a la derecha, el espectro modernizador ya estaba ocupado por aquellos autores e instituciones que había mantenido pertinazmente la defensa de las ideas del Estado mínimo, con el Fondo Monetario Internacional como vocero más poderoso.

El Banco Mundial se quedó con el centro, al proponer una reforma institucional limitada, condensada en cuatro mensajes básicos para quienes formulan políticas (Banco Mundial, 1997: 46):

1. "Todos los Estados... deben respetar fomentar y aprovechar la iniciativa privada y los mercados competitivos.

2. Los Estados con escasa capacidad institucional deben ante todo dedicarse a proporcionar los bienes y servicios puramente públicos que los mercados no pueden ofrecer (...).

3. La credibilidad es fundamental (...) Los Estados deben... [garantizar] a las empresas y los ciudadanos que... las organizaciones estatales... se mantendrán dentro de los límites fijados por los medios fiscales disponibles.

4. (...) A medida que se desarrolla la capacidad institucional, los Estados pueden emprender programas colectivos más difíciles (programas encaminados a promover los mercados, por ejemplo) y aplicar a las acciones de interés colectivo instrumentos eficientes pero difíciles de administrar".

Nos detendremos en el análisis del discurso de esta institución pues, como dijimos, su impacto en el mundo de las ideas y de las políticas públicas concretas es muy relevante.

3.1. Corsi e ricorsi *en el Banco Mundial*

Como ya se señaló, desde comienzos de la década del 90 el Banco Mundial fue variando su perspectiva sobre la mejor forma de enfrentar los cambios que estaban ocurriendo en la sociedad. De esta forma, miró con interés algunas instituciones de gestión económica que operaban en Asia oriental:

> La autoridad para elaborar políticas que permitan alcanzar los objetivos a largo plazo de los dirigentes se ha delegado en organismos centrales poderosos y elitistas. Aunque esos organismos gozan de relativa autonomía… ofrecen a las empresas privadas cierto margen de participación y supervisión (…)

Estas instituciones permitían una interacción competente entre el sector público y el sector privado, en donde había espacio para la participación recíproca en la toma de decisiones:

> […] la información sobre los costos de las políticas industriales se difundió por conducto de una gama de consejos de deliberación mixtos, públicos y privados, que sometían los programas costosos a un riguroso análisis. Esos mecanismos de consulta transparentes e institucionalizados daban a agentes exteriores al gobierno la autoridad para restringir o incluso vetar sus acciones (Banco Mundial, 1997: 94 y 95).

No es necesario profundizar el análisis para notar en las diferencias que tienen estas concepciones –estrechamente vinculadas con las ya citadas ideas de Peter Evans sobre el "Estado enraizado" (Evans, 1996)– y las del Estado mínimo.

En el plano de análisis que nos ocupa, la gobernanza que planteaba el documento del BM como virtuosa, si se seguía el modelo coreano, implicaba un papel muy potente del Estado tanto en su rol de asignar tareas concretas a las empresas en el marco de una planificación, como en el rol regulador del mercado. Esta fue una clara señal de que el BM estaba revisando el papel que hasta entonces le había asignado al Estado.

Esta perspectiva cambió con la mencionada salida de Joseph Stiglitz de la institución. El contragiro se hizo patente en el Anuario

2002, dirigido a analizar las "Instituciones para los mercados. En este documento se desarrolla claramente el análisis de gobernanza:

> Muchas de las instituciones que sirven de apoyo a los mercados son de carácter público. (...) La capacidad de suministrar esas instituciones es lo que se conoce como buen gobierno o «buena gestión pública (Banco Mundial, 2002: 101).

El problema central del Estado vuelve a la concepción original planteada por las visiones más pro mercado del institucionalismo:

> En la evolución del Estado moderno, hay una tensión entre la necesidad de asegurar que los funcionarios públicos tengan poder suficiente para dirigir como corresponde los asuntos del país y la de evitar que ejerzan ese poder arbitrariamente en beneficio de unos pocos privilegiados (Banco Mundial, 2002: 99).

Y por supuesto, el problema se encuentra en el poder que se acumula en el Estado y en el aprovechamiento que hacen de él los políticos pues "... los que se encuentran en el poder por lo general tienen más oportunidades de extraer rentas en virtud de los cargos que ocupan (Banco Mundial, 2002: 103). Para agregar más adelante, que los "políticos, impulsados por el deseo de perpetuarse en sus cargos, tienen poderosos incentivos para manipular el proceso fiscal a fin de mejorar sus posibilidades de reelección" (Banco Mundial, 2002: 103).

¿Cómo limitar el poder de los políticos? El informe plantea varias ideas, algunas de ellas que pueden llevar a prácticas poco democráticas:

> Un requisito de la buena gestión pública es el poder de aplicar políticas y establecer instituciones que pueden resultar impopulares para parte, o incluso la mayoría, de la población (Banco Mundial, 2002: 100).
>
> "... cuando los ministerios de finanzas tienen tanto o más poder de decisión que el cuerpo legislativo o los ministerios que efectúan gastos, les resulta más fácil a los organismos centrales imponer disciplina fiscal." (Banco Mundial, 2002: 102).
>
> (...) {se debe limitar} la capacidad de los políticos de manipular con éxito las decisiones de política para influir en el electorado" (Banco Mundial, 2002: 103/4).
>
> "... los acuerdos internacionales en los que se apoyan los gobiernos para aplicar políticas que tal vez sean impopulares en sus países" (Banco Mundial, 2002: 102).

En general, en las recomendaciones de política pública concreta los teóricos del Banco buscan limitar tanto el poder estatal como el de la política, teniendo muchos puntos de contacto con la visión más dura del ajuste estructural. En este marco, el papel del sector público vuelve a reducirse, en lo fundamental, a ser un ayudante del mercado, pues:

> La buena gestión pública incluye el establecimiento de derechos de propiedad y su protección y aplicación; sin ellos, son limitadas las posibilidades de efectuar transacciones de mercado. Comprende también el establecimiento de un régimen regulatorio que coadyuve al mercado a promover la competencia, y la formulación de políticas macroeconómicas bien fundadas que creen un ambiente estable para la actividad comercial (Banco Mundial, 2002: 101).

Este retorno hacia ideas tecnocráticas y mercadocéntricas se profundizó a partir de la crisis del 2008. Así puede verse con claridad en el Informe Anual 2014 dirigida al "tratamiento de riesgos sistémicos" (Banco Mundial, 2014: 21). Para enfrentarlos, el BM propone la creación de un organismo para la administración de los múltiples peligros que abarca la vida social, entre ellos los "relativos a operaciones militares, seguridad y terrorismo; el riesgo económico; el riesgo ambiental, sanitario y tecnológico, y el riesgo social".

Este *Consejo Nacional de Administración de Riesgos*, con misiones que históricamente han sido parte del núcleo estratégico estatal, tendría "la facultad de formular recomendaciones que obliguen a las autoridades pertinentes". Para la conformación de este Consejo se sigue una nítida estrategia dialógico-tecnocrática:

> El Poder Ejecutivo podría designar a las autoridades normativas del Consejo, y los expertos independientes podrían provenir de los círculos académicos, la comunidad empresarial y las organizaciones de la sociedad civil. (…) Los miembros del Consejo Nacional de Administración de Riesgos se designarían en calidad de tecnócratas especializados con garantía de permanencia en el cargo durante un período superior al ciclo político (Banco Mundial, 2014: 38 y 39).

Esta configuración se justifica pues:

> […] el consejo debe ser independiente del proceso político, lo que incluye la designación por concurso y por un largo mandato de los miembros de su junta, un presupuesto independiente y sólidos mecanismos de rendición de cuentas (entre ellos, la evaluación por consejos similares u organizaciones internacionales) (Banco Mundial, 2014: 34).

La estrategia expuesta marca un patrón general para toda la gestión estatal: pocas páginas después el documento promueve la creación de un Consejo Fiscal dirigido a corregir los problemas del riesgo en ese ámbito, ya que las autoridades políticas "suelen desviarse de los planes sostenibles" y por ello "sufren las consecuencias de un sesgo 'procíclico': tienden a registrar déficits presupuestarios y acumular deuda en los períodos de bonanza y luego carecen de recursos suficientes y flexibilidad ('espacio fiscal') para estabilizar el producto en períodos adversos." (Banco Mundial, 2014: 34).

Al amparo de éste análisis, recomiendan la conformación de un Consejo Fiscal que "se encargaría de tomar decisiones respecto de la asignación de los déficits en el curso del tiempo". Su principal objetivo sería el de "aislar del proceso político algunos aspectos de la aplicación de la política fiscal y delegarlos en un consejo independiente permitiría aumentar la credibilidad fiscal y la rendición de cuentas." (Banco Mundial, 2014: 34).

3.2. *La reforma argentina en clave socio-céntrica*

Las reformas de primera generación en la Argentina tuvieron dos objetivos: por una parte, disminuir los desequilibrios fiscales mediante una abrupta reducción del tamaño de la Administración Pública y, por otra, una tendencia privatizadora que desestructurara la orientación intervencionista del Estado que había caracterizado la etapa desarrollista. La segunda ola de reformas, por su parte, presentó objetivos más difusos: consolidar el patrón de liderazgo mercantil introducido por las reformas anteriores –y la aparente fortaleza fiscal del sector público– al mismo tiempo que se incrementaba la eficacia estatal.

Este carácter difuso de sus objetivos se reflejó en un debate y una literatura especializada que tomó algunos vicios de la *industria del management* privado (Martínez Nogueira, 2011). Como irónicamente comentó Oscar Oszlak, la segunda reforma consistió en una multiplicación de modelos de Estado, definidos con base en metáforas antropocéntricas. El Estado debía ser:

> [...] necesario, inteligente, atlético, mínimo, sensato, modesto, reinventado, catalítico... debe ser ético, transparente, estar desburocratizado, informado, profesionalizado y tecnológicamente aggiornado ¿Quién podría estar en desacuerdo con estas propuestas? Es casi como afirmar que es mejor ser rico y sano que pobre y enfermo (Oszlak, 1999: 95).

Más allá de este costado banal, lo relevante de la segunda ola fue que trasladó el eje del debate: en vez de repetir las críticas sobre la ineficiencia del Estado, se deliberó acerca de los modos de fortalecer y mejorar sus estructuras, aunque esto se hiciera para fortalecer al mercad.

En suma, la segunda ola mantuvo las premisas centrales de la reforma estatal –equilibrio fiscal, eficiencia, centralidad de los dispositivos de privatización, desregulación y descentralización– agregando, además, estrategias de: 1) transparencia; 2) agencialización, esto es, tecnocratización y autonomía de ámbitos estatales críticos –poder judicial, banco central, etc.–; 3) creación de órganos técnicos públicos/ privados; 4) participación ciudadana/satisfacción de los clientes; y 5) impulso al pensamiento estratégico.

Alrededor de estos temas –que, vale recordar, no tuvieron mucho alcance en la Argentina pues fueron eclipsados por la búsqueda de la segunda reelección del presidente Menem primero y por la crítica situación fiscal y económica después– se desplegaron los programas de reforma estatal de matriz socio-céntrica.

3.2.1. *La segunda ola en la etapa de Menem*[82]

Desde el mismo momento en que el Presidente Menem decidió convertirse en adalid del ajuste estructural, se generaron dos bandos en el gobierno nacional: el ala política que defendía la puesta en marcha de políticas más cercanas a la tradición peronista cuando superara la inmensa brecha fiscal; y el ala que se llamaba a sí misma *técnica,* y que se asignaba el rol de custodio de la ortodoxia neoliberal y de aliado privilegiado del *mercado.*

Cuando se superó la etapa crítica, cada bando privilegió estrategias diferentes para el nuevo momento: en el Ministerio de Economía –y sus aliados en Trabajo y Justicia– se ponía en agenda los elementos faltantes para construir una sociedad de mercado postulando una suerte de ajuste permanente, mientras que en Gestión Pública, Interior y Desarrollo Social, del despliegue de políticas para enfrentar el deterioro social.

También hubo puntos de acuerdo: ambos consideraban que se debía consolidar el Estado central como una organización de segundo piso, desligada de la prestación y administración de servicios directos a la población y concentrada en roles de regulación, promoción y orientación de la iniciativa privada.

Luego del afianzamiento de la convertibilidad y el triunfo en la elección de 1991 se hizo notoria la disputa entre Domingo Cavallo,

---

[82] En esta sección tomamos información y análisis de Bozo y López (1999).

Ministro de Economía –que fungía como líder del ala técnica– y el Presidente de la Nación. Sin poner en cuestión la dirección estratégica del ajuste estructural, en muchos momentos el presidente Menem apoyó el ala política como forma de limitar el creciente poder del Ministro Cavallo, y en este sentido alentó la idea de una segunda etapa de reformas frente a los defensores acérrimos del Estado mínimo.

Visto en perspectiva, este enfrentamiento se definió cuando el ala política logró confluir con Unión Cívica Radical –el principal partido de la oposición– en el Pacto de Olivos (fines del año 1993) y se abocó a organizar una Constituyente que habilitaría la reelección del Presidente y debilitaría definitivamente el poder del ala técnica.

No fue ajena a esta situación la sensación de irreversibilidad en las reformas realizadas, percepción basada en los éxitos electorales en los años 1993, 1994 (convención constituyente) y 1995 (presidencial), y el hecho de que todo el arco político –inclusive la agrupación de centro izquierda FREPASO– tomara nota del humor social, y para no perder competitividad electoral, defendiera las privatizaciones y avalara los *fundamentals* del ajuste (Jozami, 2004).

Hacia mediados de diciembre de 1994 fue lanzada ante los medios de comunicación la Segunda Reforma del Estado. La estrella del evento fue la ex ministra de Economía de Nueva Zelanda, Ruth Richardson, responsable de una de las experiencias de aplicación de la Nueva Gerencia Pública consideradas más exitosa.

Richardson recaló en Buenos Aires gracias a una invitación del Jefe de Gabinete Eduardo Bauzá, quien según sus propias palabras, había decidido darle un lugar central en el diseño de la reforma por "recomendación del Banco Mundial". Requerida por la prensa, Richardson dejó una recomendación contundente: "Ningún plan es exitoso si el equilibrio fiscal se busca mediante el aumento de impuestos. Hay que bajar el gasto".[83] Fue un balde de agua fría para los que pensaban que se abría una etapa diferente a la del ajuste.

Luego de su rutilante visita no hubo más noticias de la ex Ministra Richardson y la reforma se estancó hasta finales de 1995, cuando el Poder Ejecutivo Nacional envió al Parlamento un proyecto de segunda reforma del Estado que sería aprobado con importantes modificaciones en marzo de 1996 (Ley N° 24.629).

La estrategia comunicacional de la segunda reforma consistió en presentarla como un instrumento para optimizar la gestión pública dentro del modelo de Estado vigente. En tal sentido, si bien las adecua-

---

[83] *La Nación*, 17/12/1994, "Arranca en marzo la nueva reforma del Estado", disponible en www.lanacion.com.ar/170847-arranca-en-marzo-la-nueva-reforma-del-estado, consultado el 15/09/2015.

ciones del aparato estatal podían llegar a implicar nuevas reducciones de planta y gasto, se daba por concluida la tarea de construir un nuevo patrón de relaciones Estado/Sociedad.

El ir y venir de negociaciones y las dificultades de aprobación y puesta en marcha del plan de reformas dan cuenta de que tanto en el gobierno, como en el sistema político y en los grupos de poder, no hubo un entusiasmo similar al que impulsó los cambios de primera generación. El proyecto finalmente aprobado –y más aún su implementación– fue mucho menos trascendente de lo que se esperaba.

En 1996 se produce un recambio de las figuras que habían cumplido un rol clave en el despliegue del ajuste estructural (renuncias de Eduardo Bauzá a la Jefatura de Gabinete en junio y del ministro de Economía Domingo Cavallo en agosto) y todas las iniciativas –piloteadas por el nuevo hombre fuerte del gobierno, el ministro del Interior Carlos Corach– se subordinaron al logro de un tercer mandato consecutivo para el presidente Menem.

Esta posibilidad fue abortada por la oposición frontal del gobernador de Buenos Aires, el ex vicepresidente Eduardo Duhalde, quien amenazó con hacer un plebiscito en su provincia para garantizar el cumplimiento de los acuerdos alcanzados para la reforma de 1994 que establecían un solo periodo adicional para el presidente Menem. Si bien la oposición de Duhalde frenó la segunda reelección, también generó una brecha en el oficialismo que sería letal para su propio proyecto presidencial.

En 1997 se formó la Alianza por el Trabajo, la Justicia y la Educación –conocida como "La Alianza"– que unía electoralmente a las dos principales fuerzas opositoras: la UCR y el FREPASO. Su triunfo en las elecciones de 1997 derrotando al PJ por primera vez desde 1985, la presentó como la fuerza con mayores probabilidades de triunfo para las elecciones presidenciales de 1999.

Era un secreto a voces que el Presidente complotaba contra el candidato de su partido –el gobernador de Buenos Aires, Eduardo Duhalde– con la idea de retornar al poder luego de un periodo presidencial de la entonces oposición. De esta forma, los últimos años de su gestión de gobierno se caracterizaron por una pronunciada inacción en lo referente a la reforma estatal, contracara del febril ritmo que su gobierno había sostenido en los años anteriores, primero con el ajuste y luego con la reforma constitucional.

El ejemplo más emblemático de esta situación fue lo que se llamó "el piloto automático" del nuevo ministro de Economía, el ultraliberal Roque Fernández, quien postulaba que el Estado no debía hacer mucho más que garantizar la solvencia de los bancos y evitar los desbordes del gasto público.

Para terminar de clausurar las posibilidades de éxito del candidato por el oficialismo, el ex ministro Cavallo organizó un partido propio, Acción por la República, que terminó por deshilachar la alianza electoral conservadora popular que había sido tan exitosa desde 1991. El resultado final (48% para la Alianza contra 38% del justicialismo) muestra la holgura con que el nuevo presidente triunfó en las elecciones.

Más allá de esta crónica, que explica el languidecimiento de los cambios estatales, durante la segunda mitad de los 90 fueron llegando al Estado argentino las nuevas ideas en Administración Pública que en el mundo adquirían creciente difusión. Ellas advenían por caminos indirectos y transcurrían por vías capilares; muy distantes del decisionismo y de la acción sistemática y global que había caracterizado la primera ola de reformas.

Una de las iniciativas que mayor impacto tuvo fue la que surgió de la aplicación de los *enfoques de calidad* al aparato estatal. El primer signo en este sentido fue la promulgación de la ley N° 24.127 de 1992, que puso en marcha el Premio Nacional a la Calidad. Por esa época también comienzan a verse unidades del Estado que obtienen certificaciones de sistemas de gestión bajo normas ISO.

Un hito fue la promulgación del Decreto 928/96, que instituyó la obligatoriedad del diseño de planes estratégicos por parte de los organismos descentralizados. En este decreto se promueven dispositivos de gestión tales como la "definición de un modelo de gestión" alineado con la misión del organismo; la necesidad de desarrollar "Procesos basados en la focalización hacia el ciudadano"; la utilización de "indicadores de gestión para medir desempeños", etc. Asimismo, hace hincapié en políticas de transparencia (Artículo 5°) y prevé una convocatoria "a audiencia pública al menos una vez al año" (Artículo 6°).

3.2.2. *La modernización del Estado durante el interludio de la Alianza*[84]

A pesar del discurso progresista y modernizador que venía tanto del ala alfonsinista de la UCR como de los antecedentes izquierdistas de muchos cuadros del FREPASO, los nuevos gobernantes empezaron dando señales de continuidad al establishment y a la Embajada de Estados Unidos respecto de las políticas pro-mercado.

En perspectiva es difícil recopilar las ideas que guiaron su (corto) periodo de gobierno (1999/2001), pues cada una de sus actividades y declaraciones estuvieron signadas por una crisis fiscal y económica que parecía no tener fondo. Por ese motivo, para rastrear las ideas

---

[84] En esta sección tomamos información y análisis de Blutman (2005).

que guiaron a la Alianza, hay que remitirse, además del Plan de Modernización del gobierno –por mucho el documento más importante referido a la gestión estatal–, a las propuestas manifestadas antes de la elección o en los primeros tiempos de gobierno.

Poco antes de las elecciones, en julio de 1999, Fernando De la Rúa aprovechó la reunión anual de la Asociación de Bancos de la República Argentina para expresar su sintonía con las ideas de la Tercera Vía. El candidato a presidente definió su propuesta política mediante el concepto de "nuevo camino: afín al de los nuevos laboristas, aunque inspirado en la realidad argentina". El camino hacia un país más justo se recorrería "con más eficiencia en la acción del Estado y con la promoción del crecimiento a través de la confianza y la previsibilidad" (en Prati, 2000: 328).

Ya con De la Rúa como presidente electo, se dio a conocer un "Consejo de Asesores de la Presidencia para la Gestión del Estado", conformado por "diez ejecutivos retirados de empresas de primera línea" quienes tendrán a su cargo "llevar a la función pública criterios de management empresarial" así como "controlar los organismos y empresas del Estado". Cuatro ejecutivos confirmaron su participación en el consejo: Víctor Savanti (ex director de IBM), Juan Munro (ex director de Phillip Morris Latinoamérica), Carlos Adamo (directivo del Banco de Boston y cofundador y miembro directivo del Bansud) y Gustavo Herrero (ejecutivo de la papelera Zucamor).[85]

Como ya se dijo, al asumir el gobierno la Alianza debió enfrentar un importante déficit fiscal acompañado por un ciclo recesivo que, según algunas opiniones, parecía comenzar a dejarse atrás. En el marco de una economía abierta, como era la de la Argentina por aquellas épocas, las decisiones a tomar implicaban una disyuntiva: si se resolvía el frente fiscal a través de un ajuste, se corría el riesgo de detener la incipiente recuperación; si no se hacía eso, los datos fiscales podían generar una ola de desconfianza y una fuga de capitales capaz de derrumbar todo el esquema de la convertibilidad.

El gobierno optó por la primera opción: un ajuste en el gasto público unido a un incremento de los impuestos que le enajenó inmediatamente el favor de los sectores medios, sobre quienes recaía el grueso del esfuerzo fiscal. Posteriormente, cuando la tibia reactivación se revirtió, el Gobierno fue reiteradamente acusado –imposible saber si con razón o no– de impericia y de falta de sensibilidad. Por esos primeros días, en el desalojo de una propuesta política en puente que une las ciudades

---

[85] *La Nación*, viernes 19 de noviembre de 1999 "Un grupo de ejecutivos asesorará a De la Rúa". Disponible en www.lanacion.com.ar/161758-un-grupo-de-ejecutivos-asesorara-a-de-la-rua, consultado el 2/07/15.

de Resistencia con Corrientes, las fuerzas de Gendarmería mataron a dos manifestantes.[86] No se podía empezar peor.

En la inauguración del 118° periodo de sesiones ordinarias del Congreso de la Nación[87] –realizada a casi tres meses de su asunción– el Presidente centró su discurso en "la transformación del Estado argentino". Sus juicios fueron lapidarios:

> Este que tenemos ahora, si me disculpan la expresión, no sirve para nada. (...) tiene una deuda que amenaza a todo el sistema y asfixia al sector privado"; y sus soluciones expeditas: lo que el país necesita, repito, es eliminar su déficit para tener libre el camino del progreso y del crecimiento. Lo primero, [es] sanear el Estado. Estoy eliminando el déficit que nos asfixia. Es un formidable esfuerzo. Se está reduciendo dramáticamente el gasto público como no ocurrió en décadas.

Lo notable de este discurso es que se produce cuando por más de quince años se había implementado un ajuste estructural unánimemente considerado como uno de los más completos y profundos de cuantos se emprendieron en el mundo.

Las reglas para reducir el déficit fueron "transparencia y austeridad", pero las medidas en este sentido fueron insignificantes: eliminación de los gastos reservados y la promulgación de un decreto de compras. En otra dimensión, se promovieron medidas destinadas a incrementar la recaudación, con base en el combate a la evasión y el aumento a los impuestos "de los que más pueden".

Siguiendo casi el pie de la letra las ideas que se discutían en la época, el presidente tuvo la visión de "una segunda transformación del Estado argentino" una vez que se hubiera alcanzado el equilibrio fiscal, para "transformarlo en un Estado rico, eficaz, activo en sus políticas, cercano a la gente y capaz de pararse al frente del desarrollo de la Argentina (...) Quiero un Estado honesto y eficiente. Quiero terminar con la corrupción estructural del Estado, con la burocracia." Para concluir –y repetir el recetario en boga al pie de la letra– De la Rua apelará a la necesidad de fortalecer los órganos judiciales para dar previsibilidad en el mercado, certeza en las relaciones, mejorar la competitividad y dar aliento a las inversiones.

---

[86] "Balas y gases en un puente a ninguna parte" *Página 12*, 18 de diciembre de 1999. Disponible en www.pagina12.com.ar/1999/99-12/99-12-18/pag03.htm, consultado el 24/04/15.

[87] Disponible en www.telam.com.ar/advf/documentos/2014/02/53063e4424aa2.pdf, consultado el 1/09/2015.

Comenzando el primer año del siglo XXI, que en los hechos era también el primero del gobierno, la administración de la Alianza comenzó a mostrar fisuras. Las disputas internas eran la comidilla diaria de los medios de comunicación: desacuerdos entre De la Rua con la máxima autoridad de su partido –el ex presidente Alfonsín–; rencillas en el interior del FREPASO, y entre el Frente y la Unión Cívica Radical. Los rumores eran alarmantes; además de una aguda escasez de recursos, las estructuras ministeriales organizadas de acuerdo a las facciones de gobierno, se enzarzaban en contiendas que no respetaban ningún límite.

De las ideas, acciones y documentos que se desplegaron en pos de la reforma –repetimos, desdibujadas por la continuada crisis– se destaca nítidamente el decreto 103/2001, que impulsó el Plan de Modernización del Estado a través de una secretaría del mismo nombre.[88] Los fondos para el desarrollo del Plan –cuestión clave, porque la penuria era extrema– se consiguieron con créditos asignados para prevenir los daños eventualmente producidos por el efecto Y2K[89] que, como ocurrió en todo el mundo, fue sobreestimado.

La modernización se planteaba como un proceso descentralizado a partir de acuerdos con la dirección de los principales entes públicos. En estos acuerdos la Secretaría de Modernización y el órgano en cuestión establecían metas, mecanismos de medición y evaluación, apoyo técnico para la implementación y premios y castigos presupuestarios y financieros. El plan se enfocaba en tres ejes:

---

[88] La Secretaría de Modernización fue creada por decreto 17/2000 y tenía una característica inédita: dependía de la Vicepresidencia de la Nación. Esto fue así en virtud de un acuerdo político para asignarle algunas funciones ejecutivas al entonces vicepresidente Carlos "Chacho" Álvarez. Tras su renuncia, la secretaría languideció hasta convertirse en insignificante.

[89] El conocido también como el problema del año 2000 o efecto del 2000 es un error de software causado por la omisión que hicieran los programadores de la centuria en cada año al almacenar fechas. Así, con la llegada del año 2000 se temía que los programas se reiniciaran en el 1 de enero de 1900, generando grandes complicaciones en los sistemas informáticos de todo tipo. Al final la solución fue relativamente sencilla, pero se gastaron grandes cantidades de dinero en la aplicación de 'parches' informáticos que solucionaran el problema,

1) Cambio del modelo de gestión en dos dimensiones:

   1.1. Transformaciones institucionales por medio de la implementación de:

   • Carta compromiso con el ciudadano, la cual definía un marco para la relación entre los organismos públicos y los ciudadanos;

   • gestión por resultados, mediante la utilización de las herramientas del planeamiento estratégico, de la reingeniería y de los sistemas de alta dirección.

   1.2. Transformaciones transversales por medio de:

   • Gestión del capital humano, usando la evaluación del desempeño, el reconocimiento de incentivos, y la promoción, calificación y capacitación, por oposición a los sistemas tradicionales que daban incrementos salariales automáticos por antigüedad;

   • formación y desarrollo del capital humano como herramienta estratégica de la profesionalización;

   • nuevo sistema de compras;

   • sistema de administración financiera; y

   • gobierno electrónico, para democratizar la información y difundir las TIC.

2) Proyectos de modernización estructural, dirigidos hacia los siguientes objetivos:

   • Eliminar las superposiciones;

   • racionalizar el endeudamiento con organismos internacionales estableciendo criterios de coordinación y homogeneización de la gestión de los diferentes programas; y

   • adecuar la estructura estatal a las necesidades de las políticas públicas.

3) Políticas de transparencia privilegiando la prevención, tratando la corrupción como una cuestión sistémica y actuando sobre la calidad normativa, el acceso a la información y la participación de los ciudadanos.

Como puede verse, los principios de la segunda ola de reforma ocuparon un lugar importante tanto en las ideas que expresaban las autoridades como en el Plan de Modernización.

Es claro que este plan de la Alianza ponía el énfasis en lo mercantil, que no debía ser distorsionado por las eventuales medidas para superar los desequilibrios fiscales. A este núcleo duro se le yuxtaponían actividades de lo que habían sido las históricas funciones de la gestión pública y que ya se venían realizando: análisis de estructuras, capacitación, sistemas de compras, etc.

En cualquier caso, más allá de las expresiones y documentos, ni desde lo político, ni desde lo económico, ni desde lo fiscal hubo espacio para avanzar en las reformas de segunda generación.

Los problemas internos, la recesión económica y la crisis fiscal se potenciaron cuando el vicepresidente de la Nación, hacia octubre del año 2000, renunció a su cargo en virtud de las sospechas de sobornos por parte de la presidencia de la nación en la votación de una ley en el Senado. Fue la gota que rebalsó el vaso: la imagen presidencial decayó hasta límites de los que ya no se recuperaría y todo el gobierno quedó a la deriva.

Hacia marzo del 2001, con niveles de fuga de divisas que comenzaban horadar la viabilidad del sistema bancario, fue llamado Domingo Cavallo como última receta salvadora. La inmensa batería de medidas del nuevamente superministro de economía, que emprendió la tarea de salvar la convertibilidad con su proverbial decisionismo, fue inútil.

En las elecciones de medio término de octubre de 2001, el oficialismo obtuvo menos del 10% de los votos. Poco después, la fuga de divisas obligó a limitar las extracciones bancarias. Sólo era cuestión de tiempo que ocurriera el estallido final que terminara con el último gobierno del ajuste estructural.

Cuarta parte.
Después del neoliberalismo: las ideas y procesos nacional populares[90]

> "No someteré el bien público a las supuestas necesidades de la economía: los intereses de unos cuantos poderosos, si esto tiene costo, a resistir, pero cambiamos el país radicalmente ahora o no lo cambiaremos nunca".
>
> *Rafael Correa, presidente de la República de Ecuador*
> *Discurso, julio 2015*

1. La nueva ola latinoamericana y argentina

La generalización del ajuste estructural en América Latina a lo largo de la década de los `90 culminó con una extendida crisis de gobernabilidad.

La superación de la crisis, que insumió los primeros años del naciente milenio, tomó caminos diferentes según el país: en algunos casos se produjeron reformas menores al modelo neoliberal (Chile, Perú), en otros este modelo se profundizó asumiendo perfiles más autoritarios (Colombia, México) y en otros hubo cambios significativos (Venezuela, Brasil, Argentina, Bolivia, Ecuador).

La valoración del fenómeno —tanto a nivel región como en cada caso— y de sus implicaciones es objeto de profunda controversia. Sin

---

[90] Los autores de esta obra vienen trabajando el tema desde hace un lustro: Cao (2011), Cao y Laguado Duca (2014; 2014a; 2014b; 2015), Cao y Rey (2015), Laguado Duca (2010; 2011; 2013; 2013a; 2014; 2015) y Rey (2011, 2012, 2013, 2014).

embargo, al menos un acuerdo une a tirios y troyanos: el Estado está llamado a ocupar un lugar más importante que el que se le asignaba en los 90, aunque las estrategias relacionadas con este nuevo posicionamiento, estén en discusión.

¿Qué orientaciones guiaron este retorno del Estado? Si bien los distintos gobernantes pertenecientes a lo que podríamos llamar la "nueva ola latinoamericana" acuñaron poderosas ideas fuerza que lograron darle identidad a sus respectivos procesos políticos –Socialismo del Siglo XXI; Revolución Ciudadana, Desarrollo con Inclusión– no se ha producido hasta el presente una sólida reflexión que sistematice las tendencias comunes de estas experiencias.

Teniendo presente las dificultades de este escenario conceptual, creemos posible construir una genealogía de las nociones que las ciencias sociales críticas venían elaborando y que se consolidaron con el despliegue de la nueva ola latinoamericana. Si bien en términos conceptuales tomamos ideas pensadas para el proceso regional en general, seguiremos enfocando el análisis en el gobierno argentino, constituido en una referencia importante en las trayectorias políticas que se plantearon dejar atrás el consenso de Washington.

Uno de los ejes críticos de este gobierno fue dotar de centralidad la acción estatal a partir de la construcción hegemónica de una base política popular que amplió sus márgenes de acción.

En dicha dirección, el involucramiento de los movimientos populares en comunión con la presencia de líderes carismáticos comprometidos con la superación del neoliberalismo, fue fundamental para viabilizar el proyecto político nacional. Cada una de las políticas públicas adelantadas significó una pulseada de actores estatales y no-estatales, en la cual los poderes fácticos permanentemente pusieron en discusión el concepto de autonomía del Estado.

De tal forma, puede afirmarse que a partir de creativas y audaces iniciativas estatales apoyadas en un pragmatismo que se atrevió a contradecir las ideas dominantes neoliberales, la última década argentina impulsó políticas de desarrollo e inclusión social. Para ello el Estado se desplegó en distintas dimensiones: desde la disputa simbólica hasta los esfuerzos de construcción de actores sociales, pasando por la trabajosa búsqueda de gobernabilidad o diversas iniciativas puntuales de transformación del aparato administrativo del Estado.

2. La vuelta de las teorías del conflicto

2.1. La preeminencia de la política

En general y con matices según cada caso nacional específico, la nueva ola latinoamericana buscó desarmar el régimen de valorización financiera como patrón de acumulación del capital para reemplazarla por el de la (re)industrialización. A diferencia de anteriores experiencias desarrollistas y en términos del funcionamiento del Estado, esta vez se privilegió la política sobre la experticia tecnocrática o la autonomía social.

Consistente con este contexto empírico, el subcontinente está asistiendo a la construcción de una perspectiva intelectual estado-céntrica[91] adaptada a los tiempos de la tercera revolución industrial, en donde la relación con la sociedad adquiere ribetes diferentes a los vistos en los capítulos previos.

Como es fácilmente comprensible, ésta perspectiva se orienta hacia el poder, en tanto concepto agonista, más que hacia nociones consensuales o administrativistas. Es necesario detenerse en este tópico para evidenciar la diferencia con principios que prevalecen en otras corrientes teórico-políticas.

La definición clásica del poder remite a la probabilidad de imposición de una voluntad sobre otra, aun contra la resistencia de ésta, implicando la existencia de relaciones de mando-obediencia. Esta conceptualización, muy citada desde la obra de Weber, es compartida por un amplio espectro de teóricos clásicos, desde la tradición marxista hasta Clausewitz, pasando por autores tan diversos como Voltaire o De Jouvenel.

Con el desarrollo de los estudios sobre la temática se amplió el concepto del poder de que la fuerza física no es el medio habitual en que éste se funda, sino que existen otros mecanismos que propician la obediencia, aunque la amenaza de su uso potencial cumple un papel destacado.

En el Capítulo 3 hemos mencionado que Mann (1991) diferencia entre dos tipos de poder: el despótico y el infraestructural, estando el primero más directamente vinculado con la fuerza.

---

[91] Así como en el capítulo previo llamábamos perspectivas *socio-céntricas* a las ideas allí vertidas, aquí hacemos lo propio con las corrientes de pensamiento que normativamente sitúan en el Estado al principal articulador del conjunto societal.

Para comprender el poder infraestructural es necesario aproximarnos al concepto de hegemonía; en su acepción gramsciana, este concepto remite a la "dirección intelectual y moral" de la sociedad (Portelli, 1973:14; Bobbio, 1985:360). Este concepto excede el significado de dirección política, esto es, de la alianza entre clases o sectores de clases, para connotar una concepción del mundo en la cual se subsumen desde el sentido común hasta la filosofía.[92]

Según la interpretación de Laclau, lo interesante es que la hegemonía presupone la construcción de un sujeto político, noción no asimilable a coalición de actores de políticas públicas ni a clases sociales. Este sujeto político es el resultado de la reunión de sectores sociales con diferencias identitarias (sociales, culturales, étnicas, etc.), alrededor de un significante vacío[93] en función del cual se estructura el campo político, dando lugar al *pueblo* y lo externo a él. En definitiva, en el fenómeno hegemónico lo político genera una nueva identidad general que amalgama a las anteriores identidades parciales.

El conjunto de procesos políticos de naturaleza nacional-popular que comenzaban a desarrollarse en Latinoamérica impactó en la producción teórica de temas políticos y estatales. Según García Linera (2010:1): "...en la actualidad no cabe duda de que en el ámbito de las Ciencias Sociales, en el ámbito del debate en los movimientos sociales, en las organizaciones sociales, en la juventud, en los barrios, en los sindicatos, en los gremios, en las comunidades hay un renovado interés por el debate por el estudio, por la discusión en torno al Estado, al poder".

2.2. Populismo y construcción de la hegemonía

En el debate sobre esta nueva realidad, la noción *populismo* adquirió un sentido diferente al tradicionalmente peyorativo que le adjudicaban las academias norteamericana, europea y algunas tendencias de la criolla: desde mala praxis macroeconómica hasta carencia de visión de largo plazo.

En algunas academias o tendencias teóricas de América Latina el populismo no connota necesariamente mal gobierno. En la Argentina el populismo refiere a gobiernos nacional populares, más

---

[92] En este fenómeno cobran fuerza variables ideológico-culturales, sobre lo cual la perspectiva citada ha producido abundante conceptualización.

[93] Apoyándose en Lacan y Saussure, Laclau utiliza el significante vacío como un significante al cual no le se le asigna ningún significado y que por ende permite que diferentes lecturas se sientan contenidas en él, posibilitando de tal forma la construcción hegemónica.

específicamente a las experiencias peronistas de 1945/55, 1973/76 y 2003 hasta la fecha).[94]

El sesgo contra el *populismo* fue disputado en el debate intelectual por una cantidad de trabajos que nacieron principalmente al amparo de las ideas que Laclau (2004) expresó en *La razón populista*. Este autor argentino (que ha influenciado experiencias políticas allende nuestros países latinoamericanos, como por ejemplo a los cuadros principales de Podemos en España o de Syriza en Grecia) detalla los siguientes elementos para la verificación de una articulación populista:

- La experiencia de una serie de demandas distintas, con diferente nivel de agregación y sin conexión entre sí (por ejemplo los estudiantes respecto de su educación, los pobladores de ciertas barriadas en relación a su infraestructura, los obreros sobre su salario) desatendidas por el sistema institucional;

- la emergencia de una de estas demandas por sobre su particularidad, poniéndose ante las otras como denominador común que encarna al conjunto, transformándose en un "significante vacío" (por ejemplo, como señala García Linera (2010), la "Guerra del agua" en Bolivia);

- la existencia autónoma de un lazo equivalencial entre las demandas, que si bien nace de ellas, adquiere vida propia y en algún sentido puede llegar a constreñirlas;

- la formación de una demanda global (fruto de las demandas particulares articuladas equivalencialmente) que genere una frontera que separa dos campos antagónicos: el campo constituido por el conjunto de quienes inicialmente tenían demandas diversas, ahora unidos en un mismo bloque por el mencionado lazo equivalencial que cristalizó en un significante vacío, y el campo opuesto, conformado por aquellos que no dieron satisfacción a esas demandas y quienes en la disputa hegemónica quedaron enfrentados al significante vacío conformado por el campo anterior.

El cumplimiento de estas condiciones y el proceso por el cual una demanda previamente diferencial asume un nombre que engloba (y produce) a la totalidad constituye la hegemonía. Ahora bien, la totalidad construida implica "algo cualitativamente nuevo" (Laclau, 2004:142), no una mera transición lógica o dialéctica desde las de-

---

[94] Las ideas del nacionalismo popular serán tratadas en la sección 3.3. del presente capítulo.

mandas heterogéneas, posición que separa a Laclau de las corrientes teóricas esencialistas.

Para los esencialistas existe la posibilidad de una totalidad sistémica, totalmente reconciliada consigo misma –la sociedad sin clases a que aspira el marxismo clásico es el ejemplo paradigmático– y que por ende alcanza la plenitud. Una vez alcanzada esta situación no hay necesidad de articular las identidades sociales, puesto que su unidad es previa a la representación política.

La diferencia de Laclau (2004:277) con estas perspectivas radica en que sostiene la carencia de un "núcleo último [...] enteramente homogéneo y transparente". No hay sociedad completamente unida armónicamente: siempre hay una parte heterogénea.

Ahora bien, más allá de la heterogeneidad, siempre hay una presencia fantasmagórica de la homogeneidad como horizonte mítico a alcanzar. De allí que la heterogeneidad se perciba como "una dimensión de ser deficiente o unidad fallida". Lo que va a componer el fenómeno populista es un proceso que partiendo de la heterogeneidad social y queriendo lograr la unidad (inalcanzable), produce una "investidura radical" por la cual una de las demandas vacía (sin perderlo) su contenido, y a través de la "nominación" genera un efecto retroactivo que es ni más ni menos que la conformación de una identidad popular; un *populus*.

En esta compleja relación entre la homogeneidad y la particularidad se encuentra lo específico de la unidad a que da nacimiento el populismo. Dada la característica estructural de la sociedad de no ser una totalidad, la transformación de la *plebs*[95] en *populus* es producto de una operación hegemónica y por ello este fenómeno no puede ser aprehendido desde una mirada esencialista de la unicidad total, ni desde la pura diferencia.[96]

La práctica populista es, entonces, el proceso por el cual, a través de la política, se producen identidades populares en función de una frontera (también política), que debe ser pensada en términos de confrontación de distintos proyectos de sociedad más que de cooperación entre ellos. Remarcamos, a riesgo de ser redundantes, el papel de lo político como organizador de la construcción de los actores y lo conflictual del proceso; y adelantamos ya que no es casual que estas dos características sean reiteradamente señaladas (muchas veces en tono

---

[95] Grupo social de la antigua Roma: los *plebeyos*; en principio, no formaban parte del *populus Romanus*.

[96] La diferencia entre *plebs* y *populus* implica que los pobres (*plebs*), pasan a representar a todo el pueblo (*populus*). El uso del latinajo se debe a que en español la noción "pueblo" tiene ambos sentidos.

acusador) como propios del discurso y la práctica gubernamental de los presidentes Néstor Kirchner y Cristina Fernández.

Si bien la teorización de Laclau ha tenido alto impacto en las ciencias sociales críticas y sus ideas han cosechado cantidad de estudiosos que continuaron su trabajo, ellas no son las únicas que han construido aproximaciones teóricas respecto de los nuevos vientos que recorren América Latina.

El ya mencionado García Linera, por ejemplo, se ha constituido en una voz muy atendida, tanto por su estatura intelectual como por las funciones que desempeña dentro del actual gobierno boliviano. Parándose en la vereda estado-céntrica "moderna", vale decir, sosteniendo que el Estado sigue siendo "un nudo de condensación del flujo político de la sociedad" (García Linera, 2010:4), este intelectual-político agrega que la política no termina en el Estado, sino que también es potestad de los actores sociales. A partir de allí desarrolla una conceptualización de los procesos de trasformación y consecuentemente del Estado, aplicables a varios países latinoamericanos en general y, obviamente, a Bolivia en particular.

Carlos Vilas (2011: 179) por su parte, propone el término *Democracias de transformación* para dar cuenta de procesos socio-políticos que trastocan "las relaciones preexistentes de poder a través de la reasignación de recursos económicos e institucionales, materiales y simbólicos, e incluso a una nueva construcción estatal, en la medida que el Estado es siempre expresión de una estructura de poder..." (Vilas 2011: 182).

Como se ve claramente en estas últimas palabras, para Vilas —y también para García Linera, como en general para la literatura que se encuentra en esta sintonía— el Estado no es un ente circunscrito a su aparato administrativo sino que lleva en sí mismo las relaciones sociales de las que forma parte "como correlación de fuerzas y como relación de dominación" (García Linera 2010:5).

Esta mirada sobre el Estado recupera concepciones tradicionales tanto del marxismo clásico como de impronta weberiana, que pueden rastrearse en las ideas vertidas por O'Donnell (1984) y Oszlak (1985) en sendos trabajos muy citados. En ellos se sostiene que el Estado es la parte política de una relación social de dominación, constituida por los diferentes sujetos sociales que participan como dominantes o dominados. En consecuencia, el aparato administrativo del Estado es, junto al sistema legal, su cristalización institucional, pero no es la esencia del mismo.

Siguiendo esta línea, una explicación general de lo acontecido en diversos países latinoamericanos, con matices según las particularidades de cada uno de éstos, puede sintetizarse de la siguiente manera: la debacle económico-social provocada por el neoliberalismo puso en jaque la legitimación de los regímenes hasta entonces imperantes; en este escenario comienza a adquirir un tono distinto la movilización social, puesto que deja de caracterizarse por una miríada de demandas fragmentarias y puntualmente localizadas, para despuntar como proceso generalizado y articulado.

Dado que estos procesos no son ajenos a la democracia liberal representativa —aunque tampoco son definibles enteramente por ésta— el nuevo bloque social que se está constituyendo accede legalmente (mediante elecciones) al gobierno, en donde desarrolla, con mayor o menor intensidad, políticas post-neoliberales de desarrollo e inclusión social munido de la poderosa organización estatal. García Linera (2010:10) lo pone en los siguientes términos:

> El Estado no es la sociedad política, el Estado no es la realización
> de la movilización política de la sociedad, pero es una herramienta,
> o puede llegar a ser una herramienta que contenga esa movilización
> o que ayude a consolidar los logros hasta aquí alcanzados.

Esta descripción genérica del proceso vivido con diferente tenor y características en diferentes países de América Latina, recupera el papel de la movilización social y la construcción de una frontera entre el "nosotros" y el "ellos". A esta división agrega un elemento fundamental para la concreción y viabilidad del cambio que reclama esa inicial articulación social: la asunción de la conducción del Estado y su utilización para transformar las relaciones de poder en el seno de la sociedad.

En consecuencia, es necesario detenerse en el papel que debe asumir el Estado en este tipo de transformaciones: *como co-constituyente de las relaciones sociales, y como un conjunto de organizaciones que despliega acciones* que impactan en la realidad.

3. El lugar del Estado en la nueva matriz estado-céntrica

Estos desarrollos conceptuales que hemos venido glosando constituyeron una novedad que no se debe desligar del surgimiento de la ola latinoamericana. A diferencia de otros momentos de la historia regional en los que la comunidad académica y los círculos de conducción política recibían corpus teóricos pergeñados en otras latitudes y arribados a modo de recetas, en el ciclo que estudiamos en este Capítulo no hay teorizaciones sistemáticas que cierren en sí mismas respecto de las relaciones entre Política, Estado y Administración Pública.

La reconfiguración del mapa geopolítico de América Latina ha hecho eclosionar posiciones críticas de muy diversa índole, algunas de las cuales recurren también a distintos bagajes teóricos anteriores. Dado este panorama, lo que aquí sigue no es una descripción modelizada de un inexistente consenso intelectual sino un intento de sistematización de algunas diversas pero concurrentes interpretaciones sobre el rol del Estado.

3.1. Construcción política e ideas sobre la estatalidad

La crisis del consenso neoliberal tuvo enorme fuerza revulsiva sobre los tópicos que ocupaban la agenda de la opinión pública y la que manejaba las ciencias sociales. El debate a que dio lugar la crisis produjo una primera novedad al retomar vigencia la idea de que el Estado es parte constitutiva de una relación social y que la vida y bienestar de un pueblo se juega en la disputa política general existente en la sociedad, la cual está investida de los elementos materiales y simbólicos que brinda un proyecto socio-político-cultural determinado.

Una segunda novedad radica en la superación de las versiones según las cuales el Estado y su aparato administrativo son parte, por definición, de la dominación de las clases subalternas. Por el contrario, las voces que acompañan los actuales procesos latinoamericanos sostienen que el Estado como concepto analítico situado, y sin negar su faceta represiva, también puede ser pensado como una "plastilina" que un proyecto social transformador puede utilizar en su provecho (Gabriela Montaño, 2015; Kicillof, 2015).

Teniendo presente estas novedades, la perspectiva latinoamericana tiende a pensar que el poder, en tanto fenómeno político-histórico, es descuidado por los enfoques preeminentes en las décadas previas (neoinstitucionalistas y de gobernanza).[97]

Desde la perspectiva laclausiana vimos que la disputa política puede estructurar dos campos diferenciados cuya interrelación no constituye un juego de suma positiva. Acorde con esa postura, el rol del Estado no es el de articular con (o enraizarse en) los sectores relevantes de las políticas en que se puede traducir dicho conflicto, sino el de imponer la voluntad de una de las partes por medio del poder estatal. Aunque ciertamente para lograr esto último necesite contar con el compromiso de otros sectores de la sociedad (sumar a la hegemonía).

Por supuesto, la existencia de un proyecto político con voluntad hegemónica no implica la existencia de un liderazgo indiscutido sobre el conjunto social, pues del otro lado de la frontera política habrá sectores, más o menos organizados y articulados, que también desarrollan acciones que influyen en la disputa por la hegemonía.

Visto así, la década iniciada en 2003 en la Argentina se caracteriza por la puja hegemónica entre dos proyectos. Uno de ellos fue el que llegó al gobierno en mayo de ese año y que propició el regreso de una perspectiva que no le teme ni teórica ni prácticamente al conflicto político y al poder, acoplándose con el lugar central que históricamente los movimientos nacional populares asignaron al ámbito estatal.

Desde esta visión, se sostiene que el proyecto de país en clave del desarrollo –crecimiento económico acompañado de nuevos y más complejos roles sociales, redistribución de riqueza, empoderamiento de las clases subordinadas, incorporación de tecnología, modernización general de la sociedad, etcétera– no surgen sin más del automatismo de mercado o de la implicación libre y voluntaria de la "sociedad civil", sino que precisan de una serie de acciones dirigidas y conscientes que, entre otros factores, involucran al Estado y a la Administración Pública como la ejecutora de los mandatos del Gobierno.

Y se precisan, justamente, porque esas tareas no dependen de cuestiones técnicas sino de ejercicio de poder. Visto de tal forma, el Estado es el único capaz de establecer un contrapoder que discipline a los actores del bloque previamente dominante y proteja a la población de las tendencias más agresivas de la globalización, a la vez que avanza en una sociedad más libre e igualitaria.

---

[97] De similar forma sucede con la literatura tradicional de capacidades estatales. Luego de describir las definiciones usuales –ya citadas en el Capítulo 3–, Sotelo Maciel (2013:54) afirma que "La capacidad política comporta una dimensión crucial que no se resuelve solamente con los aspectos mencionados: implica la solvencia y la disposición de los cuadros de gobierno para el direccionamiento estratégico y la gestión de los conflictos que pueden condicionar o comprometer el desarrollo nacional". En similar senda se inscribe la forma de pensar la temática en los trabajos de Rey (2014) y Bernazza, Comotto y Longo (2015).

Figura N° 3
Esquema de análisis estatal en la nueva matriz estado-céntrica

Fuente: Elaboración propia

Esta percepción y voluntad respecto de la consideración del Estado, lleva a dos definiciones clave. Por un lado, y tal como se adelantó, se lo considera el centro de poder político de las sociedades (a diferencia de las miradas socio-céntricas y mercado-céntricas) y por ende se propone y activa como actor político privilegiado dentro del territorio nacional.

Esta perspectiva sobre el papel del Estado hacia el interior de su sociedad tiene un correlato con sus tareas en el concierto internacional. Las distintas experiencias de la nueva ola latinoamericana distan de considerar un mundo cerrado y de pretender mantenerse al margen del mismo; por el contrario se reconocen las tendencias globalizadoras, considerándolas como elemento que incide de modo variable en las realidades nacionales tanto a través de la institucionalidad supranacional, como de los flujos económicos y las construcciones culturales.

En esta línea de trabajo, la nueva ola latinoamericana puso en el debate la necesidad de la consolidación y fortalecimiento de la integración de la Patria Grande, como continuidad histórica de las luchas patriotas descolonizadores del siglo XIX, pero también como estrategia frente a las fuerzas de este mundo interconectado.

Si a este recorrido de las relaciones entre los Estados latinoamericanos le agregamos las temáticas descriptas previamente, se puede llegar al siguiente resumen de las características estatales fundamentales del proceso político iniciado en las postrimerías del siglo XX (y en 2003 en la Argentina):

- Legitimación del papel del Estado como constructor de una hegemonía que impulse un proyecto latinoamericanista, participativo, popular y democrático, lo cual incluye considerarlo eje ordenador de la sociedad, rechazando que ese papel lo juegue el mercado y/o las ONG;

- caracterización del Estado con tres componentes simbólicos que ya O´Donnell (1984) anotaba como parte sustancial de su funcionamiento: lo nacional, lo popular y la ciudadanía. Estos tres componentes simbólicos también tienen una contrapartida material:

  a) La idea de lo nacional significa defensa de la soberanía política y económica del país frente a los actores internacionales.

  b) La idea de pueblo implica inclusión social y redistribución del ingreso en la búsqueda de una reconfiguración de la identidad colectiva y de la organización y empoderamiento de los segmentos más vulnerables de la sociedad.

  c) La idea de la ciudadanía que significa ampliar y profundizar los derechos sociales, económicos e identitarios sin ignorar la garantía de los derechos liberales clásicos (seguridad, libertad, acceso a la información, etc.).

- Intervención del Estado en la esfera económica para superar estrangulamientos internos y externos, desincentivar acciones especulativas, y disciplinar a sectores con gran capacidad de controlar el mercado, con el fin de fomentar la competitividad, favorecer el desarrollo tecnológico y proteger las fuentes de trabajo;

- construcción de una institucionalidad que beneficie a los sectores populares;

- rechazo de las tendencias globalizadoras en tanto se trata de fuerzas que arrasan con la potestad estatal, y oposición desde la unidad latinoamericana.

Las políticas públicas orientadas por estos mandatos recién enumerados provocaron modificaciones más o menos profundas, según el caso, sector u organismo, en la Administración Pública aumentando el alcance del Estado sobre la vida social.

3.2. Las ideas del nuevo desarrollismo

Las ideas sobre el rol activo del Estado encontraron en la experiencia desarrollista un rico antecedente que no tardó en ponerse sobre la mesa. De esta forma, un grupo de economistas actualizó los postulados que habían tenido amplia aceptación en América del Sur hasta mediados de los 70 y acuñó el término "nuevo desarrollismo" para referirse a ellas (Bresser Pereyra, 2007; Aldo Ferrer, 2005 y 2013; Plan Fénix, 2010).

Esta perspectiva se postuló como la vía para que los países de desarrollo medio recuperasen el tiempo perdido en la carrera del desarrollo que, al igual que en los años 50 y 60 del siglo XX, fue leído en clave de industrialización... *aggiornado* a los procesos globales. Esta nueva versión de la teoría del desarrollo, tal como sucedió con su antecesora de mitad del siglo XX, unió las reflexiones de académicos y los tomadores de decisiones.[98]

En primer lugar remarcamos algunos elementos que retoman las concepciones que tuvieron amplia influencia en los años 50 y 60:

- El Estado es garante de los procesos de acumulación capitalista y la herramienta para cumplir sus misiones es una burocracia altamente capacitada siguiendo el modelo weberiano.

- Esa burocracia debe construir fuertes lazos con los principales actores económicos, con el objetivo de impulsar el fortalecimiento de lo que entonces se llamaba *burguesía nacional;* el caso de Brasil bajo la presidencia de Kutbischek parece haber sido paradigmático (Sikkink, 2009).

- El Estado debe intervenir fuertemente en las áreas claves para el desarrollo de la economía priorizando inversiones en infraestructura, energía y comunicaciones.

- Énfasis en la producción de bienes sociales –educación, salud, etc.– en tanto precondiciones para el desarrollo. A diferencia de aquellos años los temas de carrera, pleno empleo y estabilidad laboral deben ser revisados. Una posibilidad es la *flexiseguridad* que impulsaran hacia la mitad de la década pasada países como Dinamarca.[99]

---

[98] En lo que sigue nos basamos en Bresser Pereyra (2007).

[99] No tenemos espacio para desarrollar el concepto acá, pero *grosso modo*, flexiseguridad se refiere a: 1) Pactos contractuales en lo laboral adaptables y fiables; 2) Protección social a desempleados; 3) políticas de formación laboral activas orientadas a la continua adaptabilidad de los trabajadores.

- Un renovado énfasis en la formación en Inversión y Desarrollo (I+D), teniendo en cuenta que en la actualidad el conocimiento es un bien central para el desarrollo.

A diferencia de las teorías de mitad del siglo XX, los defensores del nuevo desarrollismo consideran que la centralidad dada antiguamente a las industrias sustitutivas, condujo al agotamiento del modelo. En su lugar, y en el caso de los países medianos, la industrialización debería haberse dirigido a la exportación y no solo a un mercado interno cautivo, lo que hubiera obligado un incremento de la productividad para poder competir en el mercado internacional. Por el contrario, la elección de barreras arancelarias y tipos de cambio privilegiado creó un mercado interno altamente protegido, que tornó innecesarias inversiones y derivó en ineficiencia (descripto en el Capítulo 1).

Si ya entonces imponer protección indiscriminadamente fue un error, más lo sería ahora cuando los países latinoamericanos cuentan con un importante sector privado con suficientes recursos acumulados para realizar grandes inversiones.

La propedéutica neodesarrollista considera entonces que para garantizar la soberanía económica[100] la antigua protección aduanera debe ser reemplazada por el manejo del tipo de cambio –i.e. tipo de cambio competitivo-; el gasto público derivado de las ineficientes industrias estatales, por el manejo cuidadoso de las cuentas fiscales; y el sobredimensionado aparato público, por una administración pequeña y eficiente.

Más allá de esta perspectiva general –y además de incorporar todo un bagaje de conocimiento e instrumentos acopiado en los últimos cincuenta años que, entre otras cosas, mitiga su enfoque economicista– se le hacen al desarrollismo las siguientes objeciones a las cuales añadimos las contrapropuestas del neodesarrollismo:

- Visión instrumental de la política, entendida como espacio cuya función es la de reunir poder para que los técnicos puedan desplegar las políticas públicas hacia el desarrollo. En su lugar, ahora se apuesta a la preeminencia de la política como espacio de conducción del proceso.

- Planificación centralizada como instrumento para hacer funcionar la sociedad como un mecanismo de relojería. En general, puede decirse que hay menores expectativas en la capacidad de previsión y transformación de la sociedad por parte de las políticas públicas.

---

[100] Con bastante razón a juicio nuestro, Bresser Pereyra (2007) sostiene que un Estado endeudado es un Estado débil.

Esto implica también el reconocimiento de una sociedad compleja, con la que se establecen lazos variados —no solamente de ordenamiento y disciplina a partir del plan nacional— sino también espacios de seducción y participación, ya que se reconoce en ella al motor del proceso de transformación política.

- Poca atención a los equilibrios fiscales, la inflación y las cuentas externas. Ahora el cuidado de esos factores es parte de la agenda gubernamental.

Los elementos mencionados no agotan la propuesta neodesarrollista,[101] pero sintetizan sus principales ideas sobre el rol del Estado en lo que denominan un *desarrollismo de economía abierta*. En él se combinaría una intervención estatal fuerte pero limitada, con reformas institucionales pro-mercado, construyendo un Estado poderoso pero austero.

3.3. *La recuperación de las ideas nacional-populares*

La otra matriz del modelo de recuperación del Estado es de raigambre nacional popular. Esta perspectiva está compuesta por una serie de valores, abordajes, conocimientos y relatos mezclados en un conjunto poco estructurado. Esto, en parte, es así porque fue un saber plebeyo, desinteresado en alcanzar un estatus filosófico o científico reconocido. La mixtura también se explica por su formación aluvial y policlasista, esto es, por la confluencia de aportes del anarcosindicalismo, de la Iglesia católica, y del pensamiento democrático popular, socialista, o conservador popular, entre otros.

Los contenidos concretos del nacionalismo popular son tema de arduos debates, fundamentalmente por la cantidad de sujetos que se consideran los verdaderos autores del mismo. Más allá de su diversidad,[102] esta perspectiva describe una forma de nacionalismo basada en la justicia social, la soberanía popular y la autodeterminación nacional, tanto en lo político como lo económico. Su surgimiento es inescindible de los procesos de descolonización ya citados y en ese sentido se asocian a él en América Latina a Getúlio Vargas en Brasil, Carlos Ibañez en

---

[101] Para un comentario más extenso ver Laguado Duca (2013a).

[102] A mero título de ejemplo, citamos las figuras de Hernández Arregui, Jorge Abelardo Ramos y Rodolfo Puiggros, quienes vincularon al peronismo con el enfoque marxista, Scalabrini Ortiz y Arturo Jauretche, de visión más nacionalista, José María Castiñeira de Dios y José María Rosa, de raigambre más conservadora popular.

Chile, Sandino en Nicaragua, Jacobo Árbenz en Guatemala, Lázaro Cárdenas en México, el Movimiento Nacionalista Revolucionario en Bolivia, el APRA en Perú, etc.[103]

En su versión argentina despliega una mirada situada desde el punto de vista histórico y geográfico. Hace centro en nuestro país como parte de una *nación en construcción* –América Latina– cuyo proceso histórico puede leerse en clave de alcanzar su plena autonomía y superar los desequilibrios de su estructura social. Estos desequilibrios son de índole política, económica y social: asimetría entre el poder regulador del sector público y los segmentos más concentrados de la economía, agudas desigualdades territoriales, funcionamiento restringido de su institucionalidad (para las formas y estándares canonizados por el establishment), bolsones de marginalidad social, sobredimensión del poder relativo de fracciones del capital internacionalizadas, debilidad de los encadenamientos productivos, etc.

A partir de este diagnóstico, no es difícil colegir cuál es, para el enfoque Nacional-Popular, el objetivo último de la actividad política en general y de la acción del Estado y la Administración Pública en particular: salir de esta situación a partir de eliminar la injerencia de las potencias mundiales y de la hegemonía de los sectores populares.[104]

Esta voluntad de cambio y transformación tienen un sentido definido por dos estrategias centrales:

a) Procesos de modernización y desarrollo socioeconómico que permitan otro tipo de dinámica interna y de relación con el mundo; y

b) Acciones tendientes a superar los desequilibrios sociales, con especial énfasis en la tarea de operar sobre los bolsones de pobreza y marginalidad así como también de reducir los desniveles en la asignación del ingreso.

Estos dos objetivos se consideran estrechamente relacionados: solo una sociedad que haya superado sus desequilibrios sociales puede desarrollarse; solo a través del desarrollo pueden superarse los desequilibrios sociales.

---

[103] También se suelen considerar como Nacional Populares al Congreso Nacional Indio que dirigió la lucha por la independencia de la India desde fines del siglo XIX, el Sinn Féin que alcanzó la independencia de la República de Irlanda; el Nasserismo, como principal expresión del nacionalismo y la unidad árabe en el siglo XX; el Partido Baath Árabe Socialista, principal impulsor del socialismo árabe, de gran influencia en Siria e Irak, etc.

[104] Objetivos que se sintetizaban en las consignas "liberación o dependencia" o "Liberación nacional y social".

Ahora bien, la concepción de estos tópicos no se ha mantenido intocada desde los orígenes de la perspectiva nacional-popular, sino que en función de la disputa ideológica y del cambio societal (descripto en el Capítulo 3) han sido enriquecidos. En consecuencia, la actual perspectiva nacional-popular por un lado mantiene a los trabajadores como un sujeto social relevante para la estrategia de superación de los desequilibrios sociales, observando también un conjunto nuevo de movimientos populares desvinculados del mercado laboral tradicional.

Por otro lado, además de buscar consagrar derechos tendientes a disminuir la desigualdad social, también da cuenta de nuevas identidades o sujetos que no se corresponden con la disputa material de la sociedad sino con derechos individuales del orden de lo que Offe (1990) llamó valores post-materiales –i.e. las cuestiones de género o de derechos reproductivos– que bien pueden ser englobados en una mirada amplia de los derechos humanos, novedosa respecto de las experiencias de mitad del siglo XX.

3.4. *Herramientas neodesarrollistas y nacional-populares*

La profundidad de la crisis de fines de 2001 obligó a cuestionar seriamente la validez del recorte del rol estatal producido por el neoliberalismo: era evidente que establecer los mecanismos garantes del funcionamiento mercantil no era suficiente para mantener el orden social.

El cuestionamiento fue abordado desde varios marcos teóricos. En Argentina los aportes tanto del enfoque neodesarrollista como el de la tradición nacional-popular tuvieron un impacto visible sobre el sentido de la reconfiguración estatal y de las políticas públicas desarrolladas por los gobiernos peronistas de comienzo del milenio. Dentro de esta última tradición, se produjeron innovaciones afines a las nuevas identidades y colectivos sociales surgidos al calor del cambio societal.

Paralelamente a ello, el gobierno de Kirchner debió enfrentar la extrema debilidad en que la crisis había sumido al prestigio de la actividad política. Para superar no solo la desconfianza sino sobre todo las causas que la justificaban, el gobierno llevó a cabo múltiples acciones entre las que nombramos solo dos por su carácter paradigmático: se modificó la composición de la Corte Suprema de Justicia de la Nación y se afirmó la figura del Presidente de la Nación como Comandante en Jefe de las Fuerzas Armadas.

Otra resolución crucial de aquellos primeros tiempos fue la relativa al aumento del gasto público, decisión tomada en contra de todas las recomendaciones que venían imponiendo los organismos multilaterales de crédito y a contravía de la obediencia que le rendían los anteriores gobiernos. Estos incrementos no fueron óbice para el cuidado de la macroeconomía a través de los "superávits gemelos", fiscal y del comercio exterior, favorecieron la capacidad material de maniobra y autonomía de las decisiones del Estado nacional (y que se mantuvo por bastante tiempo, más allá del progresivo achicamiento de la holgura fiscal).

Vinculado a estas decisiones también se emprendió una política de desendeudamiento: en 2005 y 2010 se realizaron sendas restructuraciones de la deuda externa, que mejoraron notoriamente el perfil de la misma (tanto en términos de moneda de emisión, plazo y ratio deuda/pbi).

En el plano internacional, un mojón de indisimulable fortalecimiento de la soberanía del Estado nacional y prefigurando la opción por la unión sudamericana que se sigue de una lectura no neoliberal de la globalización, en noviembre de 2005 se llevó a cabo la IV Cumbre de la Américas, en la cual la alianza entre Argentina, Uruguay, Brasil y Venezuela lograron frenar definitivamente la iniciativa del Área de Libre Comercio de las Américas (ALCA), promovida por Estados Unidos de Norteamérica y apoyada por varios gobiernos de la región.

3.4.1. El lanzamiento neodesarrollista

La negativa a la política continental encabezada por George W. Bush se debe entender en dos series complementarias de la voluntad política de Kirchner:

1) la defensa de la soberanía y del derecho a la autodeterminación, y

2) la decisión de reindustrializar la economía argentina.

Esta segunda serie buscaba reconstruir el círculo virtuoso keynesiano de pleno empleo, mercado interno, fortalecimiento fiscal e inversión social. A diferencia de los modelos desarrollista y nacional-popular previos la reconstrucción apostaba a una alta inversión privada y al incremento de la exportación industrial.

Esta posición no solo se ha mantenido, sino reforzado y de alguna manera, perfeccionado. El Plan Estratégico Industrial 2020 del Ministerio de Industria tiene como objetivo fortalecer sectores de la industria nacional dedicados a la exportación. El sector del software ocupa un lugar privilegiado en el Plan. La Ley de Promoción de la Industria del Software y el Régimen de Incentivo a la Producción de Bienes de Capital, Informática y Telecomunicaciones refuerza esta orientación hacia la producción de manufacturas y conocimiento para la exportación. En similar dirección se mueve el Proyecto de Promoción de las Exportaciones de Agroalimentos Argentinos –PROARGEX– iniciativa del Ministerio de Agricultura, Ganadería y Pesca, y del Banco Interamericano de Desarrollo. También en este caso se considera un objetivo principal incrementar el valor agregado de las ventas al exterior, en este caso, de las pequeñas y medianas empresas del sector rural.

De que la voluntad de transformación produce cambios de envergadura dan cuenta los siguiente datos: entre 1991/2001 la industria manufacturera creció a una tasa del 1% anual y el sector servicios al 3%; en el lapso 2002/2008 esa tasa fue del 11%[105] y 6.9%, respectivamente (CENDA, 2010). De todas formas, estas cifras son insuficientes para trazar el panorama completo: la integración del sector industrial ha sido escasa lo que sigue provocando la llamada restricción externa[106] y la porción del mismo en manos extranjeras continúa siendo demasiado grande, lo que obligó al gobierno a tomar medidas para evitar la constante transferencia de utilidades al exterior.

El gran instrumento reindustrializador seguido por los gobiernos kirchneristas, en concordancia con la sugerencia de Bresser Pereyra (2007), fue un tipo de cambio competitivo –un eufemismo para decir subvaluado–, al menos hasta que las presiones inflacionarias presentes desde 2011, modificaron esta situación.

La administración del tipo de cambio estuvo acompañada de una importante intervención estatal en la economía que trascendió con mucho al mero rol regulador de ciertos sectores de la economía que primó en la década de los noventa. No obstante, ésta tarea no se desatendió: regulación de mercados agropecuarios; acuerdos de precios en productos de la canasta básica, subsidios de distinta índole en sectores sensibles (se destaca entre ellos el de las tarifas del transporte público). Pero, además, el Estado retomó su papel de agente activo en la inversión con una estrategia mixta respecto a la propiedad de las empresas. En algunos casos el control fue reasumido totalmente por el sector público, en otros –y esto es una innovación respecto al desarrollismo clásico aunque algunos de sus teóricos más lúcidos lo propusieron en su momento– en responsabilidad compartida con el sector privado.

---

[105] Según la CEPAL, Argentina fue el único país de América Latina –incluyendo a Brasil y a México– que en el lapso transcurrido entre 2004 y 2011 aumentó la participación de la industria en el PBI con relación a los productos primarios (Kestelboim, 2013).

[106] Por restricción externa se entiende el cuello de botella que se genera en la industria argentina debido a la dependencia de insumos con alto valor agregado importados, que originan que un crecimiento de la producción nacional implique, paralelamente, una mayor demanda de dólares para satisfacer esas importaciones. Ese fenómeno se asocia a la débil integración que tienen los sectores industriales líderes.

En este marco se reestatizaron algunas empresas[107] de servicios públicos o estratégicas para la Nación, privatizadas durante la década de los 90, bajo el criterio, principalmente de solucionar las pésimas prestaciones de servicios brindadas por la gestión privada, pero también de proteger la capacidad adquisitiva del salario –principio fundamental en la lógica de acumulación basada en el mercado interno– ante la dura disyuntiva que habían impuesto las fuerzas del capital: incremento de tarifas o deterioro de los servicios. Por otra parte el gobierno se encontró con dinámicas perversas en el sector, como la generada por el sistema de subsidios a los prestadores de servicios públicos sin la contraprestación del control de la calidad ni en cobertura, ni en inversiones ni en productos.

Estos instrumentos económicos –algunos típicos del modelo de mitad de siglo, otros del denominado nuevo desarrollismo– fueron acompañados del impulso a otro sector caro al discurso industrializador: el de la ciencia y la tecnología. Además de la mencionada Ley del Software, se creó el Ministerio de Ciencia, Tecnología e Innovación Productiva, se multiplicaron las becas doctorales y postdoctorales del Conicet y se fomentó el retorno de científicos a través del Programa Raíces.

Haber retomado muchas de las estrategias desarrollistas no significó que el gobierno de Néstor Kirchner siguiera una receta. Muchas de las críticas al desarrollismo estaban bien fundadas y entre ellas se destacó la que alertaba sobre la fragilidad política que acompañó a ese modelo económico y que terminó siendo una de las causas de su ruina.

Sin embargo, en los primeros tiempos y al igual de lo que ocurrió durante los gobiernos del desarrollismo clásico, se pensó la política como el medio para construir un consenso entre empresarios productivos, trabajadores, técnicos de gobierno y clases medias profesionales (Bresser Pereyra, 2007), con el fin de contar con su apoyo para las transformaciones venideras.

La alianza policlasista –dirigida por el Estado– limaría los conflictos de intereses sectoriales y con ello abriría las puertas a la cooperación en el gran esfuerzo reindustrializador que en el siglo XXI ya no sólo se dirigiría al mercado interno, sino también a competir en buenas condiciones en un mundo globalizado y permitir que las empresas nacionales bandera conquistaran el mercado trasnacional.

Durante el primer ciclo kirchnerista (2003/7), entonces, se jugó la carta de la burguesía nacional sin mucho éxito –i.e. el fracasado

---

[107] Correo Argentino (Decreto 721/2004), Aguas y Saneamientos Argentinos (Decreto 304/2006), Talleres Navales Dársena Norte SACIyN – TANDANOR (Decreto 315/07), Aerolíneas Argentinas (Ley 26.466/2008), Belgrano Cargas y Logística (Decreto 566/2013), YPF (Ley 26.741/2012).

intento de transferir el control de YPF a capitales de origen argentino–. Fracaso esperable, pues como lo han destacado varios analistas, la concentración empresarial se mantiene en unas pocas compañías líderes con mínimas variaciones desde comienzos de la década de los 90, cualquiera sea el índice que se use para medirla (Shorr, Manzanelli y Basualdo, 2012). Esta concentración, además, se da en el marco de una de las economías más extranjerizadas del mundo, donde de las quinientas firmas más importantes, trescientas son filiales de empresas multinacionales (Ferrer, 2013; Laguado Duca, 2013; 2013a).

Dada la ya larga tendencia mundial de empoderamiento del gran capital, es muy poco probable que los grandes empresarios estén dispuestos a aceptar de buena gana las regulaciones estatales. Menos aun cuando existe una fuerte tradición de pensamiento liberal en el país, que rechaza toda intervención del Estado. Tampoco es de esperar que las clases trabajadoras en un contexto de fuerte movilización, acepten resignar sus ingresos inmediatos para facilitar la acumulación de las grandes empresas aunque sea para que puedan competir en el mercado mundial.

Si bien no es exacto decir que las raigambres neodesarrollistas y nacional-popular se desarrollaron secuencialmente, sino que el proceso muestra gran imbricación entre ambas, ciertamente en un comienzo la idea de recrear un sector empresario productivo nacional estuvo presente. Al mismo tiempo y en sintonía con los esfuerzos reindustrializadores, la estrategia de inclusión social se centró en la recuperación de puestos de trabajo formales, lo cual colocó en el centro de la política social a las regulaciones sobre el empleo.

Vale decir, el proyecto político-hegemónico que articuló el gobierno incluyó como integrante central a los trabajadores formales, representados por el sindicalismo tradicional. Tanto por este motivo como porque fueron pensadas como el mecanismo central para lograr la inclusión social –como consecuencia del tipo de desarrollo escogido– las políticas de empleo estuvieron en el centro de la agenda gubernamental.

3.4.2. *El* crescendo *nacional popular*

La importancia de la *justicia social* en la tradición nacional popular explica que las normas distributivas promulgadas con posterioridad al 2003 trasciendan con mucho la generación de bienes sociales propuesta por el desarrollismo.

Puede hablarse de un *crescendo* que comenzó con las mencionadas políticas laborales y la contrarreforma del sistema Previsional (entre las primeras medidas del 2005), que se aceleró notoriamente luego de la primera derrota política de importancia que sufrió el gobierno cuando vio rechazado su proyecto de imponer retenciones móviles a los productos agropecuarios (Resolución 125/08), y del comienzo de la crisis financiera internacional a partir de la quiebra de Lehman Brothers. Contra todas las previsiones, en ese escenario crítico el gobierno decidió radicalizar su discurso y profundizar las medidas nacional populares.

Una enumeración de tales decisiones podría iniciarse con las mejoras para el sector pasivo[108] y que incluyó dos decisiones de suma importancia: las moratorias previsionales (Plan de Inclusión Provisional),[109] y la creación del Sistema Integrado de Previsión Argentino (SIPA).[110] Esta última modifica la lógica individualista a la que adscribía el sistema previo, basado en las Administradoras de Fondos de Pensión y Jubilación (AFJP), volviendo a una lógica solidaria, inter e intragceneracional. Por su parte, las moratorias previsionales, destinadas a lograr la ampliación de la cobertura, implicaron una innovación en la tradición argentina puesto que si bien permanecen dentro de la lógica contributiva, sus aportes previsionales no se efectivizan previamente al beneficio sino una vez ya recibido, lo cual permite incluir a la enorme masa de ancianos que habían estado por fuera del sistema en sus años activos. Tal como afirman Alonso y Di Costa (2011:126-127) esta "política gubernamental redefinió –parcialmente– la lógica que ha primado en la previsión social [...] conformando sujetos de derecho donde otrora reinara la asistencia familiar, la ciudadanía social dependiente o, sencillamente, la desprotección".

Cómo hemos desarrollado ampliamente en el capítulo previo, hubo modificaciones sociales y políticas que, entre otras cosas, ponen en tensión las pautas del pleno empleo, aún en proyectos políticos como el actual, que hacen esfuerzos denodados tendientes al mismo. En consecuencia, si bien la lógica redistributiva de las políticas sociales más importantes de esta década responden a la raíz nacional-popular, algunas de éstas no dejan de implicar cierta novedad en términos de la ampliación de los beneficios a sectores que no habían accedido (o lo había hecho intermitentemente) al mercado formal de trabajo.

Desde antes de 2008 pero con más vigor desde ese año, y en relación con los sucesos internos e internacionales arriba descritos, las iniciativas tendientes a proporcionar protección social independientemente de la afiliación laboral formal, adquirieron suma importancia.

---

[108] Comenzó con aumentos de la jubilación mínima y que incluyó la extensión de los aumentos para el conjunto del sistema a través de la Ley 26417/2008, que establece el doble ajuste anual según una fórmula que combina la evolución de los salarios y la recaudación tributaria provisional.

[109] A través de la Ley 25.994 de 2004 y la Ley 26.970 de 2014.

[110] Mediante la Ley 26.425 de 2008.

De esta manera se fue construyendo más que la fracasada alianza policlasista, una hegemonía que incorporaba a otros actores populares significativos aparte de los obreros organizados.

La convocatoria a las organizaciones sociales para implementar el Programa Jefes y Jefas de Hogar inmediatamente luego de la caída de la convertibilidad, fue la única respuesta posible al grado de deterioro social del momento. El gobierno surgido de las urnas en 2003 profundizó esta línea, con los planes nacionales que constituyeron la política inicial de la gestión del Ministerio de Desarrollo Social de la Nación, iniciando de tal forma la participación de nuevos actores populares.

En esta línea, y constituyendo una de las innovaciones más resonantes del período, se ubica la Asignación Universal por Hijo (AUH), implementada a fines de 2009, por medio de la cual se extiende la Asignación Familiar (hasta entonces cobrada por los trabajadores formales) a los trabajadores informales o desocupados. De tal modo, "el gobierno optó por universalizar un mecanismo de protección social –de hecho, no contributivo– a partir del subsistema de la seguridad social, colocando las nuevas asignaciones bajo la administración de éste" (Grassi, 2012:23).

La AUH no fue concebida entonces como un programa especial "que focaliza en familias en situación de pobreza, sino como parte integrante de la seguridad social" (Alonso y Di Costa 2012:128). La innovación radica en que la AUH –que no es una transferencia asistencial de ingresos– es parte de la seguridad social pero de una manera híbrida (si se consideran los rasgos característicos tradicionales de ésta), dado que incluye personas que están fuera del mercado formal de trabajo y no se basa en la contribución directa de sus destinatarios (Grassi, 2012:22).

Todos los analistas (v.gr. Agis *et. al.* 2010 y Gasparini y Cruces, 2010) coinciden en los efectos positivos de la AUH en cuanto a la reducción de la pobreza, mientras que los datos de la Administración Nacional de Seguridad Social –ANSES– son incontrovertibles respecto al éxito del plan de inclusión previsional (Benigni *et. al.*; 2012). Hoy en día la Argentina, con una tasa de cobertura previsional del 96%, ocupa el lugar más alto en América Latina (con la notable excepción de Cuba).

Igual de significativo para el tema que nos ocupa, es el registro ideológico en que se inscriben estas iniciativas. El retorno al sistema de reparto en jubilaciones que quedó plasmado en el SIPA (Sistema Integrado Provisional Argentino, que unifica el Sistema Integrado de Jubilaciones y Pensiones en un único Régimen Previsional Público) o la AUH son esfuerzos universalistas que reinstalan la responsabilidad del Estado en la reproducción del tejido social, y en el caso de esta última, además "tiende a dar unidad al sujeto del derecho (trabajadores en diferentes condiciones de ocupación)" (Grassi, 2012:26). La legislación mencionada recupera el principio de solidaridad colectiva que caracterizó a los Estados de Bienestar de postguerra y al primer peronismo en la Argentina, pero a su vez atiende situaciones sociales novedosas, expresadas en la sociedad por movimientos populares que exceden la organización sindical.

Asimismo, esa lógica trasciende con mucho la propuesta desarrollista de considerar los bienes sociales como condiciones del desarrollo –en su doble carácter de garantía de demanda agregada y de promotor de modernización de la mano de obra– para volverse un imperativo de la legitimación política. Ese principio está ínsito en el sistema de reparto que flexibiliza la relación entre el monto de los aportes y el beneficio recibido, donde el excedente financiaría a los ciudadanos menos exitosos bajo los parámetros de las leyes del mercado. Quedan en discusión las limitaciones de este universalismo en algunos sectores que permanecen atrapados en la lógica del mercado (sector educativo), o de la solidaridad segmentada por ramas de actividad o ingresos (obras sociales y cuasimercados de la salud).

Además de la inclusión previsional y la universalización de las asignaciones familiares por la AUH, la agenda redistributiva es amplia: Plan Nacer, Procrear, Conectar-Igualdad, Remediar, Cunita, Cooperativas y fábricas recuperadas, etc. Tanto éstas como otras políticas sociales que sería largo describir, son consistentes y constituyentes de la estrategia de inclusión social de este período y es innegable que han mejorado ostensiblemente la situación social en la Argentina.

Ahora bien, la incorporación de movimientos sociales de desocupados como actores de las políticas sociales no fue el único caso de convocatoria a sujetos populares diferentes al clásico movimiento obrero organizado. Tal vez el caso más paradigmático de la amplitud y la novedad respecto a los actores populares, tanto por el vigor con que se llevó a cabo como por su previa exclusión total, fue el de los organismos de derechos humanos.

En el mismo año de su asunción, el gobierno decidió hacer de la política de derechos humanos uno sus puntales. De tal forma, apoyó con firmeza el proyecto para anular las leyes de Obediencia Debida y Punto Final que había presentado la diputada de Izquierda Unida (IU), Patricia Walsh. Luego de aprobada en la Cámara de Diputados, la iniciativa fue transformada en Ley en la Cámara de Senadores, en cuyo debate final la entonces senadora Cristina Fernández de Kirchner fue la última oradora, cerrando con un fuerte discurso de apoyo a los Derechos Humanos como política de Estado.[111]

---

[111] En el mismo sentido de construcción de una Política de Derechos Humanos, en esa misma oportunidad se aprobó por unanimidad darle rango constitucional al Convenio

El 24 de marzo de 2004, a veintiocho años del golpe de Estado, el presidente Néstor Kirchner tomó dos medidas que además de seguir la senda de lo antedicho, constituyeron parte de la disputa por la hegemonía, dado el gran valor simbólico de ambas: mandó retirar los retratos de presidentes de la última dictadura cívico-militar, hasta el momento colgados en la sala de presidentes del Colegio Militar y *recuperó* el predio de la ESMA (Escuela de Mecánica de la Armada), que fue destinado a actividades culturales y de *memoria*, a cargo de diversas organizaciones defensoras de los Derechos Humanos. La continuidad de esta política se plasmó en el apoyo del gobierno a los Juicios por la Verdad y la Memoria llevados adelante en el Poder Judicial de la Nación.

La política de Derechos Humanos adquirió enorme importancia en virtud de una serie de elementos. En primer lugar, por la necesidad de procesar con *memoria, verdad y justicia* la terrible dictadura. Pero más aún: ese énfasis se constituyó en un eslabón de la cadena significante en la construcción de hegemonía cuyo siguiente eslabón con los movimientos emancipadores de la segunda mitad del siglo XX y aportó la fortaleza ética y la capacidad organizativa y movilizadora de una serie de organizaciones de gran prestigio nacional e internacional.

Asimismo y no menos importante, poner los Derechos Humanos en el centro de las políticas estatales constituye el complemento necesario de las ideas de un Estado poderoso y transformador, en la inteligencia de que ninguna circunstancia –ni ninguna urgencia– justifica que las estructuras del sector público sean utilizadas para violar los derechos individuales, civiles y sociales de ningún habitante de la Argentina.

Las políticas públicas vinculadas al desarrollo de los Derechos Humanos no se limitaron a lo antedicho. También se sumaron leyes y mecanismos novedosos para la actualidad y el futuro.[112]

En consecuencia, la situación de los derechos humanos en la actualidad es interesante en términos de la discusión sobre el tipo de Estado, por dos motivos. Por un lado, porque muestra una consolidada faceta estatal emparentada con la garantía de los derechos individuales –a los que en esta década se les agregaron otras medidas que tienden a institucionalizar derechos identitarios– que remite más a una tradición liberal que a la nacional-popular, identificada esta última principalmente con estrategias redistributivas. En este sentido, esta época histórica argentina tiene un rasgo novedoso y llamativo: cuenta con un Estado

---

sobre Imprescriptibilidad de los Crímenes de Guerra y Delitos de Lesa Humanidad.

[112] Como ejemplo paradigmático se puede citar al Protocolo Facultativo de la Convención de Naciones Unidas contra la Tortura, aprobado por la Ley N° 25932, el 15 de noviembre de 2004, la cual convertía a la Argentina en el sexto país en ratificarlo.

que se vuelve más poderoso al mismo tiempo que fortalece los derechos destinados a salvaguardar las individualidades de sus ciudadanos.

Por otro lado, y haciendo evidente el carácter complejo de la estatalidad, este avance del compromiso con derechos liberales se da al mismo tiempo que siguen existiendo habituales abusos por parte de algunas organizaciones estatales.

Esta realidad mixta, a la que Jozami (2015) llama las dos caras del Estado, pone un llamado de atención sobre los procesos de democratización: las diversas organizaciones que conforman la estatalidad están atravesadas por lógicas e intereses distintos, generando una dinámica diferente a la de un todo cerrado y autoconsistente. Esto se vincula con el concepto de "Estado archipiélago" que trataremos con detalle más adelante en ocasión de analizar el aparato administrativo del Estado.

En definitiva y resumiendo, el conjunto de políticas implementadas se vehiculizaron en, y al mismo tiempo propulsaron una importante lazo con, la sociedad civil. Dicho conjunto es diferente al de la década anterior, pero también a otros del siglo XX pues se pone a tono con los cambios societales sufridos por las sociedad modernas: el enraizamiento social no se produce sólo con los obreros organizados, sino que incluye a otras categorías sociales de los sectores subalternos y se extiende a derechos propios de una época diferente.

Es necesario hacer hincapié en que tanto el sentido que se le asignó a los sujetos sociales a quienes se interpelaba, como su decidida inclusión en la implementación de políticas, constituyó no solo un paso adelante en el desarrollo de la protección social sino, sobre todo, de la construcción y empoderamiento del sujeto social en el cual anclar la disputa por la hegemonía.[113]

El estallido de las identidades que produjo el cambio societal descripto en el capítulo anterior y las consecuencias de las políticas implementadas por el neoliberalismo habían dejado un mapa de actores de políticas públicas caracterizado por la debilidad y fragmentación de los sujetos sociales subalternos (y la consecuente dificultad para transformarse en actores de políticas), contrapuesto con la robustez de los actores sociales dominantes. En tiempos de la hegemonía del "pensamiento único", esta circunstancia no hizo más que facilitar la

---

[113] Si bien el paradigma neoliberal proponía dar vía a la participación de las ONG u otros actores de la sociedad civil, lo hacía tomándolos como "'clientes' de un servicio público específico {para que}intervengan en su dirección y control, bajo un modelo normativo que interpela más a su conocimiento experto bajo un rol gerencial –o sea, como participantes administrativos– en vez de sus intereses sociales y su capacidad para introducir consideraciones de valores y de política en el más amplio sentido" (Cunill Grau, 1999:105).

configuración de decisiones estatales sesgadas hacia este último sector.

Por el contrario, la relación con los actores sociales populares del 2003 en adelante fue bien diferente, combinando herramientas de tinte neodesarrollista y nacional-populares con otras propias de sociedades postindustriales, pero que lejos de menoscabar la función del Estado, buscó su fortalecimiento.

La articulación de los sujetos sociales / Estado / Liderazgo político se asemeja en algunos aspectos a los movimientos populares de mediados del siglo XX, pero también se distingue de ellos. De la misma forma, se emparenta y se diferencia con el concepto de gobernanza que desarrollamos en la tercera parte del presente libro. Se trata de un tema sobre el que volveremos ocasionalmente a lo largo de este capítulo (por ejemplo, ver sección 5.6.) por que, más allá de ello, es preciso profundizar.

4. Las transformaciones en la Administración Pública Nacional

No cabe duda que en los últimos diez años el Estado argentino ha sido transformado. Estas transformaciones modificaron la *relación política-burocracia* –entre la cúpula democráticamente electa y la estructura tecno-administrativa–, y cambiaron el *modelo de gestión pública*. Avanzaremos a lo largo de esta sección en una descripción de estos cambios.

4.1. Cambios en la relación política-burocracia

Tal vez la transformación más notable esté en el enfoque general aplicado a la administración pública. En esta nueva perspectiva, se entiende que la decisión política y la forma de gestionar lo público no constituyen compartimentos estancos y rechaza con vehemencia el carácter exclusivamente técnico de la dirección de los organismos estatales.

El fortalecimiento de la esfera de decisión política conllevó la concentración del poder en el gabinete del Poder Ejecutivo –en donde hay una tendencia hacia gabinetes más compactos– y alcanzó a todos los órdenes del Estado: las oficinas de la administración pública actúan más cercanas a las direcciones políticas, la articulación con el poder legislativo busca una coordinación más estrecha, las descentralizaciones –de empresas públicas o de organismos del Estado– no implican mayor autonomía del decisor político ni obstáculos a la gestión o planificación del poder centralizado, entre otros.[114]

Como ejemplo emblemático de este proceso hemos escogido el del Banco Central de la República Argentina (BCRA). Como es sabido, en el recetario neoliberal la independencia respecto del poder político de los Bancos Centrales nacionales es considerada uno de los elementos clave para el correcto funcionamiento de la economía. En un artículo de 1962 Milton Friedman incluso llega a comparar la autonomía del banco central con la relación que hay entre el poder judicial y el ejecutivo.[115]

---

[114] Hablamos de la Administración Pública Nacional, pero en muchas provincias y municipios se dieron procesos muy similares.

[115] Citado por Silva (2007: 11).

El carácter independiente de estas instituciones se alcanza cuando su directorio tiene libertad de acción para definir la política monetaria, y esa facultad está protegida o aislada de presiones de origen político, particularmente por parte del gobierno. Por otro lado, ese directorio gestiona desde objetivos fijos e independientes del contexto (de pretendida universalidad): minimizar la inflación y proteger al sistema financiero.

En contraste, el cambio en el BCRA que produjo la perspectiva nacional-popular desanda los argumentos estricta y exclusivamente técnicos y tiende a fortalecer la instancia política de conducción. En primer lugar critica la idea de que la política monetaria es un ámbito diferente de los demás, que amerita ser gestionada por un comité de tecnócratas no elegidos que actúan sin rendir cuentas a nadie de sus decisiones; en segundo lugar, agrega a los objetivos de limitar la inflación otros vinculados al desarrollo y, por último, sitúa las tensiones con el mundo financiero no en la supuesta indisciplina o incapacidad política, sino en una lucha de poder.

En marzo del año 2012 el Gobierno Nacional logró que se sancionara la Ley 26.739 que modifica la Carta Orgánica del BCRA. Para comprender el trasfondo de este trascendental paso, hay que remitirse al proceso de desendeudamiento externo iniciado en 2004 y que tuvo un álgido punto de tensión en enero de 2010 cuando el entonces Presidente del BCRA se negó a hacer uso de las reservas de libre disponibilidad para afrontar los vencimientos de deuda externa a través de la creación del Fondo del Bicentenario.

El resultado de estas tensiones sobre el rol del Banco Central y su relación con el Poder Ejecutivo Nacional y con la política económica del país se pueden ver en los artículos de la Nueva Carta Orgánica. Además de modificaciones vitales en términos de un proceso de desarrollo,[116] la mencionada Ley adopta una frase a primera vista salomónica pero que da vuelta el argumento neoliberal: reafirma la autonomía de la entidad, pero le indica que deberá operar "en el marco de las políticas establecidas por el gobierno nacional" (Art. 3).

Esta modificación de enorme trascendencia en el encuadre general de la relación entre política y saber técnico en la gestión de los organismos públicos, tuvo su correlato en ciertos cambios, más puntuales que extendidos, en el *modelo de gestión pública* con que funcionan internamente los organismos.

---

[116] Nos referimos a los objetivos de la entidad, en sintonía con los propios de la Ley de Entidades Financieras, la posibilidad de aplicar las reservas de libre disponibilidad al pago de obligaciones contraídas con organismos financieros internacionales o de deuda externa oficial bilateral y la existencia de la figura de "adelantos transitorios" al Tesoro Nacional.

4.2. Cambios en la organización de la Gestión Pública

Durante el periodo no se sancionó ni se llevó a cabo ningún plan de reforma o modernización para ser aplicado en toda la Administración Pública, ni hubo pretensiones políticas de desplegar un cambio radical que transformara el modelo de administración de los organismos estatales. Sin embargo es innegable que hubo innovaciones en el patrón de intervención del Estado y en la forma en que se desplegó el modelo de gestión pública. Schweinheim (2009) afirma que si el modelo de gestión hasta la hiperdepresión de fin de siglo podía asociarse la Nueva Gestión Pública (NGP de aquí en más), la gestión por resultados y la gobernanza, entre otros, el "ciclo inaugurado a partir de 2002 muestra algunas originalidades con respecto al período neoliberal previo".

Abal Medina (2011) coincide en parte con este diagnóstico al apuntar que la década mostró tres tipos de políticas para el aparato estatal: la consolidación de rasgos del modelo weberiano, que a su vez permitió pensar la adopción de elementos de la nueva gestión pública y de la gobernanza. Respecto del primero, señala las iniciativas sobre la carrera administrativa (Convenio Colectivo-SINEP-concursos). Sobre el segundo, menciona decisiones vinculadas con la gestión por resultados: los planes estratégicos, la carta compromiso desarrollada en varios organismos y la continuidad y fortalecimiento de la evaluación. Y en relación a la tercera, asociada a la gestión en redes, este autor describe la Agenda Digital y los consejos federales (Abal Medina, 2011).

Aún con ciertas dudas respecto de la efectiva realización de estas últimas herramientas de la gobernanza o suponiendo que aún están en su etapa inicial, hubo cierto avance en torno a la implementación de modos de administración que pueden ser caracterizados como gestión en la sociedad del conocimiento a través de las Tecnologías de la Información y la Comunicación (TICs): entre otras, la firma digital, los Planes Estratégicos de Gobierno Electrónico y la modernización del Sistema Nacional de Contrataciones de Bienes y Servicios (Abal Medina, 2009).

Ahora bien, pesar de la importancia de las nuevas perspectivas sobre el Estado en la post-crisis 2001, son pocos los trabajos que han tratado metódica y rigurosamente las nuevas ideas y modificaciones producidas en la administración pública.[117]

---

[117] Citamos, al respecto, los trabajos de Blutman (2012) y Asinelli (2015) sobre el "Plan de Modernización del Estado" y la compilación hecha por la *Revista Aportes* en su número 30 (asociaciónag.org.ar/revista-aportes/edicion-30/).

En términos de políticas públicas concretas, una mirada general muestra algunos importantes resultados. Como no podía ser de otra manera, en todas las acciones que se han desarrollado con éxito hay por detrás casos notables de eficacia y eficiencia en la gestión; nombramos algunos: "Conectar Igualdad", que distribuyó computadoras personales a todos los alumnos secundarios; la transformación en la seguridad y gestión de la documentación personal en el RENAPER; el desarrollo de la industria satelital por parte del INVAP; la puesta en marcha de la feria tecnológica Tecnópolis; la recuperación de empresas públicas como YPF y Aerolíneas Argentinas; la modificación de la Carta Orgánica del Banco Central; la red de políticas sociales que tratamos sucintamente en las secciones precedentes, entre otros muchos.[118]

Si se analiza con detenimiento estos casos exitosos, se observan cambios en el modo de gestión, los que, a modo de ejemplos relevantes, pueden ser tomadas como innovaciones en sentido nacional-popular.

Por fuera de las políticas públicas puntuales, en el resto del Estado se observa un rendimiento y cobertura superior al que se observó durante los 90, fruto, entre otras cosas, de la continua restricción y planes de ajuste que sufrió el sector público desde 1976 hasta el 2003. La realización de inversiones en infraestructura largamente retrasadas, el incremento del gasto corriente –i.e. mejoramiento de dotaciones y sueldos, gastos en bienes de uso– o el solo hecho de cumplir con las pautas presupuestadas han permitido un mejor funcionamiento estatal.

De todas formas, dejamos sentado que los casos enunciados no significan la existencia de un modelo de gestión que haya alcanzado a todo el aparato administrativo nacional, y ello a consecuencia de su heterogeneidad y de la ya mencionada falta de un plan integral o al menos de una perspectiva estratégica para todo el Estado.

4.2.1. De los cambios en el aparato estatal

La morfología y dinámica de la Administración Pública Nacional[119] ha variado bastante en estos últimos años según las políticas que el proyecto político gobernante pudo implementar. De tal forma, ha habido sectores de políticas que han sufrido fuertes modificaciones y otros menos.

Ya lo ha explicado Ozslak: "la burocracia es lo que hace": el aparato administrativo del Estado es un resultado de la política y,

---

[118] Remitimos a Bernazza (2013) para un tratamiento detallado de buena parte de ellas.

[119] Se pueden hacer análisis con algunos grados de simetría para Provincias y Municipios. Ver al respecto Abal Medina y Cao (2012).

en tanto tal, "está determinada por la naturaleza y los contenidos de las políticas públicas que implementa" (Oszlak, 2006:2).

Vale recuperar aquí la idea de lucha hegemónica ya mencionada al inicio de este capítulo. En tal sentido, hace ya tiempo Oszlak y O
□Donnell, (1984) acuñaran el concepto "cuestiones socialmente problematizadas" como una herramienta para analizar las pujas político sociales por poner temas en la agenda estatal; ante estas presiones, el Estado –organización compleja y diferenciada– responde de forma puntual en cada caso mediante agencias que asumen la responsabilidad del tema.

Afirma Fleury, (1999:197) que son "las demandas sociales" las que se transforman en "políticas públicas institucionalizadas", y son ellas las que "dan forma y organicidad al aparato estatal en la medida en que se materializan en instituciones, leyes, prácticas y procedimientos". Pero la manera en que se recogen esas demandas no es mecánica. La interpretación que se hace de ellas dentro de una concepción de estatalidad define las políticas públicas y los actores a quienes éstas van dirigidas.

Siguiendo este análisis va de suyo que la gran transformación de la agenda gubernamental desde el inicio de la presidencia de Kirchner –desde derechos humanos hasta ciencia y técnica, pasando por temáticas en las cuales se transformó radicalmente la definición con la cual se la abordaba, como ambiente, trabajo, intervenciones sociales, infraestructura o educación– tiene que haber producido cambios en la forma y organicidad de la administración pública.

Una mirada general de la evolución de la estructura estatal, muestra un incremento sostenido de los ministerios a nivel nacional: mientras que en febrero de 2002 se contaba con diez ministerios, para mayo de 2014 ya eran dieciseis.

Al comienzo de la gestión Néstor Kirchner se creó el Ministerio de Planificación Federal, Inversión Pública y Servicios que, siguiendo la tradición desarrollista de dar alto valor a las Obras y Empresas Públicas, ocupó un lugar clave en todo el periodo bajo estudio. Más tarde, a poco de asumir la presidente Cristina Fernández, se hizo una de las divisiones de mayor repercusión en este gobierno, en línea con la impronta neodesarrollista ya mencionada: se creó un Ministerio de Ciencia, Tecnología e Innovación Productiva, separando esta órbita del Ministerio de Educación. De noviembre de 2008 a mayo de 2014 se crearon cinco ministerios: de Industria, de Agricultura, Ganadería y Pesca, de Turismo, de Seguridad y finalmente, de Cultura.

Estos cambios de jerarquía produjeron un aparato estatal más diversificado, pero esta característica no desdibujó la centralización de la toma de decisiones. Esta se mantuvo vigente, entre otras cuestiones, debido a que las conducciones de cada ministerio estuvieron en la mayoría de los casos en manos de figuras de notoria lealtad a la presidente y de convicción sobre las ideas nacional-populares. Bajo este sino desplegaron su gestión y se presentaban frente a los actores sociales y administrativos con los que se relacionaban, invirtiendo la situación bastante común en las décadas previas en donde los ministros eran los representantes de los intereses sectoriales frente al Poder Ejecutivo Nacional.

Llegados a este punto vale la pena retomar uno de los principales puntos de tensión entre la perspectiva nacional-popular y el neodesarrollismo: el perfil tecnocrático que éstos proponen para los funcionarios, se enfrenta a la idea de aquellos que exigen conducción política de la gestión burocrática. Esta disputa no se queda en lo teórico: en varios países de la región hubo rispideces cuando no conflictos abiertos entre cuadros profesionales y gobierno.[120]

Pugna de la que la Argentina no ha sido ajena y que se ha constituido en una temática históricamente tratada por los estudios sobre administración pública. Un caso ampliamente citado ocurrió con las fuerzas de seguridad –prefectura, gendarmería, policía aeronáutica, policía federal, policías provinciales– que en muchos casos se vuelven ingobernables para el poder político;[121]

---

[120] Tal vez la situación más notable en este sentido haya sido el paro de la petrolera estatal PDVSA, ocurrido entre los años 2002/3, en el que tuvieron participación principalísima directivos y expertos de la empresa– considerada la mayor huelga general de la historia latinoamericana y que tenía por objetivo desplazar al presidente de Venezuela. También es pertinente recordar que por esa misma época se desata una ríspida pugna entre el gobierno del Uruguay y la Confederación de Funcionarios del Estado (COFE), a partir de la intención gubernamental de regular la carrera profesional de los empleados públicos. En algún sentido, también tuvo este cariz de expertos enfrentados a la conducción política. Por último, es necesario mencionar la rebelión policial "profesionalista" –devenida en golpe de Estado– de los policías de Ecuador en octubre de 2010.

[121] El caso más emblemático al respecto tal vez sea el de la Policía Bonaerense. Entre 2008 y 2009 se expulsaron a 872 efectivos y 1.779 fueron desafectados del servicio. Las razones para separarlos de las Fuerza fue su comisión de delitos: abuso de autoridad, extorsión, amenazas, castigos ilegales, asociación ilícita, participación en crímenes, mal manejo de fondos públicos y violencia familiar. El teléfono oficial para denunciar irregularidades en la fuerza policial recibe un promedio de 165 denuncias mensuales y el 25% de todos los efectivos de la Bonaerense –unos 13.000 policías– estaban bajo investigación por aquella fecha. Las críticas incluso provienen del mismo gobierno provincial: la Secretaria bonaerense de Derechos Humanos, Sara Derotier de Cobacho, denunció "nichos de corrupción" en la policía. También el entonces ministro de Seguridad de la provincia, Carlos Stornelli, denunció un complot de efectivos de la

en los últimos años ha salido a la luz una situación similar con los servicios de inteligencia.[122]

4.3. El homo militantis

Precisamente por el problema político y administrativo que supone este poder burocrático, no es de extrañar que bajo la dinámica que estamos describiendo, hayan emergido ideas de transformación del paradigma del trabajo en el Estado.

Un ejemplo claro al que se puede recurrir para evidenciar esta novedad es el Ministerio de Desarrollo Social. A diferencia de la política social implementada en el neoliberalismo, caracterizada por el asistencialismo y la focalización, desde el 2003 se incorporaron nuevos principios: promoción social, enfoque de derechos, empoderamiento de las organizaciones sociales, énfasis en el empleo y en la educación. Para llevar adelante políticas que respondieran a estos nuevos mandatos, el aparato administrativo del ministerio tuvo que ser adaptado. Lo interesante es que esa adaptación no se dio como resultado de una política de transformación explícita, sino que fueron los propios imperativos de la gestión de las iniciativas políticas los que presionaron por la creación o por la reforma de las formas y estructuras que tenía el ministerio.

Pero también esa ausencia de grandes planes de reformas ha sido suplida con un enfoque que preserva la legalidad weberiana del expediente, pero combinándolo con la apelación a la acción expeditiva[123] y a la conciencia que detrás de todo trámite existen ciudadanos de pleno derecho a los cuales el Estado debe responder sin fisura. Por ello hay una fuerte apelación al compromiso.

Como el propio Ministerio hace explícito en su libro *Políticas Sociales del Bicentenario*, "[E]l expediente y su contenido, es la herramienta jurídica que utiliza la gestión pública para implementar las políticas. Es una especie de archivo que almacena una determinada información,

---

Bonaerense contra el gobierno provincial. Ver http://www.lanacion.com.ar/1220425-fue-sumariado-el-25-de-la-bonaerense.

[122] Las continuas operaciones de los servicios de inteligencia en colusión con el Poder Judicial y la oposición política, obligaron al gobierno a una intervención mediante la creación de Agencia Federal de Inteligencia (AFI - Ley 27.126 y decreto 1311/2015), que reemplazó a la histórica SIDE y puso en marcha la llamada "Nueva Doctrina de Inteligencia Nacional" que, entre otras novedades, considera que una de las tareas de inteligencia del organismo tiene como objetivo evitar "corridas y golpes de mercado" de bancos y empresas. http://www.pagina12.com.ar/diario/elpais/1-266201-2015-02-15.html.

[123] Claro está, en muchos casos esto no superó el voluntarismo militante.

la necesaria para cumplimentar legalmente los alcances y la acción puntual en un marco determinado" (MDS, 2010:84).

Ello no significa que se aprueben las consabidas debilidades burocráticas: se insiste en que "…lograr calidad institucional en política social, es ser expeditivo" (MDS, 2010:84), o en la necesidad de "funcionarios comprometidos, que pongan el corazón y la mística" (MDS, 2010:84).

Creemos poder decir que el modo de gestión del ministerio en la última década ha tendido a armonizar la continuidad de un marco general weberiano con innovaciones asociadas a lo que Mintzberg (1992) llama *organizaciones misionales*, en las cuales una ideología permea la conducta de sus miembros y de esa forma guía el funcionamiento y la coordinación de la organización:

> [L]a ideología, centrada en una misión, domina toda la actividad de la organización, tomando el lugar de los sistemas de autoridad, habilidad y política; los agentes se identifican con el objetivo de preservar, extender y perfeccionar la misión de la organización; y por tanto se puede confiar en que actuarán de acuerdo a los intereses de la misma. Como resultado se da un alto grado de participación, con una estructura muy simple (aunque burocrática, porque basa su coordinación en un tipo de estandarización: las normas). (Mintzber, 1992:431)

El Ministerio así lo reconoce en la Memoria Detallada del estado de la Nación 2007 (236):

> [M]ás allá de la modificación de los estándares de intervención, se instauró una nueva línea de pensamiento, en la que la responsabilidad, el compromiso {…} resultan ser pilares de una acción transformadora de los mecanismos del Estado, en concordancia con los parámetros oportunamente definidos por este Gobierno Nacional {…} se ha logrado, tanto en términos absolutos como porcentuales, la más elevada ejecución presupuestaria de los últimos ejercicios, cuando aún el mismo no ha finalizado.

5. Las diferentes estrategias de la gestión

Las transformaciones ya mencionadas también tuvieron impacto en las herramientas y mecanismos de gestión (contingencia; integralidad; coordinación; territorialización; planificación; protagonismo social) modificados/mejorados debido a la tracción ejercida por las políticas sustantivas que aplicaron las organizaciones estatales.

Los ejemplos ya expuestos y los que siguen, muestran que la caracterización de la Administración Pública es harto difícil dada su heterogeneidad estructural y las distintas presiones que cada organización recibe del contexto. Tal diversidad dificulta la conceptualización de *un* patrón de gestión, aunado a la ya mencionada inexistencia de una receta capaz de ser aplicada todo el aparato administrativo. Sin embargo, en un esfuerzo analítico es posible delinear grandes líneas de transformación del patrón de gestión del aparato del Estado a partir de algunos casos.

5.1. Gestión por contingencia

Para lidiar con tareas novedosas –respecto de la experiencia y el sentido de las políticas públicas que se habían desplegado en los últimos cuarenta años– y ante la inmediatez de la exigencia, los organismos adoptaron modos de gestión de prueba y error, con base en una mirada contingente de la acción. En términos políticos la contingencia se vincula con las relaciones de fuerza y las configuraciones sectoriales puntuales, que hace que la mayoría de los escenarios de gestión a enfrentar sean únicos. Esta posición desecha el uso de modelos cerrados y pre-constituidos.

Por el contrario, la mirada contingente de la acción considera que no existen herramientas válidas para todo tiempo y lugar, sino situaciones concretas y singulares cuyo diagnóstico abre las puertas a los mecanismos más pertinentes para alcanzar acuerdos, flexibles y modificables en la siguiente etapa, entre las partes participantes.

Se han desarrollado avances con formatos originales, fruto de la articulación en cada caso de dosis de herramientas burocráticas, gerenciales, socio-céntricas, misionales, etcétera. Por ejemplo, la creación o adaptación de agencias –que al ser descentralizadas favorecen la flexibilidad y minimizan el solapamiento y la disputa de competencias entre ministerios– cuya característica común es que su dirección trabaja cooperativamente con la conducción política.

Las agencias son un caso interesante puesto que como hemos visto en el Capítulo 2, son las visiones asociadas a la Nueva Gerencia Pública (NGP) las que promueven la creación de agencias temáticamente especializadas con una característica central: la autonomía respecto de las autoridades políticas.[124]

A partir del año 2005 se ha potenciado la agencialización pero con un rasgo que la distancia de la NGP y que deriva en una fórmula compuesta: originalidad organizacional más preeminencia política, expresada en los casos que presentamos a continuación y también en propuestas de connotados dirigentes pertenecientes al espacio nacional-popular que recurren a este formato, como la Agencia de Laboratorios Públicos, la Agencia de Evaluación de Políticas Públicas y la Agencia de Lucha contra el Narcotráfico (esta última para la Provincia de Buenos Aires).

Un caso notable en este sentido es el de la Agencia Nacional de Seguridad Vial –ANSV– creada el 9 de abril de 2008.[125] La ANSV es consecuencia de una larga cadena de iniciativas de articulación entre nación y provincias que comienza cuando el Consejo Federal Vial aprueba el Plan Nacional 2006-2009. En lo que a nosotros respecta, interesa destacar su diseño organizacional: su marco legal establece que la ANSV será un "organismo descentralizado en el ámbito del Ministerio del Interior, con autarquía económica financiera, personería jurídica propia y capacidad de actuación en el ámbito del derecho

---

[124] La reformulación de los principios de la NGP no fue sólo un fenómeno latinoamericano. A finales del siglo XX, Gran Bretaña iniciará un movimiento de reforma tendiente a superar los principales problemas de la NGP, especialmente aquellos relacionados con la atomización de la administración pública: fue el "gobierno conjunto" –"joined-up government"– impulsado por Tony Blair. Este experimento no se mantuvo en el tiempo (Pollitt, 2003). Posteriormente, una segunda ola de reformas al NGP se inició con la "totalidad de gobierno" "whole-of-government" en Nueva Zelanda, y Australia, países que habían optado por una implementación radical de las reformas impulsadas por la NGP. El objetivo era mejorar los niveles de coordinación entre las políticas públicas, un mayor control político y el incremento de la accoutability vertical. En todo caso, este movimiento no significó una desviación radical de los principios gerencialistas. Según Tom Christensen y Per Lægreid"Lo que apreciamos es un reequilibrio o ajuste del modelo básico de NGP en una dirección más centralizada sin cambio fundamental" (Christensen y Lægreid; 2007: 557). En todo caso, como destaca Pollit (2003) y reconocen los autores mencionados, el Gobierno Conjunto –al menos en su versión británica– se utilizó para diferenciarse de las políticas fragmentarias de los neoliberales más radicales dejando entrever que, aunque incipientemente, los laboristas intentaron una reacción a las versiones más duras del NGP que vaciaban el gobierno central. De cualquier modo, estas reformas se inscriben en un contexto muy diferente que no tenemos espacio para discutir acá.

[125] Ley 26.363.

público y del privado".

Además de estas características institucionales, que la dotan de una amplia flexibilidad administrativo-financiera, la ANSV se dotó de herramientas de gestión asociadas al modelo *managerialista*, como por ejemplo el Plan de acción 2010-2014 (con metas y actividades definidas), un sistema de información plasmado en el Observatorio de Seguridad Vial y otras características que le asignan alto grado de capacidad organizativa, a saber: buena dotación sumada uso racional de las habilidades de los agentes, y disponibilidad tecnológica y de infraestructura. Y por la distribución de tareas entre nación y provincias en esta área de políticas, está inmersa en mecanismos de coordinación intergubernamental (Sistema Nacional de Seguridad Vial y Consejo Federal de Seguridad Vial -SNSV y CFSV).

Ahora bien, tal como indica Bertranou (2013) hay un rasgo central en que esta nueva creación no sigue al paradigma managerialista. En su Artículo 5, la Ley dispone que su Presidente sea el Ministro del Interior: conocidas las acciones del Ministro, se puede aseverar que ese cargo no fue simbólico.

Si bien no fue creada en este período, la Agencia Federal de Ingresos Públicos es otro ejemplo relevante, dados sus actuales éxitos de gestión, explicados por el liderazgo político y el compromiso laboral de sus funcionarios.

Este organismo tiene no solo el formato de Agencia que promueve la NGP, sino que también cuenta con un plus salarial para sus trabajadores atado al cumplimiento de resultados, con la herramienta de contrato programa y con planificación estratégica del tipo cercano al promovido por la NGP (que traza la misión, visión y valores del organismo) y, finalmente, con un Plan Operativo (con objetivos y metas).

Asimismo, un elemento central a la tarea de esta agencia es el desarrollo de la tecnología. Según Roig (2008:21) "el proceso de informatización de la AFIP es sin lugar a dudas el principal elemento de transformación herramental de los últimos años"; la unificación de todas las bases de datos y la apertura del acceso a las mismas dan fe de ello.

En 2002 comenzó a operar la Sub-secretaría de sistemas y telecomunicaciones, por medio de la cual quedaron centralizadas las hasta entonces unidades informáticas dispersas iniciando así un ciclo de continuo crecimiento respecto de la utilización de nuevas tecnologías; en términos de modelos de gestión esta decisión tuvo consecuencias asociadas a la gobernanza pero también a la jerarquía.

A la primera, debido a que "el hecho de que el 99.9% de los trámites se puedan operar a través de Internet por el sistema bautizado OSIRIS permite que tanto empleadores como empleados, o monotributistas tengan un acceso libre a las bases de datos de la organización" (Roig, 2008:22). A la segunda, porque la Subsecretaría adquirió gran poder dentro de la AFIP.

Las herramientas de gestión vinculadas a la NGP y a las TIC son importantes para el funcionamiento de la AFIP, pero hay que aclarar que están condicionadas por tres factores.

En primer lugar, el reposicionamiento en la agenda estatal de la función de recaudación como sostén imprescindible de las políticas activas tanto de desarrollo como de inclusión. En segundo lugar, la importancia que en la Agencia cobraron los valores organizacionales, asociados principalmente a la obtención de la recaudación y la relevancia del conocimiento, entendido menos como credenciales profesionales que como capacidad de generar información y de inteligencia fiscal. Y en tercer lugar, si bien formalmente autárquica, la Agencia está bajo el mando de un Administrador Federal de estrecha confianza del Presidente de la Nación.

Estos últimos tres elementos indican el carácter híbrido de la AFIP: por una parte tiene una conformación formalmente cercana a la NGP con algún matiz de gobernanza, y por otra, su funcionamiento depende altamente del compromiso con valores democráticos y de inclusión social más la dirección política.

5.2. *La contracara de la contingencia 1: la integralidad*

Volviendo a la estructura global del Estado, es necesario acotar que los niveles de diferenciación resultantes de la estrategia de contingencia tienden a generar problemas de articulación administrativa. Entonces, si bien esta estrategia es eficaz para tratar con la realidad tal cual se impone, al mismo tiempo tiende a promover la fragmentación estructural ("Estado archipiélago").

Frente a este problema han surgido estrategias para contrarrestarlo. Una de ellas se configuró alrededor del concepto de integralidad, que implica establecer condiciones para que las diferentes iniciativas se refuercen recíprocamente.

En esta lógica, es especialmente remarcable el círculo virtuoso entre la AUH o el Plan Progresar, dirigido a los jóvenes entre los dieciocho y veinticuatro años que no trabajan, trabajan informalmente o tienen un salario menor al mínimo, que les asigna un estipendio que les permita finalizar sus estudios en cualquier nivel educativo.

De igual forma es notoria la influencia del concepto en programas educativos tales como el Plan Nacional de Educación Inicial o el Plan

Conectar Igualdad, que consiste en el otorgamiento de una computadora portátil a los alumnos y docentes de escuelas secundarias públicas, escuelas de educación especial e institutos superiores de formación docente.

Así vistas las políticas públicas de carácter universal confluyen en la conformación de un nuevo modo de regulación, donde los programas no son iniciativas aisladas, sino que hace parte de una iniciativa de universalización de derechos. La sinergia tiene un doble sentido: entre las políticas sociales entre sí, y de éstas con el régimen de acumulación basado en el mercado interno y el pleno empleo.

Ahora bien, esta sinergia entre los diversos planes nacionales necesita su correlato en una integralidad administrativa al interior de cada organización estatal. Apuntando a alcanzarla, desde 2003 en el sector de políticas sociales, se reconvirtieron las iniciativas programáticas del Ministerio de Desarrollo Social.

En estos términos, la integralidad "implica un trabajo de unificación y articulación de recursos, circuitos administrativos y gestiones compartidas y consistentes por tipo de prestaciones o beneficiarios a atender" que se tradujo en la reducción y conversión "de pequeños y grandes programas en tres grandes Planes que hacen más eficiente las prestaciones y le imprimen una impronta particular en cuanto a planificación y gestión" (Memoria Detallada del estado de la Nación 2003:138-140).

En dicho sentido, se tendió al "abandono progresivo de la lógica programática instalada en la política social (existían cincuenta y seis programas sociales con su propia administración) y la consiguiente integración de los mismos en tres líneas de acción (Plan Nacional de Seguridad Alimentaria "El Hambre más Urgente", el Plan Nacional de Desarrollo Local y Economía Social "Manos a la Obra y el Plan "Familias Argentinas") que, de acuerdo con la especificidad propia de cada uno, conforman un conjunto de herramientas, mecanismos y prestaciones dirigidos a mejorar la calidad de vida de la familia" (Memoria Detallada del estado de la Nación 2004:127).

Englobar la mencionada cantidad de programas en tres grandes planes no sólo permite más eficacia, sino que en términos de modelo de gestión es una iniciativa de diseño institucional que desanda el camino del trabajo sobre cuestiones puntuales, que como vimos era parte del trabajo por programas que promovía la NGP.

Quizás sea imposible –e indeseable– desterrar la lógica de programas dado el carácter fragmentado de las sociedades contemporáneas-, pero se ha avanzado en la conciencia de la pérdida de coherencia que implica la apertura de programas sin los criterios holísticos que proporciona una voluntad política.

5.3. La contracara de la contingencia 2: la coordinación

Si la integralidad busca evitar el aislamiento de programas generando sinergia entre ellos, la coordinación busca una articulación más institucional entre organismos.

La tarea de coordinar es propia de los órganos de dirección y es fundamental para superar la diferenciación estructural de la burocracia. Esta función de articulación desde la conducción es afín a las ideas homogeneizadoras del Estado, característica de los gobiernos nacional-populares, que tienen una dimensión horizontal y otra vertical.

La coordinación horizontal, si bien en términos generales ha avanzado lenta y precariamente, muestra avances en varios casos importantes y, en particular en algunos casos en donde la Jefatura de Gabinete de Ministros ejerció el liderazgo sobre el conjunto del aparato estatal.

Por ejemplo, el Consejo Nacional de Políticas Sociales, que nació en 2002 con el objetivo de articular a los ministerios nacionales con tareas sociales. Según el Ministerio de Desarrollo Social, la consolidación de este Consejo permitió que las responsabilidades institucionales sean integradas en una cogestión con aplicación en todo el país, puesto que la misma:

> [...] articula las prestaciones y programas sociales del Ministerio de Desarrollo Social con otros organismos del Estado nacional, provincial y municipal como, así también, con diferentes actores y sectores de la sociedad civil, buscando consolidar esos espacios de concertación a través de los Consejos Consultivos Nacionales, provinciales y municipales para el diseño y gestión de las políticas públicas, contemplando las particularidades regionales y locales. Estos Consejos son apoyados con capacitación y los estamos fortaleciendo en su desarrollo incipiente, para que cada día se haga más efectiva su institucionalización como espacios de concertación social (Memoria Detallada del estado de la Nación 2004:127).

Si bien su existencia formal es un paso adelante, para poder juzgar en qué medida las instancias de coordinación se constituyeron en mecanismos reales de articulación, es necesaria una investigación puntual.

Un interesante intento (si bien menor en términos de su despliegue) de gestión interministerial que informa sobre estos procesos de integralidad y coordinación, empezó en 2008 cuando se creó el Plan de Abordaje Integral ("Plan Ahí, ahí en el lugar"), dirigido a poblaciones entre dos mil y diez mil habitantes en situación de alto riesgo social. En sus lineamientos está presente el objetivo de la coordinación horizontal y vertical, puesto que concreta la idea de llegar a los territorios más desamparados con el aparato de los diferentes ministerios del área social de forma conjunta y vinculados con las jurisdicciones locales.

La coordinación intergubernamental vertical es una propuesta que enfrenta la complejidad estructural que da por el sistema federal argentino: las posibilidades de agendas incongruentes son numerosas. La acción conjunta entre actores soberanos –la nación y cada una de las provincias– con ideas e intereses no necesariamente concurrentes, exige un poderoso lubricante político con el que no siempre se cuenta.

En la década bajo estudio observamos que el tema fue agenda de las autoridades e identificamos ciertos avances, principalmente en términos de consolidación de mecanismos ya existentes –mediante el liderazgo político más que a través de innovaciones administrativas– aunque no en la magnitud deseable.

En torno del desarrollo social, tal vez el ejemplo más contundente en este sentido fue la constitución del Consejo Federal de Niñez, Adolescencia y Familia en el año 2006. También se puede mencionar la consolidación del Consejo Federal de los Mayores como ámbito de concertación y asesoramiento, mediante el cual se logró la firma de convenios con varios gobiernos provinciales, municipales y organizaciones no gubernamentales para el desarrollo de políticas orientadas a la promoción de los derechos y la participación protagónica de los adultos mayores.

Otra novedad que se puede mencionar en relación a las relaciones intergubernamentales es la creación de ámbitos de concertación Nación-Provincias-Municipios sobre una temática específica, como por ejemplo la Autoridad de Cuenca Matanza Riachuelo (ACUMAR). Esta entidad constituyó la respuesta estatal a un conjunto de demandas ciudadanas (algunas de las cuales tomaron forma jurídica que fueron escuchadas por la Corte Suprema de Justicia) y su creación supuso un primer paso en la tarea de coordinar jurisdicciones y así elevar la capacidad estatal (en este caso entendida como capacidad del sistema de gobierno federal como un todo).

Ciertamente estimulante es la valoración del funcionamiento actual de algunos consejos federales con cierta trayectoria histórica previa al período de este capítulo. El ejemplo más claro lo ofrece el de Educación (CFE), en el cual se reúnen todos los ministros (nacional y provinciales) del área.

Desde 2003 el CFE funcionó de manera regular y si bien no se transformó en el faro de las políticas educativas, sí supuso un ámbito de debate y acuerdo sobre varias de las iniciativas legislativas sancionadas en estos años, sobre la reglamentación de las mismas y sobre los programas del área. Se verificó, entonces, que motorizado y guiado por la vitalidad política, financiera e incluso en algunos casos personal del actor estatal nacional, de diferente forma según cada cuestión y cada momento, las provincias fueron escuchadas, lográndose así cierta mejoría en la articulación de la relación nación-provincias (Rey, 2013).

Al igual que en el caso del área educativa, el funcionamiento de otros consejos federales ha dependido ampliamente del tipo de liderazgo que ejerza el actor estatal nacional del área. La coordinación no se consiguió en todos los organismos de igual forma y si bien hubo casos exitosos, ellos no definieron la tendencia general.

Con todo lo que se ha avanzado, todavía queda pendiente una mirada más estratégica de la cuestión de la coordinación federal en el ámbito del Estado. Está claro que el respeto a la autonomía provincial no puede significar la aceptación del dislocamiento de las políticas públicas; entonces la cuestión es cómo hacer para respetarla y a la vez garantizar el cumplimento de ciertas pautas que se consideren imprescindibles en todo el territorio nacional.

Aunque es un capítulo abierto, hay voces que consideran que un cambio en la potestad de los Consejos Federales (volviendo obligatorios sus mandatos) –con instancias de poder de veto y/o mayorías calificadas y transparencia de gestión de recursos– puede ser una solución al respecto.

5.4. El abordaje territorial

Desde hace algunas décadas es común encontrar la noción de territorialización de los sectores populares en textos de ciencias sociales. Varios autores coinciden en que el territorio se ha convertido en un lugar privilegiado de la expresión política; "la idea del pasaje de la fábrica al barrio adquiere un papel central en el debate académico, es el barrio el lugar privilegiado donde las clases populares se organizan y desarrollan actividades políticas" (Forni et al, 2013:192).

Denis Merklen (2005:14) define "inscripción territorial" de las clases populares como "Un modo de inserción social, un modo de estructuración de las clases populares a través del barrio y una forma de la política popular, una vía de conexión con las instituciones y un punto de apoyo para la acción colectiva". Sobre la base de esta propuesta teórica queremos recalcar que el barrio es además el lugar de vinculación con las instituciones (la escuela, el centro de salud), los servicios básicos (agua, electricidad, gas, etc.) y especialmente, con las políticas sociales, deportivas y culturales.

En un artículo muy interesante Restrepo (2003:7) nota:

> [...] una gran transformación en la conformación del campo popular que conlleva profundas repercusiones en las formas de organización y representación de intereses sociales". Si antiguamente "[E]l mundo popular se organizó de manera prioritaria desde el lugar de trabajo: la fábrica, la oficina y la tierra", en la actualidad "[T]ales prácticas, reivindicaciones y organizaciones populares siguen vigentes pero han perdido importancia ante otros lugares de articulación y diferentes motivos de movilización social. El espacio y no la unidad productiva caracteriza buena parte de las movilizaciones y movimientos sociales: el barrio, la vereda, el municipio y la región.

Ciertamente estas características de las identidades populares se potencian cuando los guarismos de desocupación trepan a niveles insospechados previamente, como ocurrió en la Argentina de los 90, pero su origen profundo se debe al proceso de transformación de la sociedad industrial ya descrito en el Capítulo 3.

Como ya dijimos, los cambios que se produjeron en el capitalismo generaron cambios societales y por ende en el Estado, fracturando o debilitando las vías de articulación que históricamente habían vertebrado el sujeto popular. El denso suelo institucional que el Estado organizaba ha desaparecido y, sin él, muchos sectores se debaten en la anomia y la descomposición.

Acorde a esta configuración de los sectores populares la gestión de varios organismos estatales adaptó su estructura para contemplar la cuestión territorial. Ello supuso dos tipos de acción: por un lado, desplegar oficinas ministeriales (o agencias respectivas), que establecieran materialmente su presencia en todo el territorio nacional y por otro lado y en función de la anterior, posicionar en la agenda la cuestión de la coordinación con las jurisdicciones subnacionales.

En suma: el Estado ha tomado nota de la importancia que han adquiridos los espacios de vinculación postindustriales. Estos espacios de vinculación se dan en ocasión de desarrollarse actividades culturales, práctica deportiva, trabajo social, desarrollo de espacios de economía solidaria, trabajo en las instituciones de enseñanza/aprendizaje. En este marco se han revalorizado las instituciones sectoriales: las asociaciones que defienden las identidades de género o étnicas, las vecinales, las agrupaciones por temas *ad hoc* (por ejemplo, seguridad). El ya mencionado Plan de Abordaje Integral ("Plan Ahí, ahí en el lugar"), destinado a poblaciones pequeñas, gran parte de ellas en el interior del país, también es un ejemplo de la adaptación territorial de la gestión administrativa.

En la construcción de todos estos espacios, es vital el diálogo cercano con la población por parte de una estructura político institucional para que ella sea capaz de expresar el cosmos regional y el microcosmos local. Esto supone un cambio radical en la forma de construcción política, en donde el papel de los intendentes y gobernadores pasa a ocupar un lugar central.

Del caso argentino resaltaremos desarrollos que muestran tal situación: los Centros de Referencia (CdRs)[126] y los Centros de Integración (CICs)[127] del Ministerio de Desarrollo Social; las Unidades de Atención Integral (UDAIs)[128] de la ANSES y las Oficinas de Empleo (OE)[129] del Ministerio de Trabajo y Seguridad Social.

Siguiendo la propuesta de Ozslak (1978) respecto de los atributos del Estado, la concreción de las iniciativas recién descriptas nos permite afirmar que si bien en Argentina hace más de un siglo se ha logrado la diferenciación estructural (mediante la presencia en todo el territorio de las fuerzas armadas, de seguridad, de escuelas y hospitales), la dimensión social de ese atributo ha sido redefinida y reconstituída en esta última década.

---

[126] El Ministerio de Desarrollo Social (MDS:2010) afirma que los CDRs son espacios conformados por equipos interdisciplinarios que articulan las diversas líneas de acción del Ministerio para construir, junto con la comunidad, estrategias de desarrollo local y provincial desde un abordaje integral.

[127] El Ministerio de Desarrollo Social (MDS:2010) presenta los CICs como espacios públicos de integración comunitaria, construidos en todo el país, pensados para el encuentro y la participación de diferentes actores que trabajan de modo intersectorial y participativo para promover el desarrollo local en pos de la inclusión social y del mejoramiento de la calidad de vida de las comunidades.

[128] La ANSES indica que las UDAI son oficinas para la atención al público, "distribuidas por todo el territorio nacional con el objetivo de estar cerca de cada ciudadano. En ellas se pueden realizar todos los trámites relacionados con la Seguridad Social y recibir asesoramiento adecuado sobre las prestaciones y servicios que brinda la ANSES" (ANSES, 2015).

[129] Según el Ministerio de Trabajo, las OEs (que constituyen una Red conformada por más de 630 Oficinas de Empleo en todo el país) son oficinas en las cuales se brinda a "acompañamiento en la búsqueda de empleo; orientación sobre el mercado de trabajo local; vinculación con cursos de formación profesional gratuitos (PROGRESAR), programas de empleo, talleres para la búsqueda de empleo y con puestos de trabajo. Además ofrecen asistencia técnica a microemprendedores". Asimismo, "También los empleadores que buscan personal para cubrir puestos vacantes encontrarán allí orientación sobre legislación laboral vigente, programas de promoción del empleo y de incentivos para la incorporación de personal (PROEMPLEAR), e información sobre la dinámica del empleo de su localidad y del país" (http://www.trabajo.gob.ar/empleo/mapa_oe.asp; visualizado en mayo 2015).

5.5. Los avances en la planificación

Como ha sido mostrado en capítulos anteriores, la planificación ha estado presente en la Argentina en gran parte del siglo XX, pues incluso el paradigma de gestión que auspició el neoliberalismo propició la planificación estratégica corporativa. También hemos dicho que el Estado *archipiélago*, obstaculiza en gran medida la planificación integral, lo que es una de las deudas o inconsistencias que ha mostrado el modelo de gestión de la última década.

Esto no significa que la planificación haya estado ausente, sino que no ha sido lo completa y congruente, "incluso no exhaustiva (procesos definidos y estandarizados), ni basada en un paradigma o modelo teórico unívoco" (Sotelo Maciel, 2013) que tal vez podría haber sido, sino más bien sectorializada y heterogénea. En particular, se ha producido una revalorización del Modelo PES de Matus (1983), sobre todo como una versión flexible que tiende a concebir la planificación como una red con variados núcleos estratégicos.

Aun usando ciertos mecanismos de la NGP, la planificación tal como se llevó a la práctica en los casos que aquí nos interesan[130] se separa del cuerpo conceptual de ella. La diferencia central radica en que la planificación actual, aunque híbrida, se inscribe principalmente en la lógica de la planificación situacional estratégica, que no tiene como elemento principal la mirada tecnocrática que establece objetivos y metas, sino que está destinada a la construcción del proceso político que dé cuenta del conflicto. Este tipo de planificación incluye acciones de persuasión y negociación con actores del sector del que se trate buscando un acuerdo sobre el papel rector del Estado en todo el proceso de planificación.

Por otro lado, también se distingue de los modelos tradicionales burocráticos racionalistas que veían las política públicas como una maquinaria que el Estado ponía en marcha por sí solo, mientras que la mirada actual considera importante contar con la participación ciudadana, o mejor, con el compromiso de los actores sociales atañidos.

En los casos mencionados, se observa que los núcleos estratégicos están derivados, en términos muy generales, del proyecto político del ejecutivo nacional; que fueron elaborados con la participación de distintos actores y grupos de la sociedad civil y que, a diferencia de la planificación de índole tecnocrática asigna más importancia la etapa de coordinación política que a la etapa de planificación técnica.

---

[130] Ha habido varios esfuerzos de planificación en estos años, como el Plan de Planificación Federal, el de la Defensa Nacional, el de Turismo, pero tal vez los casos más conocidos son el ya mencionado Plan Estratégico Industrial 2020 y el Plan Estratégico Agroalimentario y Agro-industrial (PEA2-2010-2020).

5.6. Protagonismo social

Si bien el tópico *participación* está presente en casi toda propuesta política desde hace diez lustros, sus contenidos varían profundamente según la tradición de pensamiento que la fundamente.

La perspectiva nacional-popular, que contiene un proyecto de inclusión social pero también política de los sectores populares, tiene en la participación de los mismos un elemento fundamental. Esto ha quedado claramente sentado cuando se repasó la construcción hegemónica de estos diez años. En términos de políticas estatales y por ende de gestión pública, esto significa que esta perspectiva está lejos de pretender que el aparato administrativo lleve adelante las políticas en soledad, sin el compromiso de actores de la sociedad civil, sobre todo de aquellos pertenecientes al campo popular. En esto difiere de las características que se suelen imputar a la matriz estado-céntrica de mitad del siglo XX; pero también del enfoque sociocéntrico, puesto que el Estado no es considerado un actor más entre otros, sino el principal.

En esta etapa hay dos experiencias altamente significativas de protagonismo popular en el diseño de políticas, las cuales produjeron un cambio de paradigma en la educación y en la comunicación.

Luego del anuncio del presidente de la Nación de la necesidad de elaborar una nueva norma rectora de la educación (luego llamada Ley de Educación Nacional-LEN) se inició un proceso de debate social amplio, que con la mediación de los estados provinciales interpeló a los diferentes miembros de la comunidad educativa: docentes, alumnos, padres, directivos, no docentes (también se organizaron reuniones con grupos de decisión y grupos de interés). Solo en la provincia de Buenos Aires se realizaron alrededor de ciento cincuenta reuniones y se relevó la opinión de alrededor de tres millones de personas de la comunidad educativa, en una mecánica de cascada que finalizó con un informe final enviado por las provincias a la Nación.

Existe cierto consenso en que esta experiencia de participación enriqueció el debate del proyecto de Ley y que, con variaciones, las provincias tomaron mayor o menor parte del mismo para construir su posición, aun cuando las puntadas definitivas del proyecto de ley que la Nación presentó al Parlamento se discutieron en unas pocas mesas de negociación hasta lograr el acuerdo final (Rey, 2011).

Este proceso de convocatoria a los colectivos relevantes del sector también fue aplicado al debate que luego dio lugar a la propuesta de Ley de Medios de Comunicación Audiovisual. El proyecto fue debatido en numerosos ámbitos, de los cuales surgieron modificaciones al articulado: se realizaron "23 foros y 80 conferencias, con participación de todos los sectores y en todas las provincias, con el propósito de incorporar las necesidades y requerimientos de todos los actores del complejo espectro audiovisual" (*Memoria Detallada del estado de la Nación* 2009).

Otro ejemplo relevante, no atado a la sanción de una ley sino al funcionamiento de un sector de políticas se encuentra nuevamente en el Ministerio de Desarrollo Social promoviendo la participación de diversos sectores del quehacer social (desde ONG hasta sindicatos, pasando por fundaciones y credos religiosos) pero también con propuestas estrechamente vinculadas con las organizaciones populares.

En la *Memoria Detallada del Estado de la Nación* de 2006 (2006:180) se enunciaba como un objetivo de este gobierno el de "Promover y fortalecer la participación y organización popular, mediante la herramienta de la capacitación, basada en la lógica democrática de la educación popular, desde la perspectiva de los derechos sociales y la construcción de ciudadanía plena".

En línea con esta idea, una ex-funcionaria del área acuñó la noción de *protagonismo social*:

> [...] los participantes son protagonistas del destino de la comunidad, de su proyecto colectivo, y por lo tanto hacen su aporte desde el mismo momento de gestación del proyecto de gobierno. Conceptos como compromiso y militancia están íntimamente vinculados a este protagonismo, ya que en estos casos el proyecto de vida personal, familiar y/o grupal, son parte del proyecto comunitario (Bernazza, 2009:2).

Estas ideas se plasmaron en un conjunto de iniciativas desplegadas por todo el territorio nacional. De gran relevancia, el programa "Promotores Territoriales" puede ser visto desde cuatro aristas distintas (la primera relativa a la dimensión aquí tratada):

- Implica un tipo de participación social específico: aquí "se interpela a los participantes en el programa no como individuos sino como integrantes de ciertos movimientos sociales. Y además, no de cualquier colectivo social, sino que en particular de aquellos movimientos que tuvieron activo involucramiento en la resistencia a las políticas neoliberales" (MDS, 2010:92). Este sujeto es bastante más concreto que el difuso ciudadano al que se refiere la gobernanza y el cliente del *New Public Management.*
- Constituye una herramienta contra la fragmentación social, al establecer la conformación de "Unidades de Trabajo y Participación", las cuales son presentadas (MDS,210:80) como una "unidad

mínima en cada territorio, para generar mayor participación y organización comunitaria". La delimitación de los interlocutores ayuda a que el mismo Estado no se ramifique *ad eternum* para atender a múltiples sujetos sociales dispersos.

- Favorece la territorialización del Ministerio como un proceso especular del relevamiento del territorio y del reconocimiento de los actores locales.

- Constituye una imbricación de la sociedad en el Estado puesto que sus gestores, sin ser empleados estatales realizan prácticas que al mismo tiempo potencian la organización popular y materializan políticas estatales.

Por lo demás, a lo largo de los años se han realizado infinidad de jornadas de capacitación y formación de líderes o voluntarios en las diferentes temáticas que aborda el Ministerio, quienes luego acompañaron sus diferentes programas. Si bien son actividades menores comparadas con las acciones sociales más relevantes de la década aquí presentada, su simbolismo es tan fuerte que vale la pena ponerlos como ejemplo del cambio de perspectiva:

- Desarrollo de la Iniciativa denominada "Institucionalidad Popular: Organización Social + Estado= Poder Popular" destinada a acompañar procesos de formación, asesoría y acompañamiento para organizaciones sociales para alcanzar mayores niveles de institucionalidad.

- Lanzamiento de las Cátedras Populares, como espacios de debate y reflexión sobre el Proyecto Nacional y Popular.

- Instalación pública de la Iniciativa "A paso de vencedores" para la formación de dirigentes populares, por medio de la cual mil quinientos dirigentes pertenecientes a organizaciones populares de diversa procedencia territorial fueron capacitados.

Igual de simbólico, es el hecho de que en el documento que presenta el Banco Popular de la Buena Fe (s/f:11), y en relación a los objetivos del mismo, figura "Promover la organización popular: Trabajar juntos por una comunidad organizada. Una comunidad que sea artífice de su propia historia, con sus miembros participando organizada y activamente en la transformación social y política".

Llegados a este último punto, es evidente que los hechos hasta aquí narrados se encuentran situados en un universo de muchas otras decisiones y acciones del Estado durante la última década, algunos de los cuales pueden circular en dirección divergente a la señalada, dada la ya descripta diversidad de organizaciones (y funcionarios a cargo), aún en un proyecto político con alta coherencia interna.

De todas formas, como esquema general no debe dejar de resaltarse el afán politizador del gobierno, que ha reinsertado la asociatividad, la cuestión del poder y la transformación de la sociedad, como un trasfondo de toda la vida social y que da condiciones de viabilidad a los modelos de activa participación y reconstrucción de una masa crítica militante, en particular de los sectores populares.

Dado que ningún proceso político es lineal, la importancia de lo presentado radica en que muestra que se han desarrollado iniciativas que de diversa manera y tenor pueden ser pensadas como avances en la generación de un patrón de gestión del aparato administrativo nacional, aún con diferencias entre dimensiones de la misma o áreas de políticas particulares.

6. Tensiones y turbulencias

El gobierno nacional popular se estructura alrededor del intento de conformación de un sujeto político que incluye a los sectores populares y los trabajadores, los empresarios nacionales, profesionales, técnicos de Gobierno y clases medias.

Esta construcción policlasista –que, ligada a tal condición, implica un amplio pluralismo ideológico– precisa de una extrema astucia y capacidad de liderazgo para mantenerla unida sin que las necesarias concesiones que exige la gestión cotidiana extravíen la dirección estratégica. En efecto, su dirección transita entre los peligros de desaparecer como tal –por pérdida de su equilibrio interno– o perder su norte político.

El primero de estos peligros nace de la misma centralidad del liderazgo, que lo hace receptor de todas las tensiones y responsable de todos los arbitrajes; el segundo, no solo de las tensiones propias de las demandas de cada miembro de la alianza, sino también de la oposición política o ideológica, constituida nada menos que por los históricos poderes económicos y fácticos.

El modelo que estamos analizando sufre también de otro tipo de tensiones vinculadas a los actores que se alinean detrás de las estrategias del nuevo desarrollismo y de los que se sienten convocados por el enfoque nacional popular.

Para resumir: el neo-desarrollismo tiende a producir una visión instrumental de la política, abriendo campo a la pérdida de perfil propio y de pugna por imponer el de cada fracción. El enfoque nacional-popular, por su parte, subestima los costos del proceso de legitimación, forzando equilibrios fiscales y reduciendo más allá de lo deseable (y hasta a veces lo sostenible) la aplicación de recursos –financieros, políticos, administrativos, fiscales– al proceso de desarrollo económico; en este caso el peligro deviene del colapso económico. Los ajustes en el valor de dólar post 2011 –apalancados por un contexto internacional que no termina de estabilizarse– muestran que éste no es un peligro menor.

Postular a priori una relación óptima entre los recursos destinados al desarrollo económico y los dirigidos a la legitimación política es imposible. Pero aunque no se pueda definir el punto medio ideal, sí se puede alertar sobre algunos peligros que acechan como subproductos de la centralidad de la construcción política y de la cuestión estatal a los gobiernos del tipo que hemos descrito en este capítulo:[131]

---

[131] De aquí hasta el final del capítulo, los temas fueron tratados en extenso en Cao y Rubins (1994 y 1997).

- *Intervencionismo más allá de las posibilidades*: los recursos estatales –simbólicos y materiales– son limitados así como es restringido el espacio social donde es legítimo que intervenga. Los gobiernos nacional populares tiende a inmiscuirse en todos los escenarios al mismo tiempo –son tantas las necesidades y parece tan fácil hacer que el Sector Público intervenga– y este puede redundar en una sobre utilización de recursos escasos que termina por debilitar la posición del Estado en el escenario político global.

- *Politización de la gestión*: a diferencia del criterio técnico –relativamente fácil de seguir–, el criterio político implica debate y negociación. Si este criterio contamina todo el escenario de gestión, se llega a que acciones rutinarias tales como el nombramiento de agentes de mínima categoría, funcionamiento de procesos internos, liberación de pagos presupuestarios, etc. pueden demorarse o complicarse poniendo en riesgo el funcionamiento del aparato estatal.

- *Corrupción*: la ingente cantidad de recursos que maneja el Estado unida a la complejidad de su organización facilitan enormemente el uso indebido de aquellos. Crear organismos de control hace más espesa la red organizacional, y no siempre tiene efectos sobre la transparencia de la gestión. Sobre el particular no hay soluciones mágicas, sólo con la participación y la fortaleza ideológica se puede combatir este flagelo. Algo similar ocurre con la centralidad y liderazgo estatal que, al generar una multiplicidad de espacios de intervención, abre la puerta a la existencia de desvíos capilares de recursos. En general estos desvíos están sobredimensionados por la prensa del *establishment*,[132] pero tanto en términos políticos como por su capacidad de enturbiar la gestión, los gobiernos nacional populares deben extremar los esfuerzos por controlarla.

- *Tensión entre institucionalización y autonomía del liderazgo político*: este es un tipo de tensión con el que deben contar los gobiernos innovadores, que no solo encuentran instaladas instituciones que eventualmente no condicen con su proyecto político, sino que deben crear su propia batería institucional sin contar con mucho tiempo. Esta condición temporal es conocida por propios y ajenos e introduce una dosis de in-

---

[132] Que por otro lado oculta o minimiza los escándalos de la empresa privada, fuente inagotable de corrupción y dilapidación de recursos nacionales.

certidumbre (sobre la posibilidad de continuidad) que debe administrar ese gobierno.

Por último, no queremos dejar de citar los problemas que emergen cuando se quiere transformar el Estado y la sociedad mediante una estructura que ha sufrido excesivos remezones en estas décadas (tal como lo hemos relatado) y que siente la fatiga de tantos cambios, sumada a la conocida inercia de cualquier institución.

Conclusión y Manifiesto

I

Hemos recorrido algo más de medio siglo de ideas sobre el Estado y su incidencia en la concepción del desarrollo nacional y la administración pública. El foco se puso en la Argentina, pero en este tema, como en tantos otros, es difícil separar el movimiento de las ideas en el ámbito nacional, de aquel de alcance continental.

Lo que hoy llamamos América Latina –el "Extremo Occidente", según la afortunada expresión de Rouquie (1990)– se ha ido construyendo en un devenir histórico común que, a pesar de las grandes diferencias existentes entre los distintos países de la región, ha conformado un patrón común en lo referido a los centros de dominación coloniales y neocoloniales y, por esa vía, en su constitución como Estados nacionales.

Ese patrón incidió, sobre todo, en la forma en que economía y sociedad se han interrelacionado a través de la vinculación dependiente al mercado mundial que, en última *ratio*, configuró la fisonomía demográfica, social y política en la región. Las diferencias que se han producido entre los países de América Latina a lo largo de su historia colonial e independiente se explican por la diversidad de recursos sociales y productivos de cada uno. La relación subordinada de toda la región con el mismo centro de poder, explica, también, que algunos procesos se hayan dado de manera sincrónica: entre otros se pueden destacar la ruptura del vínculo colonial, el auge del modelo agroexportador, la repercusión de la crisis de la bolsa de Nueva York en 1929 y el fin de la hegemonía de este modelo, las aventuras desarrollistas, la guerrilla de la década del sesenta, la solución *manu militari* elegida por la mayoría de las elites latinoamericanas en los 70 y la aplanadora neoliberal de los 90....

Esta profesión de fe latinoamericanista no oblitera la conciencia de la peculiaridad de cada país en el contexto regional, ni el hecho de que América Latina como unidad geopolítica o cultural, es una construcción histórica inacabada que puede fortalecerse o desmembrarse como producto de las decisiones tomadas por las elites de gobierno.

Los años de dependencia han conformado unas particularidades compartidas en la cultura política de la región, entre las que se destaca el importante –aunque ambiguo– lugar que ocupa el Estado en el imaginario político latinoamericano. En la medida en que las ideas no saben de fronteras nacionales es difícil separar nítidamente las fuentes teóricas del pensamiento sobre el Estado producidas en la Argentina, de las provenientes de países hermanos. Un punto de partida de esta investigación es la coincidencia temporal en el pensamiento sobre el Estado y la Administración Pública en buena parte de América Latina.

Asumiendo el papel primordial que desempeñan las construcciones teóricas en el combate político, nuestra elección por el tema de las ideas sobre el Estado y su administración y los modelos de desarrollo en la Argentina, no es inocente. Queremos destacar una invariable de toda la región que atraviesa los más de cincuenta años estudiados: el acuerdo tácito sobre el protagonismo del Estado en relación a la transformación social, y la discusión respecto de la valoración de su papel en el desarrollo: a veces como motor de éste, otras como freno.

De la valoración que se le asigne se desprenden muchos otros temas conexos: qué tipo administración pública es el adecuado para acompañar el crecimiento económico; qué tan grande y cuán moderno debe ser el aparato institucional; cuáles son las responsabilidades que le corresponden al actor estatal y cuáles al mercado o a la sociedad civil; o cuáles son los límites y la legitimidad de la intervención del Estado, entre otras muchas. Y, como no podía ser de otra manera, cuál es el modelo del sector público y cuál el perfil del funcionario coherentes con el papel (motor o freno) asignado al Estado.

Ciertamente el Estado desarrollista –con el que parte nuestra investigación– con su énfasis modernizador, pensó el Estado como una maquinaria moderna y eficiente que pudiera conducir a la sociedad hacia el ansiado desarrollo con la mínima interferencia de la política. En el mejor de los casos, ésta debería cumplir una función de legitimación para el trabajo de los equipos técnicos y de la pléyade de sociólogos y economistas del desarrollo que comenzaron a proliferar en esos tiempos. El perfil del funcionario fue *groso modo* el de un técnico sensible al desarrollo, que hemos llamado, un poco abusivamente, el *homo technicus.*

Independientemente de lo acertadas que fueran las ideas del desarrollismo en su concepción del desarrollo económico y la modernización del Estado –debate que aún está lejos de estar saldado entre los expertos– su fracaso residió en la mencionada subordinación de lo político a lo técnico.

No fue el agotamiento del modelo heterodoxo el que acabó con la experiencia industrializadora en la Argentina, tal como se afirmó en la década de los 90, sino una desafortunada combinación de factores internos e internacionales. Durante los años 70 hubo en el país una crisis de gobernabilidad que produjo una nueva configuración de poder constituida por la suma de la decisión de los grupos dominantes de disciplinar al movimiento popular, y los cambios en el contexto internacional: crisis del petróleo y prematura llegada de la revolución conservadora que construyó una nueva hegemonía del pensamiento liberal.

La confluencia de estos factores se resolvió con las dictaduras del Cono Sur y la posterior crisis de la deuda en América Latina. Este fenómeno ha sido ya ampliamente estudiado.

Durante los años desarrollistas, la Argentina –y toda la región– había seguido un camino relativamente autónomo de los centros de pensamiento internacionales, aunque en constante diálogo con ellos, por lo que sus intelectuales tuvieron un papel destacado. Con la dictadura de 1976 se abrió un período de un cuarto de siglo en el que las ideas heterodoxas en economía fueron relegadas y la tradicional matriz estadocéntrica que caracterizó a la Argentina durante su historia, fue abandonada. El Estado dejó de ser concebido como el motor del desarrollo, único camino para construir ciudadanía y sociedades democráticas maduras. Con este giro se produjo una importación acrítica de las ideas producidas por las usinas de pensamiento liberales. El Estado pasó a ser el lugar de la corrupción, la ineficiencia y la rigidez; su papel civilizatorio fue reasignado al mercado.

El lugar que ocuparan las disciplinas relacionadas con el desarrollo fue tomado paulatinamente por las teorías de la elección racional que, migrando desde su inicial matriz económica, terminaron ejerciendo un verdadero imperialismo en las Ciencias Sociales. La teoría del Estado no fue una excepción.

En 1989, el Consenso de Washington trazará una hoja de ruta para la región. Aunque con ocasionales adaptaciones a las realidades nacionales, su espíritu guio a todos los gobiernos de América Latina, con la notable excepción de Cuba.

Sus repercusiones no solo se manifestaron en numerosas medidas de achicamiento del Estado, sino también en la concepción de la Administración Pública y del tipo ideal de funcionario. La Nueva Gerencia Pública, –o NPM como fue conocida por sus siglas en inglés– coherente con la nueva centralidad del mercado, propuso trasladar los principios empresariales a la Administración Pública.

Eficacia, reducción de costos, satisfacción del cliente, pasaron a ser conceptos de uso común en la disciplina. Como enunció García Canclini (1995), los consumidores reemplazaron a los ciudadanos y la administración pública pasaría a ser otro oferente de servicios en un mercado más o menos competitivo. El *homo consultor* –esa especie de gerente flexible, eficiente y con espíritu empresarial– sería el arquetipo del funcionario público.

Ciertamente la realidad es terca, y fue mucho más fácil desarmar el Estado construido durante los años desarrollistas que construir instituciones amigables con el mercado. El resultado, harto conocido, fue una imposición descarnada de los intereses de los grupos económicos concentrados, especialmente los vinculados con el capital trasnacional.

Hacia mediados de los años 90, el perceptible fracaso del modelo centrado en la hegemonía del mercado permitió la incubación en su seno de una perspectiva que, sin ser totalmente contestataria, implicaba un desplazamiento del discurso economicista más duro del ajuste estructural; es la que hemos llamado perspectiva socio-céntrica.

Este enfoque, de la mano de nociones como la de gobernanza, asumirá la imposibilidad política de un mundo gobernado por las transacciones mercantiles. Conceptos resignificados como el de *Sociedad Civil* u otros creados *ad hoc* como el de *Nuevos Movimientos Sociales* o *Sociedad en Red*, son propuestos como alternativas a la autonomización del mercado en la asignación de recursos.

Aunque tibiamente, en este discurso el Estado recuperaba un lugar, pero con mucho menos protagonismo que el que había tenido durante los años 60. El Estado debía ayudar a la coordinación con la sociedad civil, auténtica depositaria del poder social y la más capacitada para interpretar las verdaderas necesidades de la población.

En esa misma lógica, se impulsó la descentralización y se fortaleció el municipalismo pues se consideró que las unidades subnacionales más pequeñas eran las más idóneas para sostener un diálogo fructífero con los actores sociales. Fue el auge del *homo participem*.

El *homo participem* fue el complemento necesario del *homo procurator*, un ajuste indispensable buscando gobernabilidad para el proyecto neoliberal aunque, justo es reconocerlo, un gran número de activistas y movimientos sociales, creyeron encontrar en esta propuesta una alternativa a la férrea dictadura del mercado impuesta durante los años noventa.

II

Es conocido el trágico desenlace que tuvo para los pueblos de América Latina la implementación de estas ideas sobre el Estado y la Administración[133] importadas acríticamente. También es conocida la reacción popular ante la imposición del modelo neoliberal y el retorno del Estado de la mano de gobiernos populares que han configurado lo que genéricamente se denominó el giro a la izquierda en el Continente.

No hay duda de que el protagonismo del Estado regresó con el fin del auge del pensamiento neoliberal. Y junto con él, un renacimiento del pensamiento autónomo que se sintetizó en ideas fuerza como Socialismo del Siglo XXI, Revolución Ciudadana, o Desarrollo con Inclusión.

A pesar de sus grandes diferencias, entre estos procesos existen fuertes coincidencias: el énfasis en la recuperación simbólica y material del Estado como garante de los procesos de inclusión social y política, la renovada capacidad de regulación de los mercados, políticas industrialistas, junto con una marcada vocación latinoamericanista y manifiesta independencia de los centros de poder mundiales. Ni copia ni coincidencia azarosa, sino resultado de una misma historia, como se mencionara más arriba.

Estos gobiernos se han caracterizado por buscar en las tradiciones nacionales y regionales, alternativas al discurso neoliberal dominante. En el caso argentino, éstas fueron el desarrollismo y la tradición nacional popular.

De esta manera se constituyó una perspectiva superadora donde se retomó la vocación industrialista de la Argentina post 1929, tratando de capitalizar la experiencia histórica y así evitar los errores cometidos. Principalmente se trató de sortear la desconfianza en la política que signó el énfasis tecnocrático de los desarrollistas de mitad del siglo XX –y que durante los gobiernos neoliberales se trastocó en demagogia y manipulación– y el desprecio por los sectores populares que traía aparejada esa perspectiva, desembocando en la proscripción del peronismo.

En lugar de proscribir o desprestigiar la actividad política, esta nueva ola afirmó su supremacía en la conducción del proceso social. Esta apuesta democrática no deja de tener sus riesgos, pero pone claramente a la América Latina post neoliberal en una situación superadora

---

[133] En lo que sigue se retoman elementos desarrollados por los autores en diferentes artículos y exposiciones con base en Cao (2011), Cao y Laguado (2014), expuestos en una Asamblea de Carta Abierta y resumidos en Von Zeschau (2015).

de la democracia tutelada por el capital financiero que caracteriza a los gobiernos del llamado Primer Mundo.

Reemplazar el énfasis técnico sin abandonar los objetivos de desarrollo, no sólo significa evitar la debilidad política que inmovilizó a los gobiernos desarrollista de los 60 y70; sino también el reconocimiento de la complejidad que implica cualquier proyecto de intervención social en sociedades movilizadas. De esta forma, los sujetos políticos dejan de ser variables a controlar para constituirse en actores, con agendas propias, que establecen lazos con el Estado de distinta índole: ordenamiento, disciplina, cooperación, seducción, participación...

La centralidad en la cuestión política implica reconocer que el la transformación social no es el resultado de la capacidad técnica –como han enfatizado los neo-institucionalistas, ni de la exitosa seducción del mercado, como afirman los neoliberales– sino una cuestión de poder que para alcanzar sus metas necesita tanto del acompañamiento de los sectores populares y de sectores medios como del disciplinamiento de los grupos económicos concentrados.

Reconocer el vigor de las grandes corporaciones pone nuevamente en discusión el concepto de autonomía del Estado, tan alegremente usado durante la década de los 90 en las academias latinoamericanas. La autonomía estatal debe evitar tanto aislarse de la sociedad civil y de los poderes fácticos, como someterse a ellos.

El retorno de Estado en su doble dimensión de aparato institucional y de espacio de condensación de la comunidad política implicó una nueva concepción del desarrollo y del lugar que ocupa la política en él.

Igual que durante los años 60 del siglo pasado América Latina –o al menos una parte importante de ella– vuelve a pensar con cabeza propia pero, a diferencia de entonces, incluyendo la incertidumbre asociada a la incorporación de los movimientos populares. A esto es lo que hemos llamado un enfoque *situado*.

Este enfoque acompañó el surgimiento de las alternativas nacional-populares en la búsqueda del desarrollo, donde éste es concebido como el despliegue de las capacidades productivas nacionales, como antaño con los Planes Quinquenales y el intento de integración industrial, pero contemplando además, las restricciones impuestas por la globalización contemporánea.

Una perspectiva situada significa también tener en cuenta los condicionantes internos y externos de las capacidades estatales en la regulación del proceso social de acumulación. Esta investigación se centró en la experiencia argentina para comprender su construcción como parte de una región tradicionalmente dominada: América Latina. El proceso histórico lo hemos leído en clave de búsqueda de la plena autonomía y de superación de los desequilibrios de la estructura social.

Nuestra posición es que el Estado en tanto instrumento poderoso en el conflicto político, munido de herramientas proporcionadas por la Administración Pública, debe tener como supremo objetivo movilizar la voluntad colectiva hacia el desarrollo y la superación de la injusticia social.

Esta posición no es novedosa: ya grandes pensadores latinoamericanos como Hernández Arregui, José Carlos Mariátegui, Aníbal Quijano, entre muchos otros, han llamado a partir de nuestra experiencia histórica en la proyección hacia el futuro. Simón Rodríguez, el maestro de Bolívar, lo sintetizó en una frase: "Inventamos o erramos".

El enfoque situado no implica un aislamiento de las grandes corrientes del pensamiento mundial sobre el Estado y la administración pública; sino el reconocimiento de la experiencia acumulada por nuestros pensadores en lo que Fermín Chávez llamó una *epistemología de la periferia.*

Se trata, pues, de no confrontarnos con un modelo ideal de Estado –generalmente trazado desde las academias y *thihk tanks* de los países centrales– sino de trabajar sobre nuestras realidades y peculiaridades latinoamericanas.

El facilismo teórico de muchos de nuestros intelectuales ha olvidado estos preceptos y, por tal motivo, ellos fueron incapaces de explicar el profundo papel transformador del fenómeno político más importante de la Argentina del siglo XX: el peronismo.

Acuñaron para ello el concepto de *populismo* que, más que categoría explicativa se constituyó en una adjetivación descalificadora para los fenómenos de masas más progresistas de la región: las presidencias de Perón, Cárdenas, Vargas, Velazco Alvarado, Torrijos, entre otros, fueron estigmatizadas con este adjetivo. El papel central de los liderazgos fuertes en las transformaciones regionales quedó así oscurecido hasta que las novedosas reflexiones de Laclau dieron una nueva luz al fenómeno.

La concepción de Estado que acompaña al pensamiento situado implica reconocer sus contradicciones y dificultades, su esencia política –y por tanto la conciencia de que toda intervención está atravesada por las condiciones de posibilidad que ofrece la realidad– y los componentes mestizos y originales que componen el pensamiento nacional-popular.

En esta lógica, no se trata de recrear un modelo de Administración Pública válido para todo momento y lugar, sino uno determinado por los condicionamientos históricos, geográficos e institucionales (para el caso argentino, el carácter federal) destacando su componente agonista. El *homo militantis,* como perfil del funcionario, corresponde a este paradigma.

Una de las tareas centrales de este funcionario sería la constitución de redes territoriales que *incluyan* y expresen políticamente a la población desechada por la *gran desvinculación* que generó la reconversión capitalista. La necesaria descentralización que implica esta estrategia marca una diferencia notable con los históricos gobiernos nacional-populares, que habían desplegado una estructura centralizada como forma de concentrar poder para enfrentar a los grupos dominantes

El descentramiento espacial hace necesario un enorme esfuerzo institucional para compatibilizar la autonomía regional y local en lo político y administrativo –expresada en Estados provinciales y municipales– y al mismo tiempo mantener el rol del Gobierno Nacional como rector de la coordinación estratégica de todo el proceso.

Suma dificultades a este proceso, el histórico desequilibrio entre las regiones de la Argentina, que pone como punto nodal del proceso nacional popular la construcción de un patrón territorial de multipolaridad regional más equitativo.

III

El retorno del protagonismo del Estado que enfáticamente hemos destacado en los gobiernos populares del siglo XXI, vino acompañado del renacer de la política como expresión de la voluntad democrática de las mayorías sobre la fuerza "impersonal" del mercado.

No obstante, la preeminencia de lo político no debe obliterar la importancia de la esfera administrativa. Las políticas transformadoras se pueden frustrar tanto por diferenciales de poder que inmovilicen a los gobiernos democráticos, como por deficiencias en su diseño, por incapacidad de gestión o, más genéricamente, por rigideces o resistencias del aparato administrativo.

En ese sentido, la perspectiva nacional popular debe afrontar múltiples desafíos. Sin caer en la visión gerencialista del discurso de la modernización del Estado, se debe procurar la eficiencia de la gestión en la lógica de derechos y ciudadanía. Esto implica cumplir ágilmente con sus responsabilidades de motor del desarrollo en un marco de participación democrática, lo que significa reconocer –pero también limitar– el poder de los actores sociales: sindicatos, organizaciones sociales o empresarias, entre otros.

Abandonado el enfoque descriptivo que se ha privilegiado en este libro y extrapolando algunas tendencias presentes en el Estado Nacional Popular argentino, se pueden sugerir algunas líneas de acción que orienten la actividad de la Administración Pública sin desvirtuar los principios transformadores que lo alientan y sin caer en modelo ideales y ahistóricos.

El *pensamiento situado* implica un llamado explícito a considerar las peculiaridades de nuestra realidad. Aceptarla significa reconocer las distintas temporalidades y tradiciones culturales que conviven en nuestro país: diferentes grados de desarrollo, índices de industrialización, acceso real a los bienes sociales, culturas políticas, etcétera.

Cuatro grandes ejes parecen emerger para la Administración Pública en este contexto para lograr, simultáneamente, el desarrollo con inclusión y la gestión eficiente de lo público:

- *Nunca se gestionan casos corrientes*

  La idea de que nunca se gestionan casos corrientes es un axioma inherente a toda actividad organizacional, que no ameritaría demasiados agregados si no fuera por la tendencia a seguir modas y modelos tomados de realidades bastante alejadas de nuestro escenario estatal.

  En nuestro caso, trabajar sobre la experiencia concreta significa que son viables –y necesarias– distintas formas de intervención dependiendo del objetivo de la organización en el marco del proyecto nacional. Se trata de preguntarse qué realidad vamos a enfrentar (fenomenológicamente se podría decir 'construir') y con qué sentido se intervendrá en ella.

  Ciertas organizaciones y en ciertos momentos de su misión deberán privilegiar al *homo technicus*, otras al *homo militantis* en el perfil de sus funcionarios (aunque un tipo puro no sólo no es deseable, sino que podría ser contraproducente), sin que ello signifique un "desvío" de lo que idealmente sería el agente público.

  Esta propuesta, claro está, implica también mecanismos más ajustados para captar vocaciones. No significa olvidar los componentes meritocráticos en la selección de funcionarios, pero sí tener criterios más amplios y diferenciados.

- *¿Qué papel para la Administración Pública?*

  Los desequilibrios económico-sociales de las sociedades dependientes solo pueden superarse mediante acciones del Estado. A diferencia de la *techné* desarrollista, esta intervención no se dirige solamente a tratar de crear las condiciones materiales para superar los desequilibrios que aquejan a las sociedades dependientes, sino que además buscan reformular el escenario político y social.

La intensidad de la intervención dependerá de la evaluación política tanto del problema como de los instrumentos que se disponen para abordarlo. La coyuntura política –o si se prefiere la situación concreta– determinará los escenarios más adecuados y los *tempos* de las batallas que librará el Estado en su avance en la regulación social. De lo que se infiere que el papel de la Administración Pública es producto de la tensión entre los objetivos y la correlación de fuerzas en un ámbito político relevante.

La conciencia de que los principios agonistas de la actividad política no son ajenos a la Administración Pública, configuran un concepto central de la perspectiva nacional y popular, que siempre tiene una latente contraposición con el principio de economía de recursos y, más estrechamente, con la lógica fiscal.

La idea de batallas políticas a ganar, suele impulsar la sobreutilización de recursos administrativos, financieros, políticos; en otras palabras, el riesgo de que el voluntarismo político desemboque en crisis fiscal.

- *¿Cuánto poder para el Estado?*

El incremento del poder estatal ha sido históricamente la herramienta privilegiada para el desarrollo con inclusión social. La particularidad latinoamericana pasa por la centralidad de los liderazgos fuertes alrededor de los cuales se han constituido gabinetes ideológicamente compactos, buscando permear todos los órdenes del Estado. Esto tiene que ver con la necesidad de que las cúpulas de la gestión pública actúen cerca de la dirección política, toda vez que existe una extrema conciencia de los riesgos de bloqueo que pueden surgir al amparo de instancias de decisión más autónomas.

El Estado –en el programa nacional popular– es un instrumento potente al servicio de la construcción del cambio social. En este sentido, las instancias que lo limitan son vistas (y así muchas veces ocurrió) como espacios en donde pueden agruparse los actores opositores al proyecto popular. La irresponsable acusación de vulnerar la República –o de ser una dictadura que viola la libertad de expresión o la propiedad privada– a la que han acudido los grupos opositores representantes de las elites económicas desplazadas en estos años de la primavera latinoamericana, parece confirmarlo.

Usualmente, los gobiernos populares –y especialmente en el caso argentino– se han protegido de estos ataques manteniendo una irrestricta libertad de prensa y haciendo de la protección a los Derechos Humanos y el respeto a la libertad de movilización, una cuestión de principios. Sin bien las críticas son infundadas, la concentración de poder en manos del Estado es real, lo que hace que estas políticas sean indispensables.

- *Los sujetos del despliegue estatal*

Como se desprende de lo expuesto, se trata de incrementar la autonomía relativa de las instituciones estatales a los fines de maximizar la eficiencia de su intervención. Consciente de la naturaleza política que ella tiene, el gobierno buscará construir alianzas con actores sociales para garantizar la gobernabilidad y gobernanza que permitirá el despliegue de políticas.

Las alianzas que sustentan la construcción estatal se tejen con las organizaciones populares, donde los sindicatos de empleados públicos juegan un papel destacado. En el tema que nos ocupa ellos son un elemento central de la implantación del nuevo modelo de gestión pública.

El otro actor que sostendrá la construcción estatal estará formado por aquellos sectores productivos que, actuación del Estado mediante, serán el germen de una nueva lógica en el funcionamiento de la economía. En resumen: una alianza de tipo multiclasista, pero con una fuerte articulación política entre la Administración Pública y los actores cercanos al gobierno nacional popular.

Estas alianzas, sólo son posibles con una férrea conducción política que establezca acuerdos sociales estratégicos, supere intereses corporativos y sostenga sistemas eficaces y eficientes en el diseño, gestión y control de políticas pública.

Sin embargo, hasta ahora queda pendiente la construcción de mecanismos de disciplinamiento de algunos de esos aliados en muchos casos más orientados a acuerdos de corto plazo que compromisos con el desarrollo nacional. Este problema es particularmente visible en lo relacionado con el capital nacional, dispuesto a obtener ganancias a través de las ventajas proporcionadas por las políticas de incentivos, pero siempre dispuestos a fugar divisas en busca de mayor rentabilidad de corto plazo. Aunque es un debate que nos desviaría de la discusión principal, se hace necesario considerar opciones como la de proporcionar incentivos atados al cumplimiento de acuerdos: de producción, de inversión, de innovación tecnológica, etcétera. Más estratégicamente, cómo el Estado puede hacer cumplir los compromisos que asumen los grupos empresariales.

Otras temas que quedan pendientes se relacionan con la necesidad de crear mecanismo que permiten establecer alianzas sólidas con las clases medias, sean estas urbanas o rurales.

IV

En el apartado anterior se afirmaba que el pensamiento situado implicaba pensar la realidad latinoamericana con categoría propias. Una de las consecuencias de ese desafío, se dijo, es aceptar que nunca se gestionan casos corrientes. Es claro que, así planteado, existe un fuerte riesgo de reeditar la atomización del Estado que caracterizó a la NGP. Tres conceptos, que ya hemos mencionado, se tornan fundamentales para que esto no suceda. Desarrollados en el capítulo 4, acá sólo basta mencionarlos: *Coordinación, Integralidad y Empoderamiento y protagonismo de los sectores populares.*

Como se mencionó en el capítulo anterior, tener en cuenta los factores críticos de cada organización en su construcción político-organizacional es lo que llamamos una administración por contingencia. Pero la administración por contingencia, inevitablemente debe complementarse con la integralidad. No sólo porque la especialización académica en el estudio de la sociedad no implica que tal fragmentación exista en la vida cotidiana de los individuos, sino porque ésta es el objetivo de toda política pública. Y, la integralidad en tanto objetivo de la política, se logra a través de la *coordinación* de los actores.

Integralidad y coordinación deben ser el camino para que la intervención del Estado además de ser sesgada hacia un desarrollo inclusivo, sea también eficiente. De esta manera, se evitaría la tendencia a que las instituciones privilegien sus propios objetivos sectoriales sobre los estratégicos del Estado. La Revolución Ciudadana en Ecuador ha dado pasos en esa dirección con la construcción de gabinetes que agrupan a gran cantidad de ministerios.

Por último, si bien el concepto de empoderamiento está bastante desprestigiado por el uso manipulador que se le dio en las políticas sociales de los años 90 –donde el *empowerment* comunitario fue una manera de orientar las decisiones de los grupos carenciados desde el Estado– se trata de devolver poder social a los actores organizados –y de favorecer la organización de los que no los están– para que establezcan una interlocución fructífera con las políticas públicas, retroalimentando sus diseños y controlando la eficiencia de su ejecución.

La ola latinoamericana, a pesar de sus éxitos, ha tenido dificultades para desplegar un conjunto ordenado y medianamente sistemático de ideas que refieran al papel que debe ocupar el Estado, la forma de la Administración Pública y el modo de gestionar al Sector Público. A diferencia de lo que ocurrió en los 60 y 70, cuando también estuvo en juego la direccionalidad estratégica del proceso político, económico y social, buena parte de la academia mostró desorientación –cuando no incomprensión–por procesos que no se ajustaron a los cánones esperados.

La política, por su parte, no los pudo esperar: ha trabajado de forma pragmática, superando los diferentes escollos que enfrentó. Fue ella, justamente, la que volvió a asumir su papel de conductora del proceso económico y social. Y ese liderazgo se esgrimió de forma situada y creativa, con el objetivo básico de reconstituir los lazos comunitarios que habían sido dinamitados por más de un cuarto de siglo de políticas neoliberales. Como dijo alguna vez José Carlos Mariátegui, *"ni calco ni copia, creación heroica"*.

Transcurrida más de una década de este tipo de experiencias populares, es ineludible brindar un debate informado y riguroso, que sume los aportes de dirigentes, militantes, funcionarios, académicos y especialistas para comenzar a saldar esta deuda pendiente. Este trabajo desea ser un aporte en esa dirección.

Postscriptum. El *homo corporativo* ¿Retorno a los noventa?

Por una serie de razones que no corresponde analizar en este sitio, varios de los gobiernos nacional populares de la región están encontrando severas dificultades: la derrota electoral del kirchenrismo en la Argentina, el éxito de la desestabilización del gobierno del PT en Brasil y la profunda crisis que sacude a Venezuela son ejemplos de un aparente cambio en las tendencias regionales.[134]

Es un poco prematuro afirmar cuál será el nuevo signo de los tiempos, pero no hay duda de que las ideologías de cuño neoliberal son las que están a la ofensiva ¿Significa esto un retorno a las formas de Estado que primaron durante las últimas décadas del siglo XX? ¿Asistimos al retorno del *homo consultor* y del *homo participem*?

No sobra repetir que solo con la evolución del proceso histórico podremos saberlo a ciencia cierta; es ya un lugar común entre los cientistas sociales afirmar que el pájaro de Minerva levanta vuelo al caer la tarde. Pero, aunque no han pasado más de seis meses desde que se produjo el relevo en la presidencia argentina, algunas tendencias ya son visibles. Vale la pena agregar, en todo caso, que más allá de las ideas y planes de los gobernantes, la lógica de las cosas nunca responde perfectamente a las estrategias previstas que, en los países citados, parecen dirigirse a reconstituir la preeminencia del mercado como guía clave de los procesos sociales.

En efecto, la nueva forma estatal que tiende a implementarse remite a la utopía liberal, representada en novelas del tipo *La Rebelión de Atlas*.[135] En esta línea repite algunos de los pasos desplegados en

---

[134] No todas son señales de cambio, también hay continuidad: la fortaleza del gobierno encabezado por Evo Morales (a pesar de su traspié en el referéndum para permitir su reelección), la pervivencia trabajosa pero con futuro alentador del gobierno ecuatoriano y nicaragüense y la situación estable en Uruguay.

[135] *La Rebelión de Atlas* es una novela de la escritora estadounidense Ayn Rand –publicada en 1957– que construye una apología del individualismo antiestatista, consti-

los 90, cuando no solo limita la capacidad reguladora del Estado –por ejemplo, con la desarticulación de la Unidad de Información Financiera (UIF), el Registro Nacional de Trabajadores Rurales (RENATRE) y la Autoridad Federal de Servicios de Comunicación Audiovisual (AFSCA)– sino que se desfinancia por propia decisión (i.e. supresión o disminución de retenciones a las *commodities*).[136]

En esta tarea el nuevo gobierno ha mostrado una enorme capacidad de resolver situaciones en la superestructura, al alinear el poder estatal con el de los actores sociales a quienes convencionalmente se denomina "poder fáctico", dando la imagen de una aplanadora que resuelve temas como el de los fondos buitre o los de la ley de medios.

En este último caso no deja de ser patética la asimetría entre la fatigosa y dilatada campaña por construir un marco regulatorio de los medios de comunicación de masas, sin lograr nunca el pleno funcionamiento de esta normativa –lo que implicó un continua labor durante seis años dirigida a garantizar una masiva participación de la sociedad civil, aprobación legislativa, desmonte de amparos y otras estrategias judiciales de cesación, declaración de constitucionalidad, organización del organismo de control y regulación, etc.– y su desmonte en menos de una semana mediante un decreto de necesidad y urgencia.

El Homo Corporativo [137]

En la Argentina, diferentes comentaristas han calificado al gobierno que asumió el 10 de diciembre de 2015 en cabeza de Mauricio Macri como una *ceocracia*.[138] El calificativo surgió como resultado de la composición del gabinete que acompañó al nuevo presidente, en donde proliferan cuadros venidos de los niveles gerenciales de varias de las principales empresas que operan en el país.

El Cuadro N° 1 ilustra este fenómeno teniendo en cuenta los nombramientos ocurridos en los primeros veinte días de gobierno. Esta tendencia será aún más marcada en los meses subsiguientes.

---

tuyéndose en un libro de culto para los sectores enemigos de toda intervención estatal. El presidente Mauricio Macri lo ha señalado en reiteradas ocasiones como su libro de cabecera. Entre otros se puede consultar *La Nación*, 23 de septiembre de 2007, "¿Quién le teme a Ayn Rand?", http://www.lanacion.com.ar/946337-quien-le-teme-a-ayn-rand.

[136] Ver proceso paralelo en segunda parte del libro.

[137] La denominación de *Homo Corporativo* nos fue sugerida en una charla informal por Daniel García Delgado, a quien nuevamente agradecemos.

[138] Entre ellos un artículo publicado en la *Revista Anfíbia* por dos de los autores de este libro (Cao y Rey, 2016).

Cuadro N° 1

Funcionarios de la APN e instituciones de las cuales provienen

Procedencia	Total funcionarios		Principales instituciones
	Cantidad	%	
I - Administración Pública	*29*	*27,9*	Gobierno de la CABA (14), Cámara de Diputados (4), gobiernos de las provincias de Buenos Aires, Córdoba, Tucumán y el Chaco (1 cada uno), ex funcionarios menemistas de Energía y Minería (2), SIGEN (1), SEDESA (1), etc.
II - Representaciones directas del capital	*40*	*38, 5*	
Bancos trasnacionales y empresas extranjeras	31 [139]	29,8	JP Morgan y Shell (3 cada uno); HSBC, Deutsche Bank, Pan American Energy y Telecom (2 cada uno); Telefónica, Total Wintershall Energía, ICBC, Goldman Sachs, General Motors, Edenor, Edesur, DirecTV, Axxion, LAN, Thomson Reuters, Compas Lexecon, Citibank, L'Oreal, Citi y Duke Energy (1 cada uno)
Grupos económicos locales	7	6,7	Techint (2), Banco Galicia (2), Grupo Pegasus (2), Arcor (1)
Otras fracciones del capital y firmas sin identificar	2	1,9	Dietrich (1), Food Arts (1)
III - Representaciones indirectas del capital (auxiliares)	*35*	*33, 7*	
Cámaras empresariales	13	12, 5	AACREA (3), COPAL (2), CRA (2), UIA (1), IAPG (1), ADEEDRA (1), APROGAN - CAIDIRA (1), CADIM (1), Feedlot (1) - (*)
Fundación y consultoras	11	10,6	CIPPEC (3), Estudio Montamat (2), Consultora M&S (1), Economía y Regiones (1), CIECTI (1), Di Tella (1), Barimont (1), Infortambo (1)
Estudios jurídicos, contables y financieras	11	10, 6	Estudios Amadeo (1), Bruchou, F. Madero y Lombardi (1), Casagne (1), Cortés e Ibelli (1), Leguizamón, Alonso y Asoc (1); Oliva, Dondo y Nicastro (1), Reinke (1), Cia. Inversora Latinoamericana (1), Garrido y asoc. (1), Lacoste Soc. Bolsa (1), Tilton Capital (1)
IV – Total	**104**	**100,0**	

Nota: (*) Los nombres completos de las instituciones son Asociación de Consorcios Regionales de Experimentación Agrícola; Coordinadora de las Industrias de Productos Alimenticios; Confederaciones Rurales; Unión Industrial; Instituto del Petróleo y el Gas; Asociación de Energía Eléctrica; Asociación de Productores de Granos; Cámara de Agentes Independientes de Inspección; Colegio de Ingenieros de Minas y Cámara de Feedlot.

Fuente: *Página/12*, "La madre de todas las batallas". Domingo, 14 de febrero de 2016.

---

[139] Observaciones posteriores (*Página/12*, "Wall Street en la Casa Rosada". Domingo 22 de mayo de 2016) marcan que solo del sector financiero externo provienen veintisiete funcionarios de alto rango. Si bien excede la temática aquí tratada, no podemos dejar

El primer dato que salta a la vista es la gran cantidad de cuadros provenientes de puestos directivos en la empresa privada que pasaron a ocupar altas posiciones de gobierno. Pero, para una descripción completa del panorama, debería agregarse que la conducción de las "áreas blandas" –Desarrollo Social, Educación, Salud, Trabajo, etc.– se asignó a políticos profesionales pertenecientes al espacio político del presidente. Muchos de estos cuadros lo acompañaron en su gestión previa en la Ciudad Autónoma de Buenos Aires, y es común que tengan vinculaciones estrechas con diferentes ONG, hacia las cuales han tercerizado parte de la gestión de la que son responsables.

Transpolar la alta gerencia privada a la función pública no es solo un fenómeno verificado en el Estado nacional, sino que parece ser inherente a la concepción de la gestión del partido gobernante. También en la provincia de Buenos Aires –regida por la antigua vicejefa de Gobierno de la Ciudad de Buenos Aires durante la gestión Macri– se repitió esta tendencia: el ministerio de Asuntos Agrarios fue asumido por un ex gerente general de la división semillas de Monsanto-Argentina; el ministerio de Trabajo por un director general de Capital Humano en Telecom Argentina, la presidencia de IOMA (obra social de empleados públicos, docentes y policías) por el hasta entonces, director ejecutivo de la Cámara de Droguerías; por último, Arba –el ente recaudador de la provincia– por un antiguo director de una empresa de auditoría, consultoría y asesoramiento legal y fiscal de multinacionales.[140]

Ahora bien, la caracterización del nuevo gobierno en la Argentina como *ceocracia* va más allá de los nombres, puesto que tiene que ver con la misma concepción del Estado, de su función y de las habilidades consideradas necesarias para su gestión. En ese sentido, creemos que estamos ante un modelo de gestión con puntos de contacto, pero también con diferencias, con el que primó durante los años 80 y 90 del siglo pasado.

En principio podría decirse que este fenómeno de cooptación de directivos de las corporaciones privadas por la función pública, no es tan extraño en nuestro subcontinente, configurando esa peculiar forma de estatalidad latinoamericana a medias entre el enraizamiento –en el sentido en que Evans (1996) otorga al término– y la franca colusión.[141]

Pero, y siempre basándonos en lo observable en los primeros meses de la gestión de gobierno, la cantidad y el lugar institucional hace entrever que el sentido de estos nombramientos es otro.

---

de hipotetizar una afinidad electiva entre la participación tan extendida de gerentes de bancos de origen internacional y el inicio de un modelo de valorización financiera.

[140] Datos tomados de Krakowiak, Fernando; *Página 12*, 3 enero de 2016, www.pagina12. com.ar/diario/economia/subnotas/289451-76000-2016-01-03.html, consultado 4/1/16).

[141] Para el caso colombiano ver Laguado Duca (2006) y Echeverri Uriburu (1987).

Hay dos aspectos que querríamos resaltar del *homo corporativo*. En primer lugar, y emparentados con modelos pretéritos de la nueva gerencia pública, su origen en el sector privado los convierte en la expresión personificada de la eficiencia, sin necesidad de pasar por los complicados manuales de adaptación de la gestión privada a la pública que fueron tan valorados en los años de la reingeniería.

En la versión idílica de este *homo corporativo*, a partir de su *vivencia* de la competencia mercantil, habría adquirido criterios de racionalidad económica como guía de sus acciones, sin estar contaminado con la política que, en esta visión, solo es la expresión de intereses corporativos generadores de obstáculos al funcionamiento pleno del mercado. Esta condición existencial le permitiría, además de conocer los caminos más eficientes, evitar el ruido político que impediría la coordinación entre las diferentes acciones del Estado, facilitando el trabajo en "equipo". Vale decir, la traspolación de sinergias de la corporación privada –tal como se imagina su funcionamiento– al ámbito público a contramano de las demostraciones de que también ésta es un "espacio social" (Etkin, 2000) en el cual los diferentes intereses se contraponen unos a otros y no siempre se resuelven por mecanismos de consenso.

La exclusión deliberada de la componenda política, criticada como oscura y arbitraria lleva, en la práctica, a que las demandas de los sectores sociales no coincidentes con las iniciativas oficiales, no tengan otra opción que acomodarse al sendero trazado por éstas, aun cuando se apele a un relato basado en el diálogo y la cordialidad.[142]

En esta lógica el Estado es reducido a su lado institucional, despreciando sus aspectos en tanto relación social y, por tanto, instituyente de las relaciones políticas.

Pero, en segundo lugar y esto es lo novedoso, el enraizamiento que propone la *ceocracia*, más que una alianza con el capital nacional, residiría en la capacidad que tienen los cuadros del mundo económico para generar negocios desde el Estado.

Este es el plus que tendría el *homo corporativo* sobre el liderazgo más convencional que describen los manuales de la nueva gerencia pública y que hemos resumido bajo la figura de *homo consultor*. Estos

---

[142] Un ejemplo paradigmático de esta concepción y su posterior choque contra la pared, tanto por quién la dice, cómo lo dice y qué factores describe, radica en las palabras de Isela Constantini (Ex CEO de General Motors Argentina y puesta al mando de Aerolíneas Argentinas) frente a un auditorio empresarial: "Dentro de una empresa es natural que llegue alguien que es el jefe de tu jefe y te diga que vas a tener que ajustar. Uno dice 'okay' y no lo toma en pánico (...) pero en el mundo de la función pública cualquier palabra puede ser utilizada contra cualquier persona dentro del sector o dentro del Gobierno" (www.diariosobrediarios.com.ar/dsd/notas/2/7056-hacen-foco-en-constantini.php#.VzTTjeSYF2A).

cuadros no solo habrían demostrado que pueden liderar equipos de trabajo, sino también que pueden conducir la nave pública de forma tal que genere una estela de emprendimientos rentables.

Con este tipo de razonamiento, el *homo corporativo* responde a las denuncias que se le hacen acerca de incompatibilidad de funciones e intereses que, por ejemplo, tendría el ex CEO de una petrolera de origen holandés asumido como ministro de Energía.[143] En el esquema de pensamiento descrito las contradicciones se disolverían: tanto la empresa como el Estado construyen oportunidades de negocios; la primera porque es su razón de ser, el segundo porque en la medida en que mayores sean las ganancias, mayores será el excedente y las inversiones.

Más allá de la teoría, las ideas puestas en funcionamiento han comenzado a mostrar, en estos pocos meses, algunas limitaciones. Por un lado, los nuevos gerentes rápidamente descubrieron que las lógicas de la Administración Pública no se deben principalmente a ineficiencia o pesadas ataduras institucionales, sino a un complicado pero necesario sistema de pesos y contrapesos en el sistema público (oficinas legales, circuitos administrativos, lógicas de los expedientes…) muy diferente del privado.[144] El resultado es que la agilidad preconizada terminó girando en el vacío, con pocos logros administrativos para mostrar exceptuando, quizás, el despido de agentes públicos.

Este podrá ser un tema menor, superable con el transcurso del tiempo y la acumulación de experiencia… o un problema grave, que establece un hiato con el decisionismo superestructural (la aplanadora que describimos más arriba), marcándole inclusive límites. Esta falta de capacidad de realizaciones es especialmente contradictoria con el primer mandamiento de la *ceocracia*, cuya razón de ser es justamente su eficiencia, por lo que si repite la exasperante incapacidad de gestión del gobierno de la Alianza (1999/2001), habrá traicionado su esencia.

Más definitoria aún puede ser la infravaloración del componente político en la concepción de la estatalidad. Como se ha adelantado,

---

[143] Este y otros casos son la comidilla de la prensa opositora. Ver, por ejemplo, la nota de *Página 12* "El país atendido por sus propios dueños" www.pagina12.com.ar/diario/economia/2-289451-2016-01-03.html.

[144] Ya a fines del siglo pasado, Carlos Matus escribía un libro editado en la Argentina en 2008, en el que notaba que "al interior de la empresa privada la gobernabilidad es muy alta y el peso de la argumentación costo-beneficios es mucho más fuerte y simple que la relación consto-beneficio en el ámbito público. La fricción burocrática es mucho menor, así como la libertad para contratar, fijar remuneraciones y precios, reorganizar y concebir proyectos futuros". Este elemento junto con la diferencia en la vocación y valores y en el ámbito de experiencia y formación intelectual constityen para el autor las tres raíces de "la inadecuación del gerente privado a la función pública" (Matus,2008: 88-89).

la perspectiva técnica, aun cuando eficiente en sus propios términos, carece de la imprescindible sensibilidad al juego político y a la capacidad de dar cuenta del ambiente reinante en la sociedad. Sin tal tacto político y social, la tarea de legitimación es delegada, prioritariamente, en los medios de comunicación amigos.

A dicha misión se la apoya presentándose como un gobierno despolitizado, que apunta a solucionar los problemas de la gente sin anteojeras ideológicas y enunciando la vocación de sus máximos dirigentes por alimentar un país con menos disputas, más consensual y pluralista.

No sobra mencionar, sin embargo, que esta tarea estaría llamada al fracaso si no se contara con la decidida toma de posición política pro-gobierno de un amplio sector del Poder Judicial. La desembozada toma de partido de este poder del Estado –prestándose al juego mediático con allanamientos previamente informados a la prensa o imputaciones con poco fundamento– redunda en un incremento de la debilidad institucional que contradice el discurso republicano con que asumió el proyecto liderado por el presidente Macri.

La real eficacia de estos intentos legitimadores se podrá evaluar rigurosamente más adelante. Sin embargo, se puede avizorar que en contextos más turbulentos que los propios de la "luna de miel" inicial, estos recursos pueden no alcanzar para desplegar la tarea de legitimación puesto que la aquiescencia social también se define en los mecanismos representativos y en los procesos de movilización social propios de la política, más allá el importante rol que juegan los *mass-media*. Adicionalmente, recostarse en demasía sobre estos es riesgoso: no hay que ir muy atrás en la historia para observar sus volteretas e inconsecuencia.

Al mismo tiempo, como las pujas de poder se filtran aún dentro de un grupo social relativamente homogéneo, ya sea por frívolas peleas de cartel, por discrepancias conceptuales o por más sustanciales intereses económicos tangibles, las desconfianzas y disputas al interior del elenco gubernamental no se hicieron esperar.

Por ejemplo, ya desde los inicios mismos del gobierno, el ministro de Hacienda y Finanzas tuvo encontronazos con sus pares de Interior, de Energía y principalmente con el presidente del Banco Central de la República Argentina (BCRA), por no mencionar que uno de los economistas predilectos del presidente –nombrado en el Banco Nación (BNA)– sostiene, a través de voceros oficiosos, la naturaleza errada de la orientación económica del gobierno. Estos hechos resaltan la dificultad de transferir la lógica empresarial no solo al modo de funcionar del aparato estatal sino, también, a la propia práctica en el ámbito público de aquellos exitosos exCEO.

Paralelamente, el más "político" de los ministros –el del Interior– y sus aliados en el congreso se encargan de obtener gobernabilidad con base en las herramientas que históricamente ha tenido la nación para disciplinar a los gobernadores, en particular en los momentos de recesión, cuando las provincias precisan más que nunca de los giros del gobierno nacional.[145] El escenario guarda algunas semejanzas con los 90 –otra más– entre un ala más doctrinaria que recoge el apoyo del mercado y los factores de poder, en aquel momento liderada por el ministro Cavallo, y otra que busca darle sostén partidario y amortiguar los costos sociales.

Seamos modernos... una vez más

En lo referido a la estructura y funcionamiento del aparato estatal, deben notarse primordialmente dos cuestiones.

En primer lugar, a contramano de un discurso caro a la nueva administración, consistente en ponderar un tipo de Estado no muy extendido y lo menos politizado posible, en estos primeros meses se ha ampliado el número de ministerios (con sus consiguientes nuevas secretarías, subsecretarías y direcciones) y se ha elevado el peso de los cargos directivos en el total.

Mientras hacia el final del gobierno anterior existían diecisiete ministerios, la Ley de Ministerios del nuevo gobierno[146] contiene veintiuno, siendo los cuatro nuevos Ambiente y Desarrollo Sustentable, Comunicaciones, Transporte y Modernización (que previamente tenían rango de Secretaría o incluso Subsecretaría).

Más allá de las transferencias de ciertas secretarías de un ministerio a otro, lo remarcable es que el incremento de cargos directivos no se debe únicamente al ascenso de rango de dependencias (de Secretaría a Ministerio, con la consecuente suba de las unidades dependientes), lo cual ya de por sí contradiría la crítica a la politización de que hace gala el gobierno, sino a la ampliación de este tipo de funciones en ministerios ya existentes en el gobierno previo.

El caso paradigmático, y que a efectos de nuestro tema adquiere gran importancia, es el ministerio de Modernización. Como se dijo,

---

[145] El federalismo fiscal argentino está organizado a partir de transferencias financieras desde la Nación hacia las provincias. Una actualización de esta problemática, largamente tratada por el periodismo y la academia, puede verse en Cao, Iñiguez y Otero (2016).

[146] Según las modificaciones hechas por el Decreto 13/2015 (P.E.N.) del 10 de diciembre de 2015, el Decreto 223/2016 (P.E.N.) del 19 de enero de 2016 y demás decisiones administrativas de aprobación de la estructura organizativa de cada ministerio.

esta nueva cartera nació de la jerarquización de la subsecretaría de la Gestión Pública (antaño bajo la órbita de la Jefatura de Gabinete de ministros) y se la dotó de cuatro secretarías y nueve subsecretarías, estructura y gasto muy superior a las tres direcciones que tenía previamente. El ministerio de Seguridad adquirió una lógica similar. En todo caso, más allá de los casos individuales, la comparación entre la vieja y la nueva estructura gubernamental muestra que hubo un marcado aumento de la misma: se pasó de sesentaicinco a ochenta secretarías y de ciento sesenta y siete a ciento noventa y seis subsecretarías.

Cabe agregar que esta politización, vía creación de cargos que no son seleccionados según los métodos previstos por la institucionalidad meritocrática de la carrera burocrática sino por designación política, se da al mismo tiempo que se descontinúan programas de diversos ministerios, de impacto directo o indirecto en la población.

En segundo lugar, en lo referido a la gestión estatal el gobierno ha hecho una apuesta creando el ya mencionado ministerio de Modernización a partir de las históricas áreas de Gestión Pública.

Este ministerio fue el encargado de desarrollar el Decreto 434/16 que establece el Plan de Modernización del Estado, cuyo fin es el de incorporar las formas modernas de gestión y, especialmente, las nuevas tecnologías.

Según el citado decreto, los objetivos del plan son:

a) Construcción de una administración pública al servicio del ciudadano y orientada a la gestión por resultados;

b) Desarrollo de una gestión transparente y con canales efectivos de comunicación, participación y control ciudadano;

c) Promoción y fortalecimiento de las nuevas TIC;

d) Creación de estructuras organizacionales articuladas con planeamiento estratégico, reingeniería de procesos, monitoreo de gestión y rendición de cuentas por resultados,

c) Profesionalización y jerarquización de los empleados estatales; y

f) Articulación con provincias, municipios y otros poderes del Estado

El plan de modernización tiene puntos de contacto con su antecesor –aprobado en enero de 2001– moviéndose en direcciones paralelas a aquel: participación, transparencia, desregulación y modernización.

Emparentado con las visiones sociocéntricas, un lugar clave del plan es ocupado por la rendición de cuentas y la gestión de la información que produce el Estado, que en la versión 2016 incorpora la influencia conceptual del llamado "gobierno abierto". En esta línea también se observa la permanencia de las ideas de gestión por resultados, reingeniería de procesos, planificación estratégica, eficientización de los controles, etc.

Otro elemento de contacto con el Plan de Modernización del año 2001 es la idea de sumar a las provincias. En aquel año, la 2.º Asamblea del Consejo Federal de la Función Pública, a instancias del gobierno nacional aprobó el "Pacto Federal de Modernización del Estado" que convocaba a las provincias a conformar un "Consejo Provincial para la Modernización del Estado" y las comprometía a realizar tareas concretas para las que ofrecía financiamiento. Su implementación quedó trunca por la caída del gobierno en diciembre de ese año y el cambio en la orientación que las nuevas autoridades dieron al tema.[147]

En todo caso, el centro de gravedad de los procesos de modernización parece dirigirse a la incorporación masiva de las TIC a la gestión pública, instancia que también está presente en otros documentos y acciones desplegados por la gestión recientemente asumida.

Así, se rediseñó el sitio web que informaba sobre las acciones de la presidencia (http://www.argentina.gob.ar) para transformarlo en un portal de trámites ciudadanos, en el cual se encuentre reunida la información sobre una amplia variedad de trámites correspondientes a diversas dependencias de la APN. En dicho portal se pueden iniciar las gestiones que posean tramitación en línea y se obtiene referencias sobre aquellos que sean presenciales.

En la misma senda se instrumentó el sitio web Datos Argentina (www.datos.gob.ar), que es una de las muestras más fuertes de la lógica del "Gobierno abierto", pues vierte al acceso público una serie de datos del funcionamiento cotidiano del Estado. Aquí figuran desde el organigrama del conjunto de la APN hasta las audiencias públicas de los funcionarios, pasando por otra información sensible para el control y participación de la ciudadanía como son las declaraciones juradas del elenco político, las convocatorias del sistema de compras y contrataciones, las adjudicaciones y las solicitudes de acceso a la información.

Pero, tal vez, el proceso clave en este sentido esté dado por la implementación del "expediente electrónico" o Sistema de Gestión Documental Electrónica (GDE), que permite suplantar el expediente en soporte papel, a partir de la utilización de firma digital y la circulación

---

[147] La Asamblea que aprobó el Pacto Federal de Modernización fue realizada en San Miguel de Tucumán el 14 y 15 de junio del año 2001. El acta de aprobación puede verse en https://www.cofefup.gob.ar/index.php?option=com_remository&Itemid=&func=startdown&id=413, consultada el 15/5/2016. Luego de la caída del gobierno nacional en diciembre de 2001, el Consejo Federal de la Función Pública (COFEFUP) recién volvió en el año 2007.

de la gestión por la vía digital/informática. El sistema se basa sobre los mismos programas y códigos fuentes del sistema electrónico que la gestión del actual ministro de Modernización de la Nación había implementado en su paso por el mismo puesto en la Ciudad Autónoma de Buenos Aires.

Como se ha manifestado reiteradamente, es demasiado pronto para hacer juicios concluyentes sobre la evolución de la gestión liderada por el *homo corporativo*. A grandes rasgos, en lo hasta ahora desarrollado, por un lado, se retoman los postulados de la Nueva Gerencia Pública, enfatizando la gestión por resultados y la eficiencia gerencial, y por otro se adoptan los principios de la gobernanza, en tanto se postula fuertemente la necesidad de abrir el Estado a la participación ciudadana.

No sobra destacar que esta propuesta de datos abiertos, si bien ha sido implementada en América Latina por los gobiernos de cuño neoliberal, no es inherente a este tipo de administraciones. No existe ningún motivo teórico que impida que otros modos de regulación lo pongan en el centro de su agenda, aunque, justo es reconocerlo, el énfasis en la eficiencia y la filosofía individualista que guía a los proyectos neoliberales, proporciona una mayor afinidad electiva con este tipo de iniciativas. El tiempo dirá si este nuevo ciclo de cambios se muestra apropiado para actualizar el Estado y hacerlo funcional al proyecto político elegido por la ciudadanía.

Bibliografía

ABAL MEDINA, Juan Manuel (2009) "Estrategias de Coordinación en el Estado", *Presentación en el XIV Congreso del CLAD*, publicado por Proyecto de Modernización del Estado – Jefatura de Gabinete de Ministros.

ABAL MEDINA, Juan Manuel y CAO, Horacio (Compiladores) (2012). *Manual de la Nueva Administración Pública Argentina*. Bs. As.: Ariel.

ACUÑA, Carlos (compilador) (2010). "Los desafíos de la coordinación y la integralidad de las políticas y gestión pública en América Latina". *Modernización del Estado, Jefatura de Gabinete de Ministros*. Bs. As.

AGIS, E., CAÑETE, C y PANIGO, D. (2010). *El impacto de la Asignación Universal por Hijo en la Argentina*. Ceil- Piette/ CONICET. Documentos Publicados. [en línea, disponible en: www.ceil-piette.gov.ar/docpub/documentos/AUH_en_Argentina.pdf.

AGUILAR VILLANUEVA, Luis F. (2008) *Gobernanza y Gestión Pública*, Fondo de Cultura Económica, México.

AGUIRRE, O. (2007) "La experiencia del Consejo Nacional de Desarrollo. Aspectos normativos e institucionales". *Ponencia presentada en el VIII Congreso Nacional de Ciencia Política de la Sociedad Argentina de Análisis Político*, Bs. As., 6 al 9 de noviembre de 2007.

AGULLA, Juan Carlos (1967). *Federalismo y Centralismo*, Bs. As.: Líbera.

ALFONSÍN, Raúl (1985). "Discurso de Parque Norte: 'Convocatoria para una Convergencia Democrática'". Discurso ante el plenario de delegados del Comité Nacional de la Unión Cívica Radical, el domingo 01/12/1985, Bs. As. Disponible en www.urgente24.com/819-para-releer-alfonsin-en-parque-norte-01121985-3er-movimiento-historico, consultado el 5/02/2015.

ALONSO, Guillermo y DI COSTA, Valeria (2011) "Cambios y continuidades en la política social argentina, 2003 – 2010", en *Revista Aportes N° 29 - Asociación de Administradores Gubernamentales* - Bs. As.

ALTAMIRANO, Carlos (1998). "Desarrollo y desarrollistas", en *Prismas. Anuario de Historia Intelectual, N° 2*. Universidad Nacional de Quilmes.

ANSES (2915) http://www.anses.gob.ar/seccion/delegaciones-de-anses-26, consultado en mayo 2015.

APTER, David (1972 [1965]). *Política de la modernización*. Bs. As.: Paidós.

ASINELLI, Christian (2015). *Modernización del Estado Argentino*. Editorial Edicon, Buenos Aires.

AYALA, Roberto; REUBEN, Sergio (1996). "Transformaciones en la Política Social y en las Estructuras Sociales Centroamericanas" en *Anuario de Estudios Centroamericanos*. Costa Rica: Universidad de Costa Rica.

AZPIAZU, Daniel; BASUALDO, Eduardo y KHAVISSE, Miguel (1989). *El nuevo poder económico en la Argentina en los años 80*. Bs. As.: Legasa.

BANCO MUNDIAL (1988). "Adjustment Lending: An Evaluation of Ten Years of Experience". *Policy And Research Series N° 1*. Washington: Banco Mundial.

BANCO MUNDIAL (1990) "Adjustment Lending Plicies for Sustainable Growth". *Policy and Research Series N° 14*. Washington: Banco Mundial.

BANCO MUNDIAL (1997). *Informe sobre el Desarrollo Mundial. El Estado en un mundo en transformación,* Banco Mundial, Washington D.C.

BARZELAY, Michael (2013). "La nueva gerencia pública: invitación a un diálogo cosmopolita" en *Revista Gestión y Política Pública, Volumen 12 N° 2* – México DF: Centro de Investigación y Docencia Económicas (CIDE).

BECKER, Gary (1981) "Tratado sobre la Familia" Alianza Editorial, Madrid, España.

BENIGNI, Mariana; LIEUTIER, Ariel y LUDMER, Gustavo (2012). "Evolución reciente de sistema previsional argentino y su impacto en la pobreza de los adultos mayores". *Revista "Debate Público. Reflexión de Trabajo Social" Año 2 - N° 4*, Bs. As.

BERNAZZA, Claudia Patricia (2006). *La planificación gubernamental en Argentina. Experiencias del período 1974-2000 como puntos de partida hacia un nuevo paradigma.* Tesis de Doctorado. FLACSO (Argentina). Director: Alejandro Rofman.

BERNAZZA, Claudia Patricia (2009) *Participación, protagonismo y representación social.* Bs. As.: Mimeo.

BERNAZZA, Claudia (2013) *2003 - 2013 Diez años del Proyecto Nacional: las leyes que cambiaron la(s) historia(s).* Buenos Aires http://www.claudiabernazza.com.ar/2003_2013/pdf/intro.pdf.

BERNAZZA, Claudia, COMOTTO, Sabrina y LONGO Gustavo (2015). "Evaluando en clave pública: Indicadores e instrumentos para la medición de capacidades estatales", en Revista Estado y políticas públicas N° 4 mayo FLACSO (Área Estado y políticas públicas)-Argentina.

BERTRANOU, Julián (2013) "Creación de agencias especializadas, capacidad estatal y coordinación interinstitucional. Análisis del caso de la Agencia Nacional de Seguridad Vial de Argentina", en *Perspectivas de Políticas Públicas*, N° 4.

BLUTMAN, Gustavo (2005). *Impacto del Plan de Modernización en Argentina 2001-2005*. Bs. As.: Centro de Investigaciones en Administración Pública, Facultad de Ciencias Económicas.

BLUTMAN, Gustavo (2012). *La Reforma y Modernización del Estado en Argentina: El papel de la Cultura Organizacional*. Editorial Académica Española: LAP LAMBERT Academic Publishing GmbH& Co. Saarbrücken, Germany.

BLUTMAN, Gustavo y CAO, Horacio (compiladores) (2013a) "Continuidades y rupturas en las ideas sobre Reforma y Modernización del Estado" en *Revista Aportes N° 30*. Bs. As.: Asociación de Administradores Gubernamentales.

BLUTMAN, Gustavo y CAO, Horacio (2013b). "Hoja de Ruta sobre Reforma y Modernización del Estado: repasando algunos términos del debate" en *Revista Aportes N° 30*. Bs. As.: Asociación de Administradores Gubernamentales.

BOBBIO, N. (1985). "Gramsci y la concepción de la sociedad civil", en *Estudios de Historia de la Filosofía. De Hobbes a Gramsci*. Madrid: Debate.

BOBBIO, Norberto (1986). *Diccionario de Política*. México: Siglo XXI Editores.

BOEKE, Julius (1910). *Tropisch-koloniale staathuishoudkunde, het problem*. Amsterdam: Bussy.

BOLTANSKI, Luc y CHIAPELLO, Eve (2002 [1999]). *El nuevo espíritu del capitalismo*. Madrid: Akal.

BONIFACIO, José Alberto (1986). *El Empleo en la Administración Pública Nacional entre 1958 y 1985, Características Generales*. Buenos Aires: Dirección General de Investigaciones, INAP.

BOTANA, Natalio, BRAUN, Rafael y FLORIA, Carlos (1973). *El régimen militar 1966-1973*. Bs. As.: La Bastilla.

BOZO, Cristina y LÓPEZ, Beatriz (1999). "Crónica de un Fracaso Anunciado. La Segunda Reforma del Estado en Argentina" en *Convergencia Revista de Ciencias Sociales N° 19 - Facultad de Ciencias Políticas y Sociales*. México DF: UNAM.

BRESSER PERERYA, Luiz Carlos (2007). "Estado y mercado en el Nuevo Desarrollismo" En *Nueva Sociedad* N° 210, julio-agosto de 2007. Caracas, Venezuela.

BRESSER PEREIRA, Luiz Carlos y CUNILL GRAU, N. (1998). "Entre el Estado y el mercado. Lo público no estatal" en *Lo público no estatal en la reforma del Estado, Bresser Pereyra y Cunill Grau, eds*. Caracas: CLAD. Bs. As.: Paidós.

BUCHANAN, James (1965) *"An Economic Theory of Clubs"* Economica, New Series, Vol. 32, N° 125 - The London School of Economics and Political Science and The Suntory and Toyota International Centres for Economics and Related Disciplines - London, UK.

BUCHANAN, James (2005) "Elección pública: génesis y desarrollo de un programa de investigación" Revista Asturiana de Economía - RAE N° 33 - Asturias, España.

BULCOURF, Pablo y CARDOZO, Alberto Nelson Dionel (2011). "El desarrollo de los estudios sobre administración y políticas públicas en la Argentina desde la democratización hasta nuestros días". Ponencia presentada al 6to. Congreso Nacional de Administración Pública; Resistencia – Chaco6-8 de Julio de 2011. Disponible en https://www.academia.edu/1245095/El_desarrollo_de_los_estudios_sobre_administraci%C3%B3n_y_pol%C3%ADticas_p%C3%BAblicas_en_la_Argentina_desde_la_democratizaci%C3%B3n_hasta_nuestros_d%C3%ADas (consultado marzo 2015).

BURKI, Shahid y PERRY, Guillermo (1998). *Beyond The Washington Consensus: Institutions Matter.* Washington DC: The World Bank.

CALDERÓN, Fernando y DOS SANTOS, Mario (1995). *Sociedades sin atajos. Cultura, política y reestructuración económica en América Latina.* Bs. As.: Paidós.

CAO, Horacio (2011). "Cuatro tesis acerca de una gestión pública Nacional y Popular", publicado en *Realidad Económica N° 260.* Bs. As.: IADE.

CAO, Horacio; IÑIGUEZ, Alfredo y OTERO, Alejandro (2016) "El malestar en la Coparticipación" en *"Macri lo hizo"* LIJALAD, Ari (compilador), Buenos Aires.

CAO, Horacio y LAGUADO DUCA, Arturo Claudio (2014). "La renovación en las ideas sobre el Estado y la Administración Pública en Argentina" en *Revista del CLAD Reforma y Democracia* N° 60, Oct., pp. 131-160.

CAO, Horacio y LAGUADO DUCA, Arturo Claudio (2014a). "A la búsqueda del desarrollo perdido" en *30 años de Construcción Democrática. I Jornadas de Argentina Reciente.* 14 de noviembre. Facultad de Ciencias Sociales. UBA.

CAO, Horacio y LAGUADO DUCA, Arturo Claudio (2014b). "Una agenda para la investigación en Administración Pública para América Latina" en Rev. *Diplomacia Parlamentaria*, N° 1.

CAO, Horacio y LAGUADO DUCA, Arturo Claudio (2015). "Una administración pública para las sociedades posneoliberales en América Latina (2003-2013)", en Revista *Estado y Políticas Públicas, N° 4*, Año III, Mayo. Flacso, Bs. As.

CAO, Horacio y REY, Maximiliano (2015) "El modelo de administración pública en cuestión. Visiones desde América Latina", en Revista Nueva Sociedad, N° 258 Julio – Agosto. Disponible en http://nuso.org/media/articles/downloads/9.TC_Cao_258.pdf.

CAO, Horacio y REY, Maximiliano (2016) "Planta permanente" en *Revista Anfíbia*, UNSAM. Disponible en http://www.revistaanfibia.com/ensayo/planta-permanente/.

CAO, Horacio y RUBINS, Roxana (1994) "La estructura institucional de las provincias rezagadas". *Revista Realidad Económica* N° 128. IADE. Bs As.

CAO, Horacio y RUBINS, Roxana (1997). *Técnicos y Políticos: Un clásico en la puja por el manejo de los Estados Provinciales*. Publicado en el Cuaderno N° 3 – Serie de Investigación en Administración Pública. Gustavo Blutman Compilador.

CARDONA, Pablo (2000). "Liderazgo relacional" Documento de Investigación N° 412. Universidad de Navarra. Barcelona. (disponible en repositorio.cucea. udg.mx:8080/jspui/bitstream/123456789/108/3/PDF, consultado el 23/02/2015).

CARDOSO, Fernando Henrique y FALETTO, Enzo (1978 [1969]). *Dependencia y desarrollo en América Latina*. México: S. XXI (19a. edición).

CASTAÑEDA, Jorge (1995). *La utopía desarmada*. México: Ariel.

CASTELLANI, Ana (2006). Estado, empresas y empresarios. La relación entre intervención económica estatal, difusión de ámbitos privilegiados de acumulación y desempeño de las grandes firmas privadas. Argentina 1966-1988, Tesis de Doctorado, UBA, Capítulo I: "Intervención estatal y comportamiento empresario. Debates teóricos y procesos históricos recientes en el ámbito latinoamericano", *mimeo*.

CASTELLANI, Ana (2009). *Estado, empresas y empresarios. La difusión de ámbitos privilegiados de acumulación en Argentina 1966-1989*. Bs. As.: Prometeo.

CASTELLANI, Ana y F. LLANPART (2012). "Debates en torno a la calidad de la intervención estatal" en *Papeles de Trabajo No. 9*, primer semestre, pp-155-177. Disponible en http://www.idaes.edu.ar/papelesdetrabajo/paginas/ Documentos/N9/Papeles_09_08_Castellani-Llanpart.pdf.

CASTELLS, Manuel (1999). *La era de la información. La sociedad red*. Vol 1. México: Siglo XXI.

CASTEX, Mariano (1981). *El escorial de Onganía*. Bs. As.: Hespérides.

CAVAROZZI, Marcelo (1991) "Más allá de las transiciones democráticas en América Latina", *Revista de Estudios Políticos*, Nueva Época N° 74, Centro de Estudios Constitucionales, Madrid, octubre-diciembre.

CAVAROZZI, Marcelo (2002). *Autoritarismo y democracia*. Bs. As.: Eudeba.

CENDA - Centro de Estudios para el Desarrollo Argentino (2010) "La macroeconomía después de la convertibilidad" en *CENDA N° 7: Notas sobre la economía Argentina*. Bs. As.: CENDA.

CEPAL - Comisión Económica para América Latina y el Caribe (1988). "Estadísticas de corto plazo de la Argentina. Cuentas nacionales, industria manufacturera y sector agropecuario pampeano" Documento de Trabajo Nº 28 - CEPAL, Naciones Unidas - Santiago de Chile.

CHIBBER, V. (2005). "¿Reviviendo el Estado desarrollista? El mito de la 'burguesía nacional'", en *El imperio recargado*, CLACSO/SocialistRegister.

CHRISTENSEN, Tom y LÆGREID, Per (2007) "Reformas post nueva gestión pública. Tendencias empíricas y retos académicos", en Gestión y Política Pública, Volumen XVI. Número 2, II semestre. Pp. 539-564 - México.

CISNEROS, Andrés y ESCUDÉ, Carlos (directores) (2000). Historia general de las relaciones exteriores de la República Argentina. T. XIII http://www. argentina-rree.com/13/13-019.htm, Ministerio de Relaciones. [Versión electrónica, febrero de 2006]. Consultado en julio de 2006.

CISNEROS, Andrés y ESCUDÉ, Carlos (directores) (2000a). Historia general de las relaciones exteriores de la República Argentina. XIV http://www.argentina-rree.com/14/indice14.htm Ministerio de Relaciones. [Versión electrónica, febrero de 2006]. Consultado en julio de 2006.

CORREA, Rafael (2015) "Discurso 25 de julio de 2015" Disponible en https://es.wikinews.org/wiki/Confrontaci%C3%B3n_entre_Nebot_y_Correa_en_sus_discursos_por_fiestas_julianas_de_Guayaquil consultado en sept. De 2015.

CROZIER, Michel; HUNTINGTON, Samuel y WATANUKI, Joji (1975). "The crisis of democracy. Report on the gobernability of democracy to the Trilateral Commission" Published by New York University Press - EUA.

CUNILL, Nuria (1999). "Mercantilización y neoclientelismo o reconstrucción de la Administración Pública. Retos de las reformas de segunda generación" en *Revista Nueva Sociedad No. 160*. Caracas: Fundación Friedrich Ebert.

DAHL, Robert (1991 [1982]). *Los dilemas del pluralismo democrático: Autonomía versus control*. México: Paidós.

DALBOSCO, Hugo Luis. (2002). *Reforma y organización estatal en los 60 y los 90*; Proyecto: Estado, Sociedad y Cultura Democrática en la Reforma del Estado Argentino. Departamento de Investigación Institucional. Universidad Católica Argentina, "Santa María de los Bs. As.". http://www.uca.edu.ar/uca/common/grupo32/files/dalbosco-2002.pdf (consultado, enero de 2015).

DE JOUVENEL, B. (1998). *Sobre el poder: Historia natural de su crecimiento*. Madrid: Unión Editorial.

DE RIZ, Liliana (2000). *La política en suspenso 1966-1976*. Bs. As.: Paidós.

DE SOTO, Hernando (1987). *El otro sendero*. Bogotá: La oveja negra.

DEZALAY, Yvez y GARTH, Bryant (2002). La internacionalización de las luchas por el poder. Bogotá: ILSA.

DI TELLA, Torcuato (1989). *Diccionario de ciencias sociales y políticas*. Bs. As.: Puntosur.

DOS SANTOS, Theotonio (2003). *La teoría de la dependencia. Balance y Perspectivas*. Bs. As.: Plaza Janes.

EASTERLY, William (2005). "What did structural adjustment adjust? The association of policies and growth with repeated IMF and World Bank adjustment loans" en *Journal of Development Economics No. 76* – Londres: London School of Economics.

ECHEVERRI URUBURU, Álvaro (1987). Elites y Proceso político en Colombia (1950-1978). Bgotá: Fundación Universitaria Autónoma de Colombia.

EISENHOWER, Milton et Al. (1962). *La Alianza para el Progreso. Problemas y Perspectivas*. México: Novaro.

ELSTER, Jon (1984 [1979]). *Ulises y las sirenas: estudios sobre racionalidad e irracionalidad*. México: Fondo de Cultura Económica.

ESCOBAR, Arturo (1996). *La invención del Tercer Mundo. Construcción y deconstrucción del desarrollo*. Bogotá: Norma.

ESPACIO CARTA ABIERTA (2012). "Documento de la Comisión "Estado y Administración Pública"" Tomado de http://comisionestadoca.wordpress.com/ - 31/07/2013.

ESPING-ANDERSEN, Gosta (1993) *Los tres mundos del Estado de Bienestar*. Valencia: Alfons el Magnánim.

ETKIN, Jorge (2000*) Política, gobierno y gerencia de las organizaciones*, Buenos Aires: Prentice Hall.

EVANS, Peters (1996). "El Estado como problema y como solución", en Desarrollo *Económico, 140. Vol. 35*. Bs. As., enero-marzo.

FAJNZYLBER, Fernando (1984). *La industrialización trunca de América Latina*. Bs. As.: CEAL.

FERNÁNDEZ ÁLVAREZ, Nicolás (2012). "El lenguaje como institución. una aproximación de su función evolutiva, económica y política desde una perspectiva austriaca". *Revista Europea de Economía Política Vol. IX, n.º 1*. España: Universidad Rey Juan Carlos.

FERRER, Aldo (2005). *La Densidad Nacional*; Ci Capital Intelectual, Buenos Aires.

FERRER, Aldo (2013). "Aliviar la restricción externa", Diario *Página 12*, 26/9/13, http://www.pagina12.com.ar/diario/economia/2-229891-2013-09-26.html, consultado el 15/4/15 - Buenos Aires.

FITZGERALD, E.V. K. (1994). "ECLA and the formation of Latin American Economic Doctrine", en Rock, David (ed.), Latin American in the 1940s. War and Postwar Transitions, University of California Press, Berkeley, pp. 89-108.

FITZGERALD, Valpy (1998). "La CEPAL y la teoría de la industrialización" en *Revista CEPAL N° Número Extraordinario, Octubre*. Santiago de Chile: CEPAL

FLEURY, Sonia (1999). "Reforma del Estado en América Latina ¿Hacia dónde?" en *Revista Nueva Sociedad N° 160*. Caracas: Fundación Friedrich Ebert.

FLEURY, Sonia (1999a). "Políticas sociales y ciudadanía", en *Umbrales* N° 11, La Paz.

FONTDEVILA, Pablo (2013). "Un nuevo paradigma en políticas públicas" en *Revista Aportes* N° 30. Bs. As.: Asociación de Administradores Gubernamentales.

FORNI, P, CASTRONUOVO, L y NARDONE, M. (2013). "Ni piqueteros ni punteros. Procesos de organización comunitaria durante el kirchnerismo. El caso de la urbanización de Villa Palito, La Matanza", en *POSTData*, Vol. 18 N° 2, Octubre.

FRANK, André Gunder (1969). *Desarrollo del subdesarrollo*. México: Escuela Nacional de Antropología e Historia.

FREDERICKSON, George (1999 [1926]). "Hacia una nueva Administración Pública" en *"Clásicos de la Administración Pública"* Shafritz, Jay M. y Hyde, Albert C. Colegio Nacional de Ciencias Políticas y Administración Pública, A. C. México: Universidad Autónoma de Campeche, Fondo de Cultura Económica.

FRIEDMAN, Milton (1962). *Capitalism and Freedom*. Chicago: University of Chicago Press.

FRIGERIO, Rogelio (1984 [1967]). *Desarrollo y subdesarrollo económicos*. Bs. As.: Paidós.

FUKUYAMA, Francis. (1992). *El fin de la historia y el último hombre*. Madrid: Planeta Agostini.

FUKUYAMA, Francis (1993). "Disertación en el INAP" en *Estado y Mercado. Del enfrentamiento a la armonización*. Bs. As.: INAP/EUDEBA.

FURTADO, C. (1966). *Subdesarrollo y estancamiento en América Latina*. Bs. As.: Editorial Universitaria.

FURTADO, C. (1983). *Breve introducción al desarrollo. Un enfoque interdisciplinario*. México: Fondo de Cultura Económica.

GARCÍA CANCLINI, Néstor (1995). *Consumidores y ciudadanos*. Méjico: Grijalbo.

GARCÍA LINERA, A. (2010). Conferencia magistral: "La construcción del Estado", Facultad de Derecho UBA, 9 de abril.

GASPARINI Leonardo y CRUCES Guillermo (2010). *Las Asignaciones Universales por Hijo: Impacto, Discusión y Alternativas*. Centro de Estudios Distributivos, Laborales y Sociales (CEDLA) - Maestría en Economía / Universidad Nacional de La Plata. Documento de Trabajo N° 102, Julio.

GERCHUNOFF, Pablo (2007). "Copiar sin que se note. La Constitución del 57" en *La Nación*, 28 de octubre, p. 3 sección 6.

GERCHUNOFF, Pablo y LLACH, Lucas (2003 [1998]). *El ciclo de la ilusión y el desencanto. Un siglo de políticas económicas argentinas*. Bs. As.: Ariel Sociedad.

GERCHUNOFF, Pablo y TORRE, Juan Carlos (1996). "La política de liberalización económica en la administración de Menem", en Desarrollo Económico, Vol. 36, N° 143, IDES, Buenos Aires.

GERMANI, Gino (1962). *Política y sociedad en una época de transición: de la sociedad tradicional a la sociedad de masas*. Bs. As.: Paidós.

GERSCHENKRON, Alexander (1968 [1962]). *El atraso económico en su perspectiva histórica*. Barcelona: Ariel.

GIDDENS, Anthony (1999). *La tercera vía. La renovación de la socialdemocracia*. Madrid: Taurus.

GIDDENS, Anthony (2001). *La tercera vía y sus críticos*. Madrid: Taurus.

GONZÁLEZ BOLLO, Hernán (2012). *La teodicea estadística de Alejandro Bunge, 1880-1943*. Bs. As.: UCA-Imago Mundi.

GRASSI, Estela (2012) "La política social y el trabajo en la Argentina contemporánea. Entre la novedad y la tradición", *en e-l@tina. Revista electrónica de estudios latinoamericanos*, Vol. 10, N° 39, Bs. As., abril-junio, pp. 5-33. En http://iealc.sociales.uba.ar/publicaciones/e-latina/.

Guerrero, Omar (2007) "Antiestatismo. La estatolatría ante los ojos del anarquismo, el industrialismo y el neoliberalismo" en Espacios Públicos, vol. 10, núm. 19, agosto, 2007, pp. 8-44 - Universidad Autónoma del Estado de México - Toluca, México.

HIRSCHMAN, Albert O. (1961). *La estrategia del desarrollo económico*. México: Fondo de Cultura Económica.

HALPERIN DONGHI, T. (1994). *La larga agonía de la Argentina peronista*. Bs. As.: Ariel.

ISAP (1961). Revista de Administración Pública, N° 1 abril-junio, Bs. As.

ISAP (1962). Revista de Administración Pública, N° 3-4 enero-marzo, Bs. As.

ISAP (1964). Revista de Administración Pública, Nᵘ 12 enero-marzo, Bs. As.

ISUANI, Fernando J. (2005) *Redes intergubernamentales para la implementación de programas sociales*, ponencia presentada al X Congreso Internacional del CLAD, Santiago de Chile.

JESSOP, Bob (1999). *Crisis del Estado de Bienestar. Hacia una nueva teoría del Estado y sus consecuencias sociales*. Bogotá: Siglo del Hombre.

JOZAMI, Eduardo (2004). *Final sin gloria*. Bs. As.: Biblos.

JOZAMI, Eduardo (2015) *Las dos caras del Estado*, Conferencia en el marco del Seminario de Interno de Investigación, 22 de mayo, Dirección de Investigaciones, INAP.

KATZ, Saúl. (1965). *Guía para modernizar la Administración para el Desarrollo*. Organización de Estados Americanos, programa "Administración para el Desarrollo". Trabajo presentado en Seminario de Administración para el Desarrollo, diciembre de 1965. Bs. As.

KESTELBOIM, Mariano (2913). "Reindustrialización" *en Cash, Página 12* del 28 de abril. Disponible en http://www.pagina12.com.ar/diario/suplementos/cash/17-6771-2013-04-28.html, consultado en febrero de 2015.

KICILLOF, Axel (2015). *Foro Internacional por* la *Emancipación y la Igualdad*; 14 de marzo, Bs. As. Disponible en https://www.youtube.com/watch?v=-QTRBLaiBEuk; consultado el 25/06/15.

KLIKSBERG, Bernardo (2015) "Un escándalo ético mayor". Página 12, publicado el 04/02/15, Bs. As. (www.pagina12.com.ar/diario/contratapa/13-265370-2015-02-04.html consultado 10/2/15).

KULFAS, Matias y SCHORR, (2003). *La deuda externa Argentina. Diagnóstico y lineamientos propositivos para su reestructuración*. Bs. As.: Fundación OSDE /CIEPP.

LACLAU, Ernesto (2005) *La razón populista*. Bs. As.: Fondo de Cultura Económica.

LAGUADO DUCA, Arturo Claudio (2004). *Pragmatismo y voluntad. La idea de nación de las élites en Colombia y Argentina (1880-1910)*. Bogotá: Universidad Nacional de Colombia.

LAGUADO DUCA, Arturo Claudio (2006). "Onganía y el nacionalismo militar en Argentina" en Rev. *Universitas Humanistica*. N° 62. Bogotá: Pontificia Universidad Javeriana, 2° sem.

LAGUADO DUCA, Arturo Claudio (2006a). "La construcción de la cuestión social en el Frente Nacional". Controversia N° 186. CINEP, Bogotá. Junio. Artículo aceptado en agosto de 2006.

LAGUADO DUCA, Arturo Claudio (2010). "Elites, cuestión social y reforma agraria en el desarrollismo colombiano". *E-l@tina, Revista electrónica de estudios latinoamericanos. N° 34, enero-marzo. Revista Unidad de Docencia e Investigaciones Sociohistóricas de América Latina* (UDISHAL) del Instituto de Estudios de América Latina y el Caribe, Facultad de Ciencias Sociales de la Universidad de Bs. As.

LAGUADO DUCA, Arturo Claudio (2011). *La construcción de la 'cuestión social' El desarrollismo post-peronista en Argentina (1958-1970)*. Bs. As.: Espacio.

LAGUADO DUCA, Arturo Claudio (2013). "Desarrollismo y neodesarrollismo" en *Revista Aportes para el Estado y la Administración Gubernamental* N° 30. Bs. As.: Asociación de Administradores Gubernamentales.

LAGUADO DUCA, Arturo Claudio (2013a). "El retorno del desarrollismo" en *Revista Más Poder Local; Asuntos Públicos, Políticas y Gobierno*. Fundación Ortega-Marañón - Mayo, N° 16 - Madrid, España www.maspoderlocal.es.

LAGUADO DUCA, Arturo Claudio (2014). "EL rol de la inclusión digital en la construcción de una agenda para la administración pública de los gobiernos progresistas" (ISBN 978-987-661-173-2). Ponencia al II Congreso Regional en Políticas Públicas *"Desarrollo, Ciudadanía e Inclusión Social"*, Catamarca, 8 al 10 de octubre."

LAGUADO DUCA, Arturo Claudio (2015). "Los cambios recientes en el Estado y la inclusión social". Ponencia al *12° Congreso Nacional de Ciencia Política: "La política en Balance. Debates y desafíos regionales"*. Mendoza, 12 al 15 de agosto. SAAP y Universidad Nacional de Cuyo.

LASUÉN, José Ramón (1974). *De los polos de crecimiento; Curso latinoamericano sobre planificación y administración regional de la educación*. Argentina: UNESCO.

LEIVA LAVALLE, Jorge (2010). *Instituciones e instrumentos para el planeamiento gubernamental en América Latina*. Brasilia: CEPAL – IPEA.

LEWIS, William (1954), *Economic Development with Unlimited Supplies of Labour*, Manchester School, United Kingdom, disponible en http://www.eco.utexas.edu/facstaff/Cleaver/368lewistable.pdf.

LEWIS, William (1956). *Theory of Economic Growth*. United Kingdom: George Allen & Unwin Ltd. Great Britain, Unwin University Books.

LLACH, Juan (1997). *Otro siglo, otra argentina*. Bs. As.: Ariel Sociedad Económica.

LOWI, Theodore (1996 [1964]). "Políticas públicas, estudios de caso y teoría política", en Aguilar Villanueva, L.F. (Ed.*). La hechura de las políticas*. México D.F.: Miguel Ángel Porrúa Grupo Editor.

MANN, Michel (1991) "El poder autónomo del Estado: sus orígenes, mecanismos y resultados", en *Zona abierta*, 57(58), 15-50.

MANN, Michel. (1997). *Las Fuentes del poder social,* II. Madrid: Alianza Editorial.

MÁRQUEZ, Viviane y GODAU, Rainer (1984). "Burocracia y políticas públicas: perspectiva desde América latina" en *Teoría de la burocracia estatal*, Oscar Oszlak (compilador). Bs. As.: Paidós.

MATUS, Carlos (1983). *Política, planificación y gobierno*. Caracas: Fundación Altadir.

MATUS, Carlos (2008) *El Líder sin estado mayor: la oficina del gobernante*. San Justo: Universidad Nacional de La Matanza.

MAX-NEFF, Manfred (1994). *Desarrollo a escala humana: Conceptos, aplicaciones y reflexiones*. Barcelona: Icaria.

PRESIDENCIA DE LA NACIÓN, JEFATURA DE GABINETE DE MINISTROS. *Memoria Detallada del Estado de la Nación*. Años 2003, 2004, 2006, 2007.

MÉNDEZ, Norma y PICARDO Marta. (2015) http://www.ts.ucr.ac.cr/binarios/docente/pd-000120.pdf, consultado en marzo, 2015).

MENTZ, Raúl Pedro (1991). Sobre la historia de la estadística oficial argentina. Rev. Estadística Española, Vol. 33, Núm. 128, 1991, págs. 501 a 532. Disponible en http://www.google.com.ar/url?sa=t&rct=j&q=&esrc=s&source=web&cd=1&ved=0CBwQFjAAahUKEwivv7rdrInGAhUI9oAKHVa-GAFw&url=http%3A%2F%2Fwww.ine.es%2Fss%2FSatellite%3Fblobcol%-3Durldata%26blobheader%3Dapplication%252Fpdf%26blobheadername1%-3DContent-Disposition%26blobheadervalue1%3Dattachment%253B%2B-filename%253D818%252F826%252F128_6.pdf%26blobkey%3Durldata%-26blobtable%3DMungoBlobs%26blobwhere%3D818%252F826%252F128_6.pdf%26ssbinary%3Dtrue&ei=N2R6Ve_HGYjsgwTWjILgBQ&usg=AFQjC-NFPut8pC1L0kxwuv6u3t9B6m7eVFg&sig2=O1s6u8_gH5fDkvjk-14Fhw.

MERKLEN, Daniel (2005). *Pobres ciudadanos: las clases populares en la era Democrática 1983-2003*. Bs. As.: Gorla.

MERTON, R. K. (1949). *Social Theory and Social Structure*, Glencoe, III: Free Press.

MINISTERIO DE DESARROLLO SOCIAL (2010). *Políticas Sociales del Bicentenario*. Buenos Aires: MDS.

MINTZBERG, H. (1992). *El poder en la organización. La teoría de la política de la gestión*. Barcelona: Ariel.

MYRDAL, Gunnar (1961) "El estado del futuro" - FCE, México.

MONTAÑO, Gabriela (2015). *Foro Internacional por la Emancipación y la Igualdad*; 13 de marzo, Bs. As. Disponible en https://www.youtube.com/watch?v=ecfG_t5b5Mk, consultado el 25/06/15.

MORALES BENÍTEZ, Otto. (1986 [1964]). *Alianza para el Progreso y reforma agraria*. Bogotá: Universidad Central.

MORRESI, Sergio (2010) "El liberalismo conservador y la ideología del Proceso de Reorganización Nacional" en Revista Sociohistoria N° 27 - Centro de Investigaciones Socio Históricas Facultad de Humanidades y Ciencias de la Educación. - Universidad Nacional de La Plata. Disponible en: http://www.memoria.fahce.unlp.edu.ar/art_revistas/pr.4878/pr.4878.pdf.

MUSSA, Michael (2002). *Argentina y el FMI. Del triunfo a la tragedia*. Bs. As.: Planeta.

NATANSON, José (2015) "Chocolate laxante" *Página 12*, publicado el 01/02/2015, Bs. As. (www.pagina12.com.ar/diario/elpais/1-265203-2015-02-01.html consultado 10/2/15).

NICOLETTI, María José (2008) "Conflictos políticos, agencias estatales e implementación de políticas. Una aproximación al problema de la racionalización del Estado propuesta por el gobierno de Frondizi". Ponencia presentada a *las V Jornadas Naciones Espacio, Memoria e identidad.* 08 al 10 de octubre, Rosario, Argentina (disponible en http://historiapolitica.com/datos/biblioteca/nicoletti.pdf).

NORTH, Douglass (1993). *Instituciones, cambio institucional y desempeño económico.* México: Fondo de Cultura Económica.

NOSIGLIA, Julio E. (1983). *El Desarrollismo.* Bs. As.: CEAL.

NURKSE, R.(1955[1953]). *Problemas de formación de capital en los países insuficientemente desarrollados.* México: Fondo de Cultura Económica.

O'DONNELL, Guillermo (1982). *1996-1973. El Estado burocrático autoritario. Triunfos, derrotas y crisis.* Bs. As.: Belgrano.

O'DONNELL, Guillermo (1984). "Apuntes para una teoría del Estado" en Oszlak, O. (comp.) *Teoría de la burocracia estatal.* Bs. As., Paidós.

O´DONNELL, Guillermo (1984a) "Apuntes para una Teoría del Estado", en Oszlak, O. (comp.) *Teoría de la burocracia estatal.* Bs. As. Paidos.

OCAMPO, J. (2008) "Hirschman, la sustitución de importaciones y la teoría del desarrollo", *Revista Desarrollo y Sociedad*, Universidad de los Andes/CEDES, Colombia, disponible http://econpapers.repec.org/scripts/redir.plex?u=http%3A%2F%2Feconomia.uniandes.edu.co%2Frevistadys%2F62%2F02_Industrializacion.pdf;h=repec:col:000090:005762.

OFFE, Claus (1990). *Contradicciones en el Estado de Bienestar.* México: Alianza.

OSBORNE, David Y GAEBLER, Ted (1994 [1991]). *La reinvención del gobierno. La influencia del espíritu empresarial.* Barcelona: Paidós Ibérica.

OSZLAK, O. (1978). *Formación histórica del Estado en América Latina: elementos teórico-metodológicos para su estudio*, Vol.1, No. 3, CEDES, Bs. As., 1978. Capítulo 1.

OSZLAK, Oscar (1985) *La formación del estado argentino.* Bs. As.: Ed. de Belgrano.

OSZLAK, Oscar (1999). "De menor a mejor. El desafío de la segunda reforma del Estado" en *Revista Nueva Sociedad* N° 160. Caracas: Fundación Friedrich Ebert.

OSZLAK, Oscar (2006). "Teoría Burocracia estatal: política y políticas públicas", en *Postdata* N° 11, abril.

OSZLAK, Oscar (2014) "Políticas Públicas y Capacidades Estatales", en *Forjando*, año 3, N° 5, enero. Buenos Aires.

OSZLAK, Oscar y O´DONNELL, Guillermo (1984). "Estado y políticas estatales en América Latina: Hacia una estrategia de investigación", en Kliksberg Bernardo y Sulbrandt José (comps.), *Para investigar la Administración Pública.* Madrid: INAP.

PALERMO, Vicente y NOVARO, Marcos (1996) "Política y poder en el gobierno de Menem" Grupo Editorial Norma. FLACSO - Buenos Aires.

PARSONS, Talcott (1974 [1971]). *El sistema de las sociedades modernas.* Madrid: Trillas.

PARSONS, Talcott (1984). *El sistema social.* Madrid: Alianza Universidad.

PERROUX, F. (1961). *La economía del Siglo XX.* Barcelona: Ariel.

PLAN FÉNIX (2010). *Voces en el Fénix. La revista del Plan Fénix,* año 1 número 1, Junio. Disponible en http://www.vocesenelfénix.com/, consultada el 08/07/15.

PLAN TRIENAL (1973). *Plan trienal para la reconstrucción y la liberación nacional 1974/77,* Poder Ejecutivo Nacional - República Argentina. Disponible en http://www.ruinasdigitales.com/revistas/Plan%20Trienal.pdf, consultado el 29/05/15.

POLANYI, Karl (1989). *La gran transformación.* Madrid: La Piqueta.

POLLITT, Christopher (2003) "Joined-up Government: a Survey", Political Studies Review, 1, pp. 34-49 - Oxford.

POLLOCK, David; Kerner, Daniel y Love, Joseph (2001)."Entrevista inédita a Prebisch: logros y deficiencias de la CEPAL" en *Revista de la CEPAL* N° 75, diciembre, p.9-23, Santiago de Chile: CEPAL.

PONZA, Pablo (2007*). Los intelectuales críticos y la transformación social en Argentina (1955-1973) Historia intelectual, discursos políticos y conceptualizaciones de la violencia en la Argentina de los años sesenta-setenta.* Tesis Doctoral. Universidad de Barcelona. Departamento de Antropologia Cultural i Història d'Amèrica i d'Àfrica. http://www.tesisenxarxa.net/browse?value=Ponza%2C+Pablo&type=author Consultado febrero de 2008.

PORTELLI, Huges (1973). *Gramsci y el bloque histórico.* Bs. As.: Siglo XXI.

POTASH, Robert (1994). *El Ejército y la política en la Argentina. 1962-1973.* Segunda Parte. Bs. As.: Sudamericana.

PRATI, Marcelo Daniel (2000) "Reseña sobre Anthony Giddens. La tercera vía. La renovación de la socialdemocracia", *Cuadernos del CISH N° 7* - Facultad de Humanidades y Ciencias de la Educación, Universidad Nacional de La Plata - La Plata, Bs. As. - disponible en www.memoria.fahce.unlp.edu.ar/art_revistas/pr.3815/pr.3815.pdf.

PRATS I CATALÁ, Joan (1998). "Reinventar la Burocracia y Construir la nueva Gerencia Pública" en *Colección de Documentos del Instituto Internacional de Gobernabilidad* (www.iigov.org) (Biblioteca Ideas) – Barcelona, España.

PRATS I CATALÁ, Joan (1999). "Reforma del Estado y cooperación para la Reforma del Estado en América Latina" en *Revista Nueva Socied*ad N° 160. Caracas: Fundación Friedrich Ebert.

PRESBISCH, Raúl (1949). *El desarrollo de la América Latina y algunos de sus principales problemas*. Santiago de Chile: Comisión Económica para América Latina (CEPAL).

PREBISCH, Raúl (1962). "El desarrollo económico de América Latina y algunos de sus principales problemas" en *Boletín económico de América Latina*, vol. 7, N° 1, CEPAL, febrero, Santiago de Chile.

PREBISCH, Raúl (1962a). "Aspectos económicos de la Alianza" en *La Alianza para el Progreso*. VVAA, México: Novaro.

PREBISCH, Raúl (2001). "Entrevista inédita a Prebisch: logros y deficiencias de la CEPAL" por POLLOCK, David, Daniel Kerner y Joseph L. Love. En: Revista de la CEPAL No 75, diciembre, p. 9-23. Santiago: CEPAL.

RAUBER, Isabel (2013). "Indo-afro-latinoamérica: En las movilizaciones sociales germina una política joven anclada en la participación". Tomado de http://isabelrauber.blogspot.com.ar/ el 06/08/13.

REPETTO, Fabián (2010). "Coordinación de Políticas Sociales: Abordaje Conceptual y Revisión de Experiencias Latinoamericanas", en *Los desafíos de la coordinación y la integralidad de las políticas y gestión pública en América Latina*. Proyecto de Modernización del Estado, Jefatura de Gabinete de Ministros de la Nación, Bs. As.

RESTREPO, Darío (2003). "Las prácticas participativas: entre la socialización y la privatización de las políticas públicas", en *Revista del CLAD Reforma y Democracia*, N° 25, Caracas.

REY, Maximiliano (2011). "Capacidad Estatal, instituciones y liderazgo en la Argentina de la post-convertibilidad", en *Debate Público. Reflexión de Trabajo Social*, Año 1, N° 2.

REY, Maximiliano (2012). "Hacia una administración pública para el Estado democratizador. Notas políticas para la transformación administrativa", en APORTES *para el Estado y la Administración Gubernamental*, N° 29, noviembre, Buenos Aires.

REY, Maximiliano (2013). "Federalismo y mecanismos de articulación intergubernamental: el funcionamiento de los consejos federales en Argentina" en *Revista del CLAD Reforma y Democracia*, N° 55, febrero.

REY, Maximiliano (2014). "Capacidad estatal y poder del Estado: una perspectiva política para el análisis de las políticas públicas y la estatalidad", en *Revista Estado y políticas públicas*, (Área Estado y políticas públicas) FLACSO-Argentina, N° 2.

RIST, Gilbert (2002). *El desarrollo: historia de una creencia occidental*. Madrid: Los libros de la Catarata.

RIVAS, A. (2009). *Lo uno y lo múltiple. Esferas de justicia del federalismo educativo*. Bs. As.: Academia Nacional de Educación.

ROIG, A. (2008). "La Dirección General Impositiva de la Agencia Federal de Ingresos Públicos (AFIP) de la Argentina", *Working Paper 08-05* D, The Center for Migration and Development, Princeton University.

ROMERO, Luis Alberto (1994). *Breve historia contemporánea de la Argentina.* México: Fondo de Cultura Económica.

ROMUALDO, Vanesa (2015). "Notas sobre la conformación del campo de la Administración Pública en la Argentina". *Trabajo realizado en el marco del Programa Estímulo Jóvenes Investigadores del Instituto Nacional de Administración Pública (INAP).* Bs. As.: Mimeo.

ROSENSTEIN-RODAN, Paul N. (1943). *The Problems of Industrialization of Eastern and South-Eastern Europe.* The Economic Journal, Vol.53.

ROSTOW, Walt Whitman (1963 [1960]). *Las etapas del crecimiento económico.* México: Fondo de Cultura Económica.

ROUQUIÉ, Alain (1982). *Poder militar y sociedad política en la Argentina.* 2 T. 1943/1973. Bs. As.: Emecé.

ROUQUIÉ, Alain (1990 [1897]). *Extremo occidente. Introducción a América Latina.* Bs. As.: Emecé.

RUBINZAL, Diego (2010) "Historia Económica Argentina (1880-2010)" Ediciones del Centro Cultural de la Cooperación - Buenos Aires.

SÁBATO, J., BOTANA, N. (1968). "La ciencia y la tecnología en el desarrollo futuro de América Latina", en *Revista de la Integración,* N° 1. Bs. As.

SCHNEIDER, B.R. (1998). "Las relaciones entre el estado y las empresas y sus consecuencias para el desarrollo: revisión de la literatura reciente", en *Desarrollo Económico 39 (159), 45-75.*

SCHORR, Martín; MANZANELLI, Pablo y BASUALDO, Eduardo (2012). "Régimen Económico y cúpula empresaria en la posconvertbilidad" en *Revista Realidad Económica* N° 265. Bs. As.: IADE.

SCHUMACHER, E.F. (1974). *Small Is Beautiful: A Study of Economics as if People Mattered.* New York: RandomHouse.

SCHWEINHEIM, Guillermo (2009). *Estado y Administración Pública: Críticas, enfoques y prácticas en la Argentina actual.* AAEAP.

SCHWEINHEIM, Guillermo (2012). "Desarrollo, instituciones y organización pública. Niveles de gobierno, reglas institucionales y tipologías organizacionales para el desarrollo", publicado en *Revista Aportes* Año 18 N° 29. Bs. As.: Asociación de Administradores Gubernamentales.

SELZER, Gregorio (1973). *El Onganiato: la espada y el hisopo.* Bs. As.: Samonta Editor.

SEN, Amartya K. (1995). *Nueva economía del bienestar.* Universidad de Valencia. Servicio de Publicaciones.

SEN, Amartya K. (1995a). *Nuevo examen de la desigualdad.* Alianza Editorial, S.A.

SEOANE, María (2001). *El dictador.* Bs. As.: Sudamericana.

SHAFRITZ, Jay y HYDE, Albert. (1999). *Clásicos de la Administración Pública.* México: Fondo De Cultura Económica y Colegio de México.

SIGAL, Silvia (1991). *Intelectuales y poder en la década del sesenta.* Bs. As: Punto Sur.

SILVA, Ludovico (2007) "La independencia del Banco Central" Iniciativa para la transparencia financiera/IFT. Buenos Aires: CEDES http://www.itf.org.ar/pdf/lecturas/lectura2.pdf.

SIKKINK, K. (1993). "Las capacidades y la autonomía del Estado en Brasil y la Argentina: un enfoque neoinstitucionalista", en *Desarrollo Económico* (128), Bs. As.

SIKKINK, Kathryn (2009). *El proyecto desarrollista en la Argentina y Brasil: Frondizi y Kubitschek.* Bs. As.: Siglo XXI.

SKOCPOL, T. (1989). "El Estado regresa al primer plano: Estrategias de análisis en la investigación actual" en *Zona Abierta* N° 50, La Rioja, pp. 71-122.

SMULOVITZ, Catalina (1998). *Oposición y gobierno: los años de Frondizi.* Bs. As.: CEAL.

SOTELO MACIEL, Aníbal (2013). "Planificación, desarrollo y capacidad política: Desafíos de América Latina en el siglo XXI", en *Revista Estado y Políticas Públicas* N° 1. Bs. As.: FLACSO.

THWAITES REY, Mabel (2010). "Después de la globalización neoliberal: ¿Qué Estado en América Latina?" en *OSAL* Año XI, N° 27. Bs. As.: CLACSO.

TORRADO, Susana (1992). *Estructura social de la Argentina: 1945-1983.* Bs. As.: Ediciones de la Flor.

VARGAS LLOSA, Mario (1994 [1990]). "Elogio de la dama de hierro", publicado en *Desafíos a la libertad,* Bs. As.: Santillana.

VERCESI, Alberto (1999). "Entrevista con Rogelio Frigerio" en *La doctrina y la política económica del desarrollismo en Argentina.* Consultado en noviembre de 2006 en http://www.aaep.org.ar/espa/anales/pdf_99/vercesi.pdf.

VILAS, Carlos (1998) "El populismo latinoamericano. Un enfoque estructural" en *Desarrollo Económico,* v. 28, N° 111, Bs. As., Argentina.

VILAS, Carlos (2009) "El síndrome de Pantaleón. Política y Administración en la reforma del Estado y la Gestión de Gobierno" en *Estado y Administración Pública,* Guillermo Schweinheim (Coordinador). Bs. As.: AAEAP.

VILAS, Carlos (2011) *Después del Neoliberalismo. Estado y procesos políticos en América Latina.* Universidad Nacional de Lanús: Remedios de Escalada.

VON HAYEK, Friedrich (1968 [1949]). "Individualismo: verdadero y falso" en *Centro de Estudios sobre la Libertad*, Bs. As.

VON HAYEK, Friedrich (sin fecha [1944]) "Camino de servidumbre" - *Biblioteca de la Libertad* - sin lugar, libro electrónico tomado de www.elcato.org/files/camino-de-servidumbre-libro-electronico.pdf, consultado el 26/11/2013.

VON ZESCHAU, Juan (2015). "Hacia un Estado nacional y popular" en Revista Gestar N°15. Disponible en http://gestar.org.ar/revista-15/hacia-un-estado-nacional-y-popular-1644.

WAINFELD, Mario (1988). "Reagan, Tatcher, Sida, Rambo... ¡Jauretche, volvé!", en *Revista Unidos* Año 5 N° 18, Fundación Unidos: Bs. As.

WEBER, Max (1964 [1922]). *Economía y Sociedad*. México: Fondo de Cultura Económica.

WEBER, Max (1996, edición original 1918). "La política como vocación", en M. Weber, *El político y el científico*. Bs. As.: Alianza Editorial.

WILSON, Woodrow (1980 [1887]). "El Estudio de la Administración" en *Revista de Administración Pública, Número especial, edición conmemorativa del 25 aniversario del Instituto Nacional de Administración Pública*, México DF: INAP.

YAITUL, Jorge (2011). "Los años del capitalismo renovado: la influencia de Milton Friedman en Chile. la instauración del modelo económico. Primera parte, 1974-1984" en *Revista Espacio Regional* Volumen 2, N° 8. Osorno, Chile.

ZAVALA, Juan Ovidio (1963). *Desarrollo y Racionalización*. Bs. As.: Arayú.

www.ingramcontent.com/pod-product-compliance
Lightning Source LLC
Chambersburg PA
CBHW081715250726
48657CB00010B/3010